Vergessene Steige
Bayerische Alpen

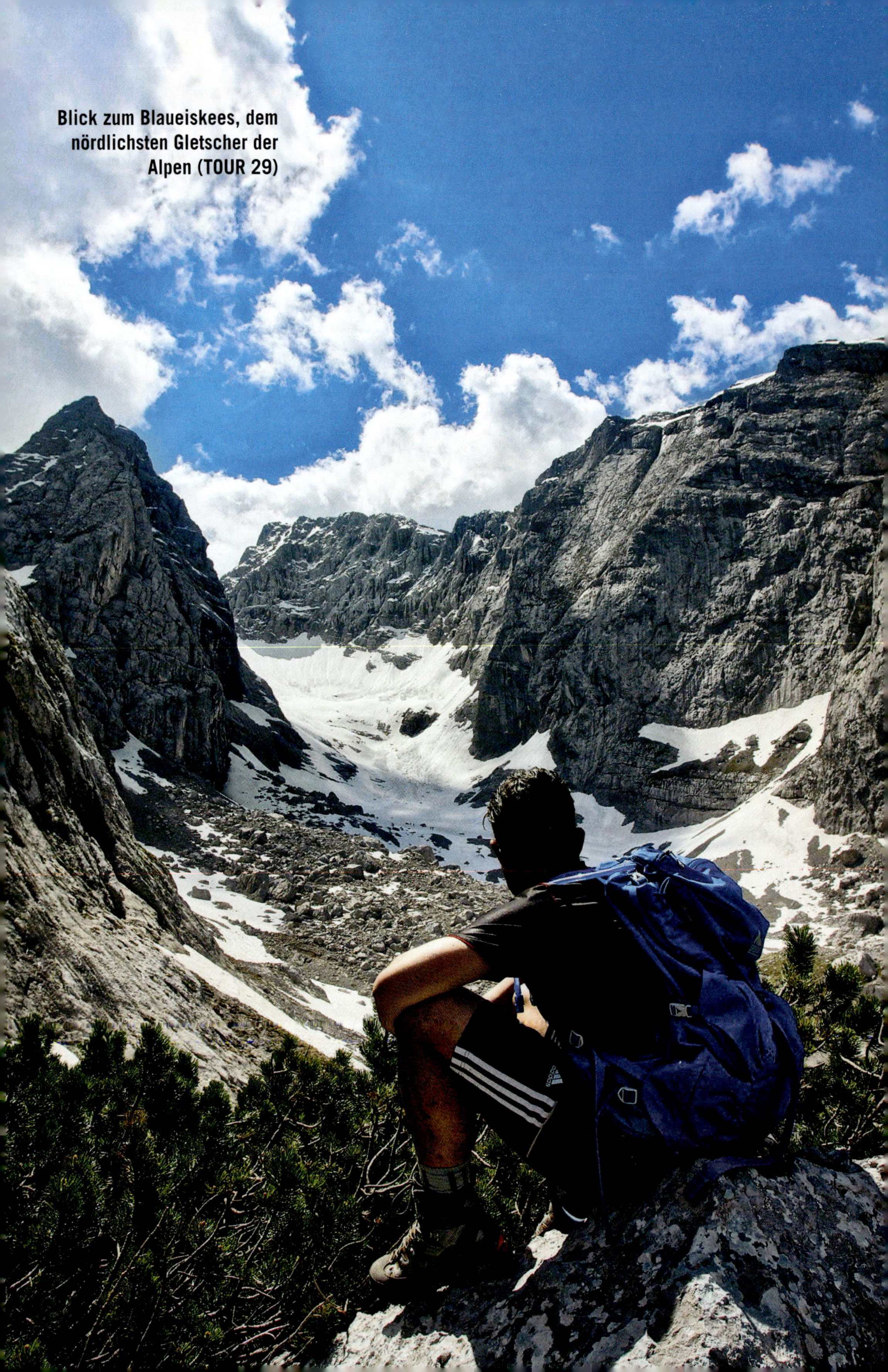

Blick zum Blaueiskees, dem nördlichsten Gletscher der Alpen (TOUR 29)

Andreas Gruhle

Vergessene Steige

BAYERISCHE ALPEN

30 wilde Bergtouren für jeden Anspruch

BRUCKMANN

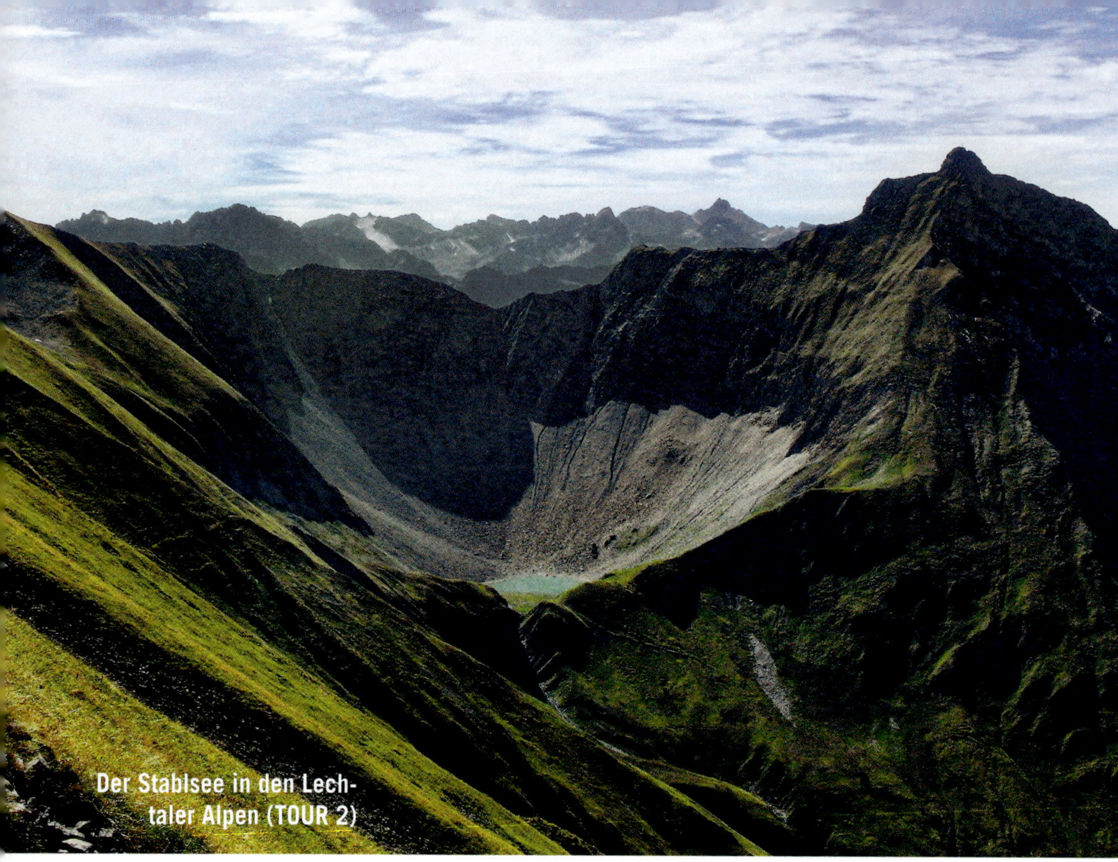

Der Stablsee in den Lechtaler Alpen (TOUR 2)

Inhalt

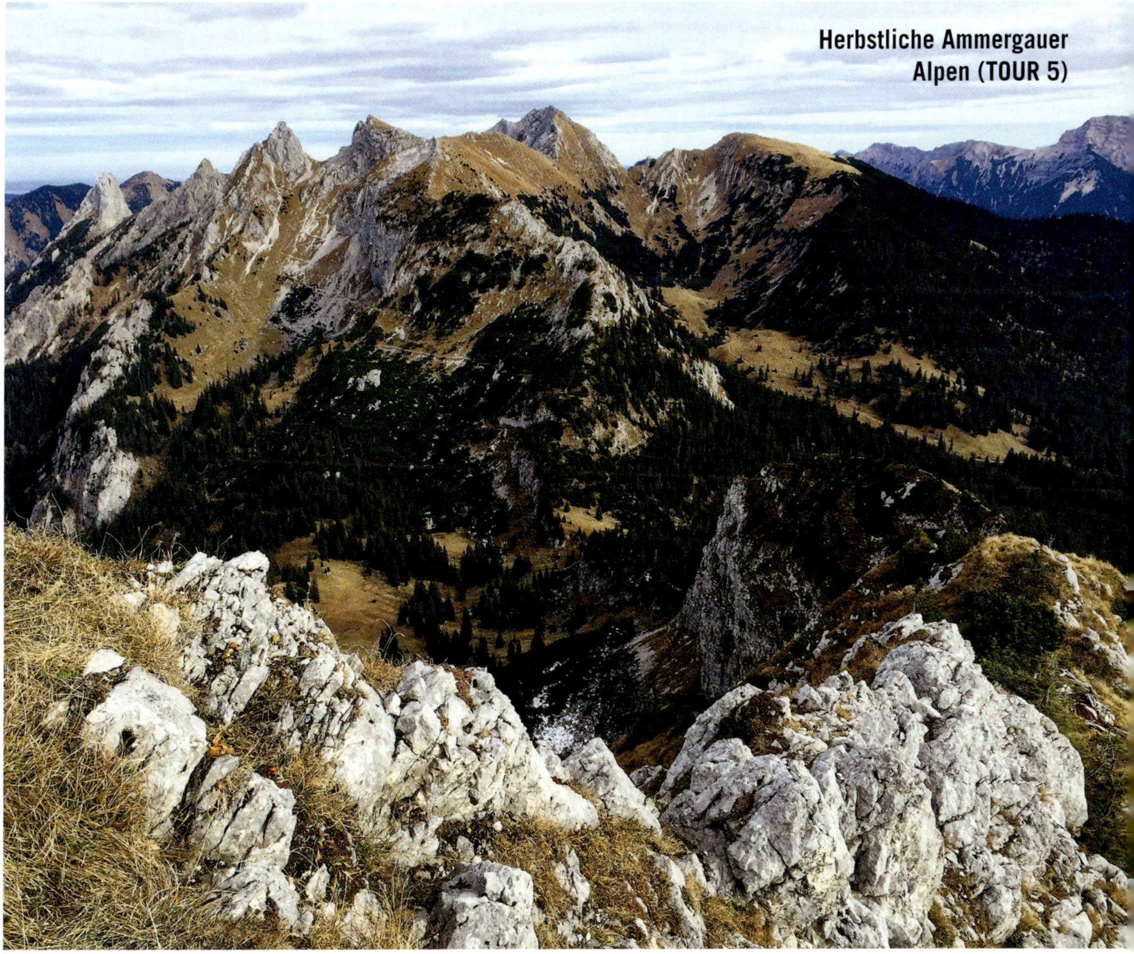

Herbstliche Ammergauer Alpen (TOUR 5)

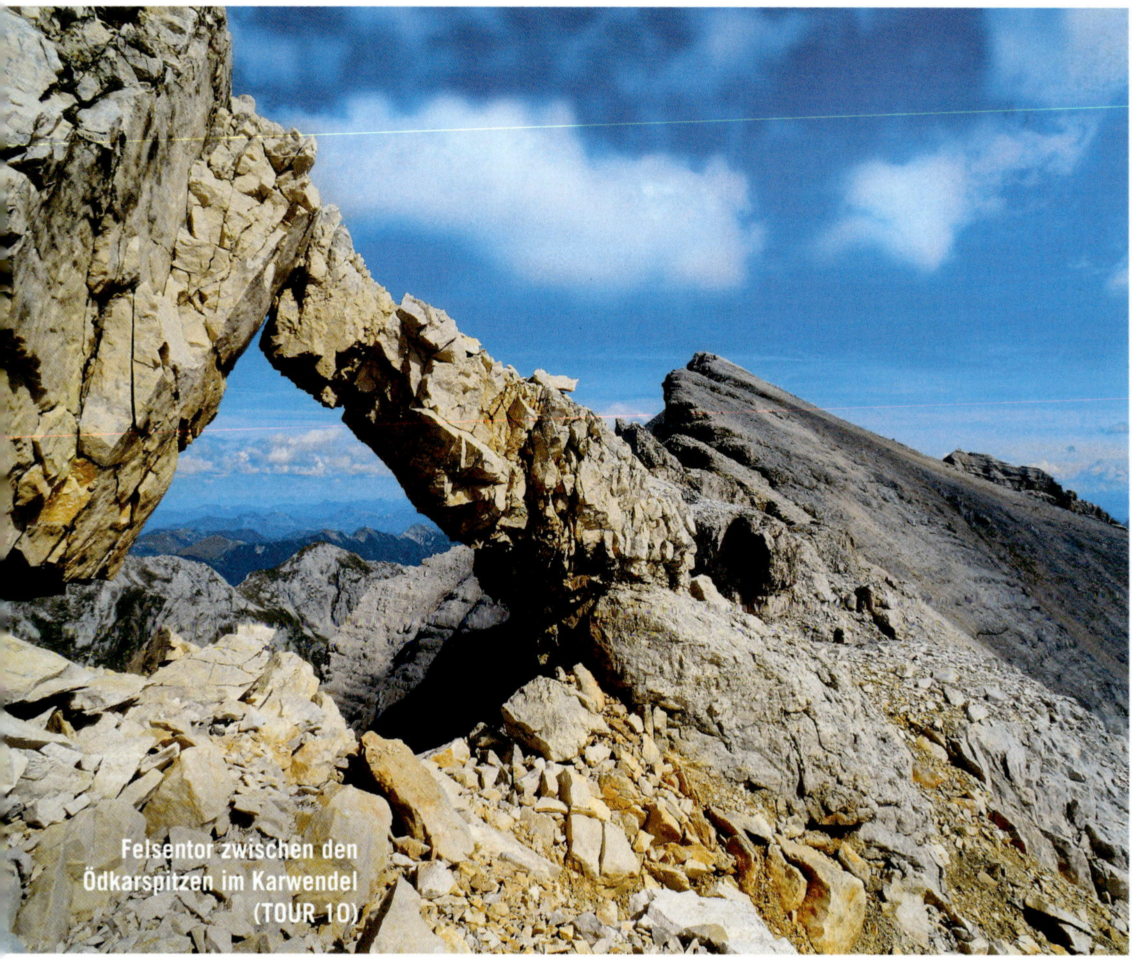

Felsentor zwischen den Ödkarspitzen im Karwendel (TOUR 10)

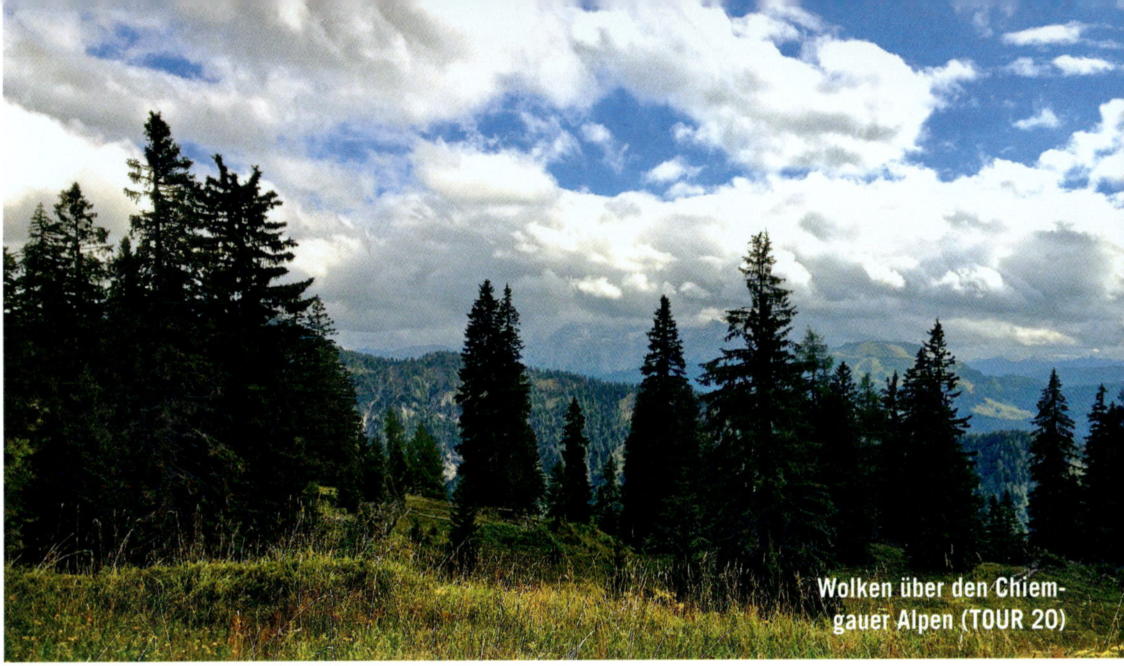

Wolken über den Chiemgauer Alpen (TOUR 20)

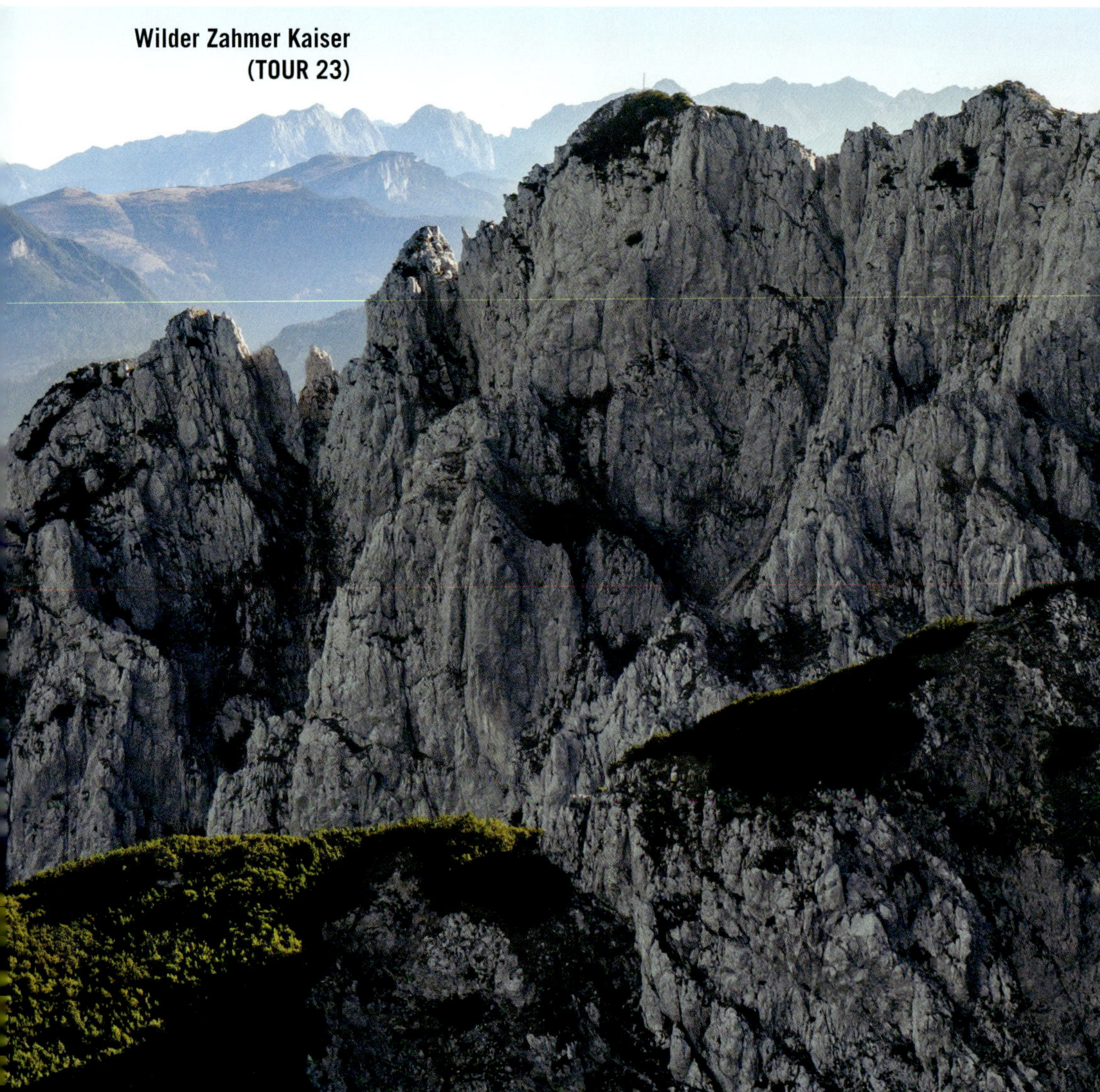

Wilder Zahmer Kaiser (TOUR 23)

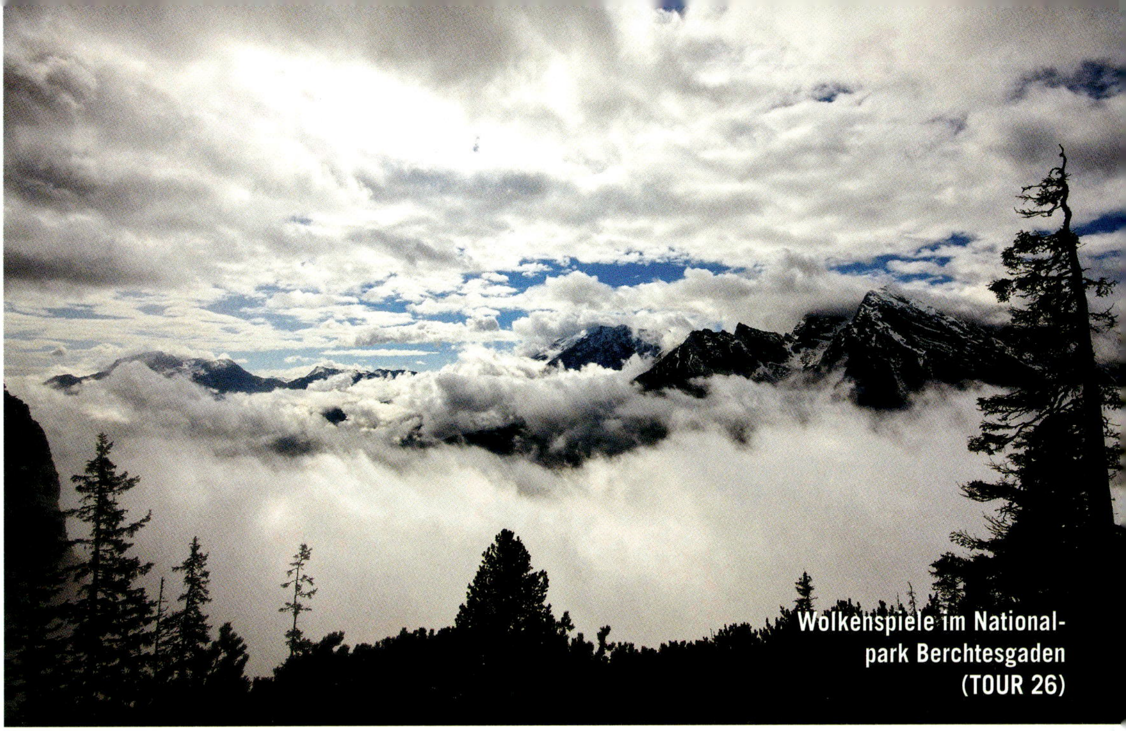

Wolkenspiele im Nationalpark Berchtesgaden (TOUR 26)

Vorwort

Lieber Leser, lieber Wanderer, lieber Bergsteiger,

die Berge und das Wandern erleben in den letzten Jahren einen regelrechten Boom. Dabei kristallisieren sich etliche Touren heraus, die besonders beliebt sind und wo dementsprechend beinahe Massen an Wanderern und Bergsteigern unterwegs sind. Das eigentliche Erlebnis, draußen in der Natur zu sein und der Rauheit und dem Abenteuer der Bergwelt zu begegnen, geht auf vielen solcher Touren heute verloren. Ein gutes Hüttennetz sorgt dafür, dass es an solchen Modebergen zugeht wie an einem Samstagmittag in der Münchener Innenstadt.

Schmaler Pfad am Tauern (TOUR 8)

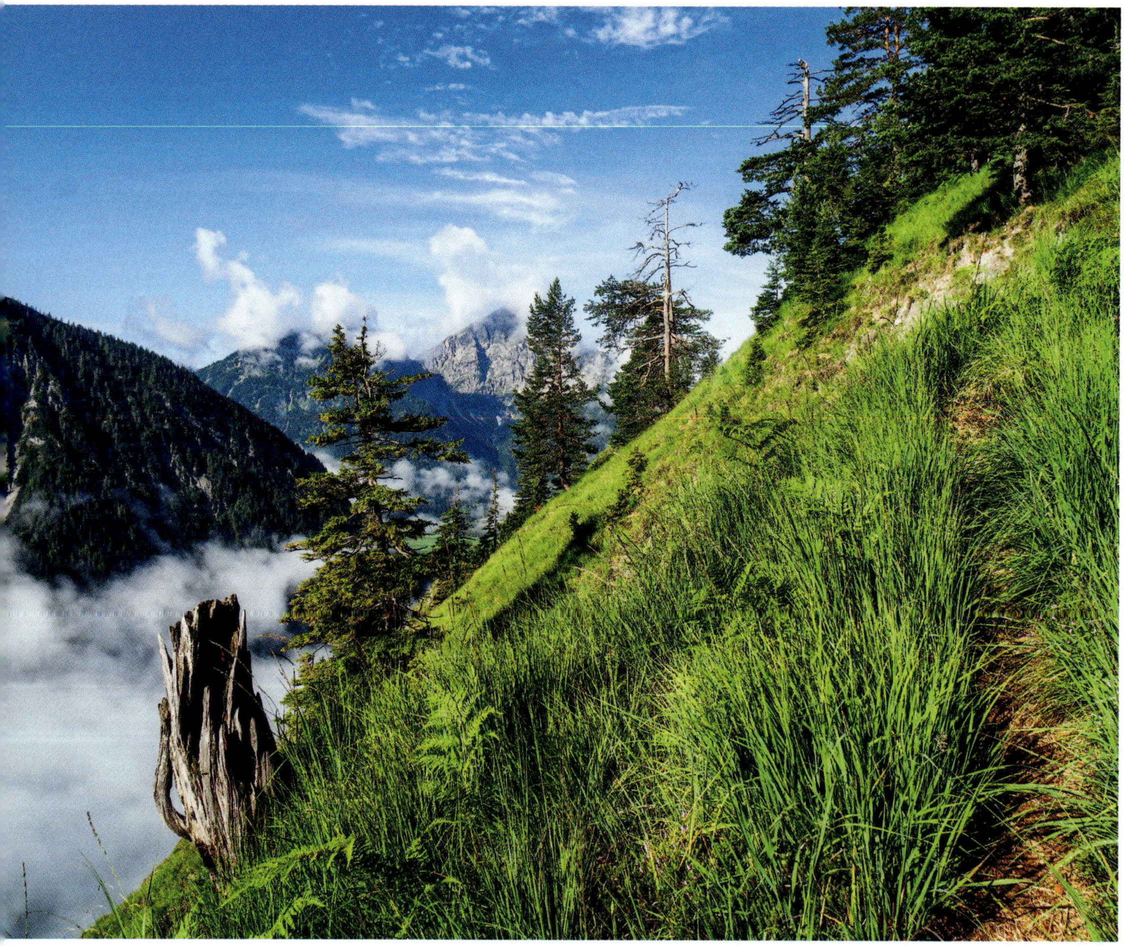

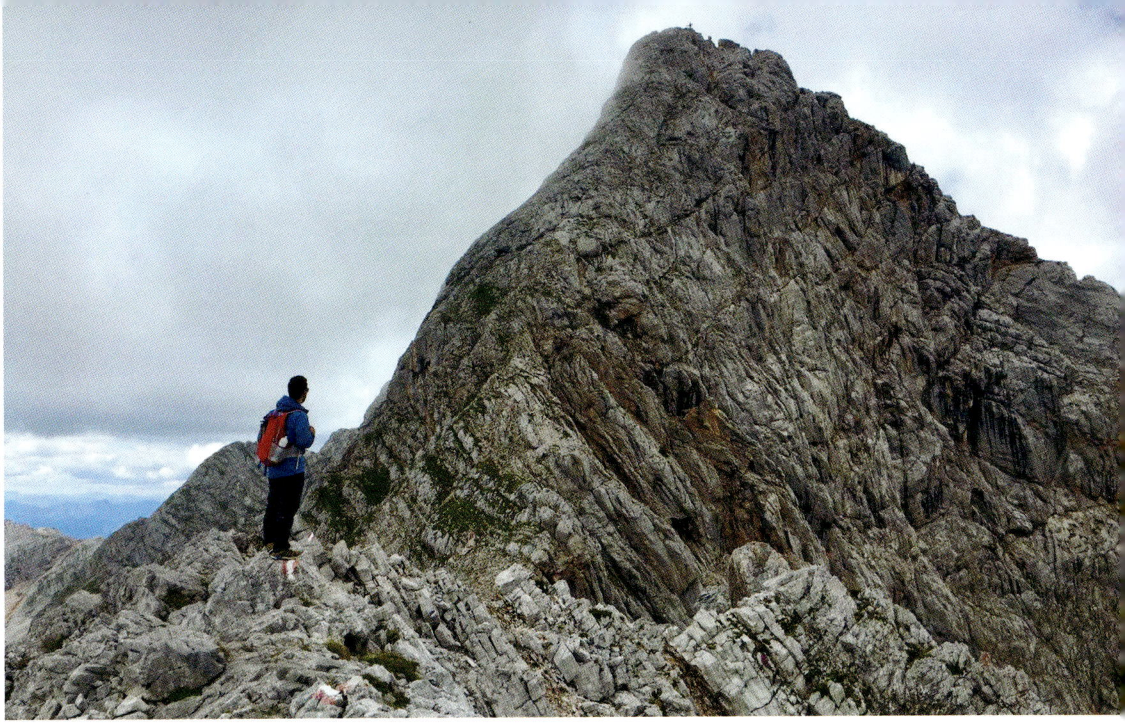

»Vergessene Steige Bayerische Alpen – 30 wilde Bergtouren für jeden Anspruch« ist genau der Gegenentwurf dazu. Die Touren führen über einsame Wege und kaum mehr genutzte Steige zu Gipfeln, die teilweise nur eine Handvoll Besucher im Jahr verzeichnen können. Andere Touren wiederum verlaufen auf stillen Pfaden auf Gipfel, an denen sehr wohl etwas los ist, wovon beim Aufstieg aber nichts zu merken ist. Das Buch bietet somit Bergsteigern und erfahreneren Bergwanderern eine gute Inspirationsquelle für Touren abseits der beliebten und oft begangenen Routen.

Beeindruckende Schönfeldspitze (TOUR 28)

Andreas Gruhle mit Familie

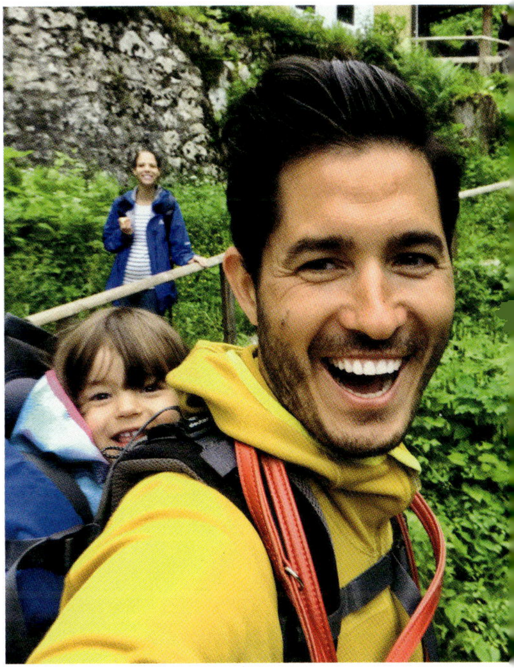

Vielen Dank an Simon, der die Idee vor Jahren an mich herangetragen hat und dem auch die Bezeichnung »Vergessene Steige« spontan in den Sinn kam. Darüber hinaus bedanke ich mich bei allen Mitwanderern, die mich über die Jahre bei den Touren begleitet haben, und nicht zuletzt bei meiner Frau, die mich immer wieder hinausziehen und auf die Suche gehen lässt.

Ich wünsche Ihnen, liebe Leserinnen und Leser, viel Spaß beim Stöbern im Buch und noch mehr Spaß beim Hinausgehen und Entdecken unserer wunderbaren Natur!

Andreas Gruhle

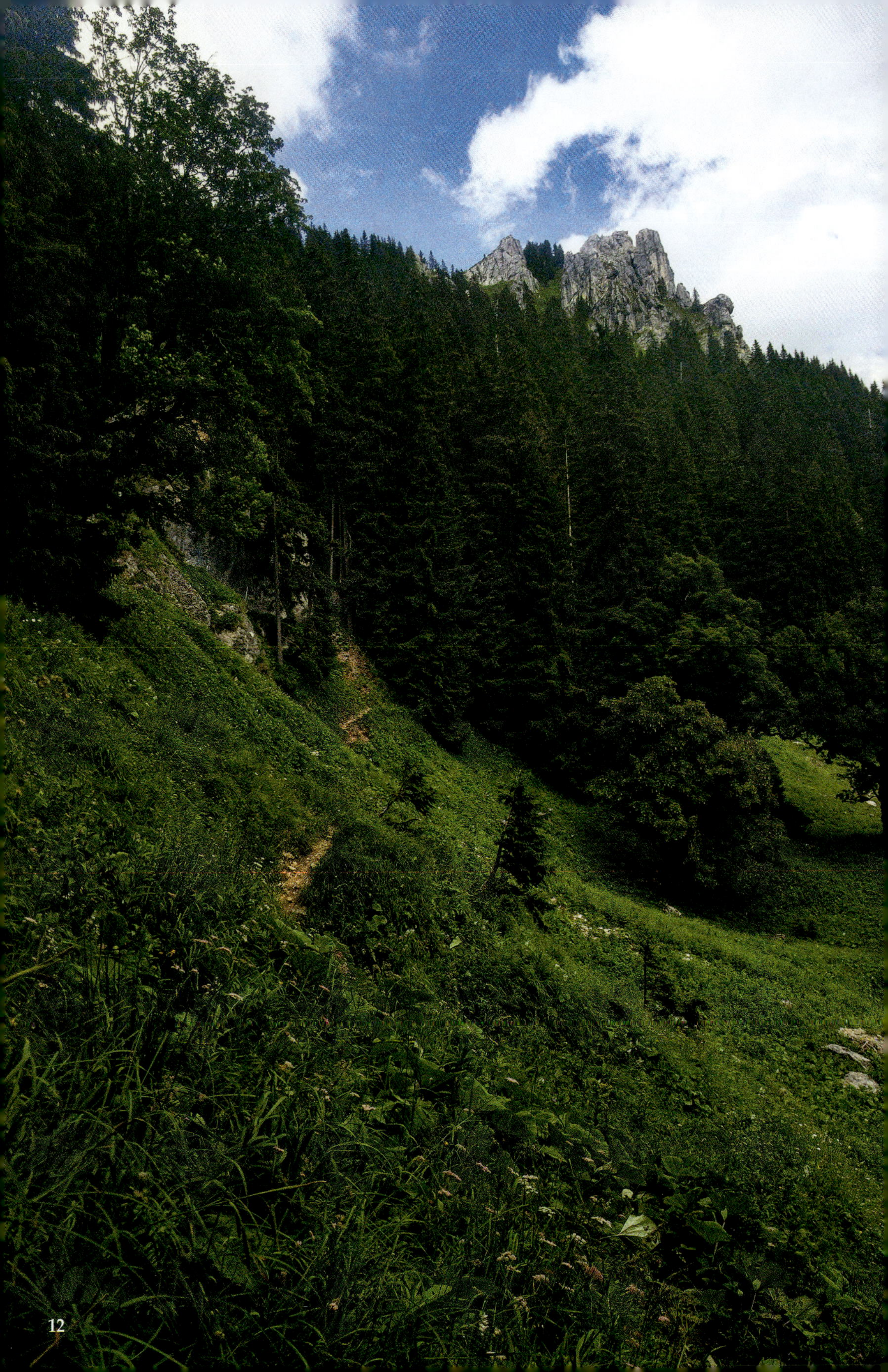

Praktische Informationen

Was sind »Vergessene Steige«?

»Vergessene Steige« sind solche Wege, oft schon nur noch Pfade, die nicht mehr markiert sind und nicht mehr gewartet werden. Immer wieder lässt sich so auf Schildern der Hinweis entdecken: »Steig ist aufgelassen«.
Es gibt viele Gründe, warum ein Steig nicht mehr markiert und gepflegt wird. Das kann auf einen Tourismusverband zurückgehen, der so versucht, Besucherströme besser zu steuern und zu lenken, um Wanderer aus bestimmten Gebieten rauszuhalten und Tieren einen Rückzugsort zu geben. Das kann aber auch aus Sicherheitsgründen geschehen, weil bestimmte Wege bei einer höheren Frequentierung zu gefährlich wären. Oder es können Interessen von Wald- und Grundbesitzern, Jägern oder Bauern dahinterstecken, bestimmte Pfade nicht mehr zu markieren oder sogar aus Karten entfernen zu lassen. Ein Verbot, diese oft seit langem bestehenden Jägerpfade zu betreten, geht damit aber nicht einher.
In Bayern ist es das Bayerische Naturschutzgesetz, das jedermann das Recht gibt, sich in der freien Natur zu erholen und die Naturschönheiten zu genießen (vgl. Artikel 26 Absatz 1 Satz 1 BayNatSchG). Der folgende Artikel 27 des Bayerischen Naturschutzgesetzes gewährt ein explizites Betretungsrecht der freien Natur (Absatz 1), gibt Grundbesitzern aber mit Absatz 3 zusammen mit Artikel 33 BayNatSchG Möglichkeiten an die Hand, das Betretungsrecht zumindest teilweise und/oder vorübergehend einzuschränken.
Auch im benachbarten Österreich gibt es mit dem Paragraphen 33 des Forstgesetzes eine ähnlich gelagerte Vorschrift. Waldbesitzer können das Ausüben bestimmter über das Wandern hinausgehender Tätigkeiten allerdings untersagen (so z.B. Mountainbiken, Zelten, Reiten). Oberhalb der Baumgrenze gibt es in den einzelnen Ländern teils eigene Landesgesetze (so u.a. im Salzburger Land und Kärnten). In Tirol gibt es keine eigene Regelung und ein allgemeines Betretungsrecht schließt man so schon aus dem Gewohnheitsrecht, schließlich wird das Berggehen im Sommer wie im Winter schon seit Jahrhunderten betrieben.

Wie findet man »Vergessene Steige«?

Das Finden »Vergessener Steige« ist mal einfacher, mal ist es mühsam, eine gute Beschreibung zu finden. Beste Quellen für die Suche sind Karten, das Internet, alte Wanderliteratur sowie die einheimische Bevölkerung.

Linke Seite: Zustieg zum Pürschlinghaus (TOUR 4)

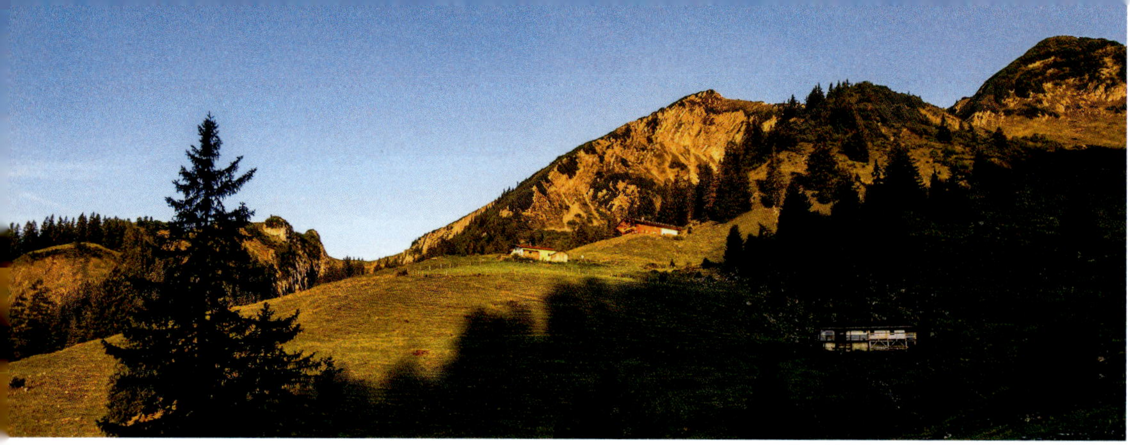

Wildenkaralm und Wildenkarjoch (TOUR 15)

Kartenmaterial

Als beste Quelle entpuppt sich trotz fehlender Markierung Kartenmaterial und vor allem der Vergleich von verschiedenen Anbietern. Zwischen AV-Karte oder Kompass-Karte gibt es immer wieder auffällige Unterschiede, gerade auch bei der Nutzung älterer Versionen. Bei neueren Auflagen sind alte Steige oft entfernt worden.

In den Karten der Alpenvereine finden sich unmarkierte Steige mit schwarzen Punkten eingezeichnet, teils aber genauso undeutlich wie die Spuren, die sich vor Ort entdecken lassen. Ganz ähnlich sieht es bei Kompass-Wanderkarten aus, wo alte Steige mal gepunktet, mal mit schwarzen Strichen versehen sind.

Selbst wenn in den Karten kein Weg eingezeichnet ist, gibt es zumindest für den bayerischen Alpenraum Möglichkeiten, herauszufinden, wo einmal einer gewesen ist. Der BayernAtlas des Bayerischen Staatsministeriums der Finanzen und Heimat schafft Abhilfe:

Unter geoportal.bayern.de/bayernatlas lassen sich auch historische Karten finden, die sich unter »Geobasisdaten« einblenden lassen. Ein Klick ins Raster des jeweiligen Gebietes öffnet ein PDF, in dem man sich auf die Suche nach »Vergessenen Steigen« begeben kann. Alternativ können die Karten auch bestellt werden.

Einheimische, Hüttenwirte, Internet und Bücher

Eine weitere gute Quelle sind Einheimische und Hüttenwirte. Gerade letztere kennen jeden noch so gut versteckten Winkel im Umkreis ihrer Almen und Berge. Mit ein bisschen Schmeichelei lassen sich so unbekannte, alte Pfade entdecken.

Auch das Internet ist eine wichtige Quelle für die Informationsbeschaffung: Gamssteig.de widmet sich so z.B. vor allem unbekannten Touren, wie auch meine eigene Seite gipfelfieber.com. Auf Portalen wie roberge.de oder hikr.de gibt es Bergsteiger, die sich alten, längst vergessenen Steigen verschrieben haben und sich auf die Suche nach ihnen machen.

Nicht zuletzt tummeln sich in alten Wanderführern, die sich bei den (Groß-)Eltern in den Bücherschränken verstecken, Wege, Steige und Pfade, die es wiederzuentdecken gilt.

Bergsteigerische Voraussetzungen, Technik und Schwierigkeiten

Bei den »Vergessenen Steigen« handelt es sich zwar um Bergtouren, die aber aufgrund fehlender Markierungen oft einen etwas anderen Charakter haben und nur schwer in festgelegte Muster zu packen sind. Eine kleine Übersicht, welche Schwierigkeiten es gibt:

Wegfindungsgespür

Das Wegfindungsgespür ist eines dieser Mysterien, von denen man immer wieder liest und von dem an langen Hüttenabenden bei den wildesten Besteigungen (je später desto wilder) zu hören ist. Was ist das eigentlich genau?

Ein gutes Wegfindungsgespür braucht Zeit. Wer seine ersten Wanderungen in den Bergen geht, vertraut auf Karte und Wegenetz. Das ist gut so. Mit wachsender Erfahrung und stetem Umgang mit Karten trainiert man den Orientierungssinn, lernt Geländestufen zu lesen und es entwickelt sich irgendwann ein Sinn, wo ein Weg verlaufen müsste. Meistens tut er das dann genau dort. Wenn nicht, hilft es oft, zu suchen und in der Regel auch zu finden.

Beginnt man mit leichten Touren, wo Verhauer nicht gleich böse enden können, sollte sich das Gespür für den richtigen Verlauf des Steigs mit der Zeit verbessern, wenngleich es ein Patentrezept freilich nicht gibt.

Wegsuche im Lärchenwald (TOUR 29)

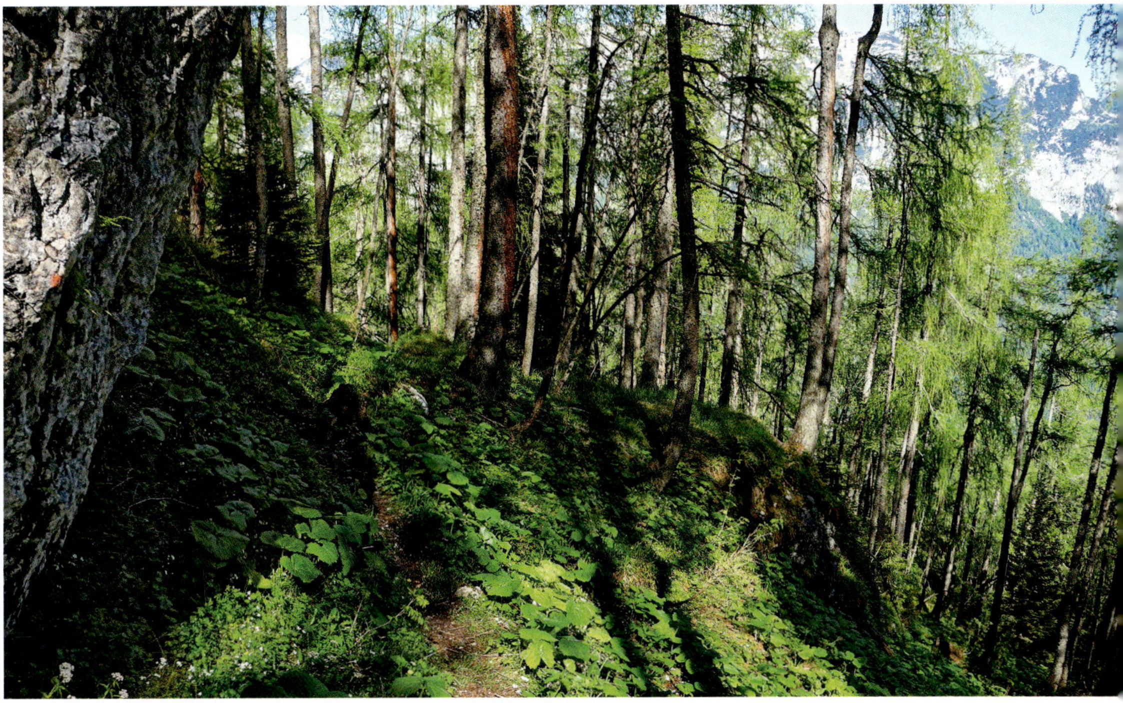

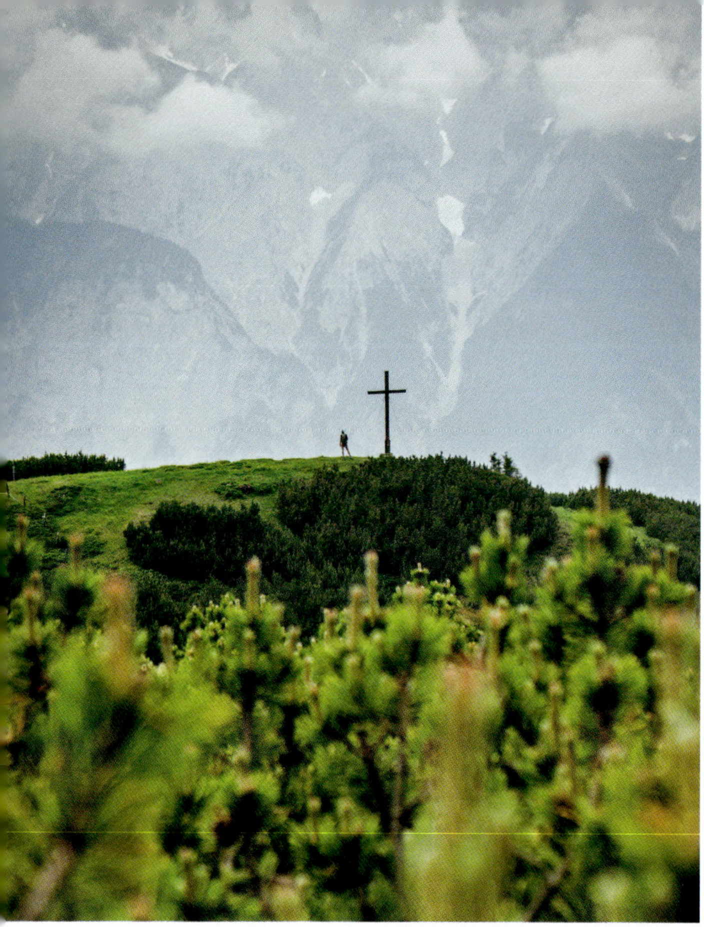

Karte und Kompass

Da die »Vergessenen Steige« selten in Karten verzeichnet sind, manchmal sich sogar ein wenig zusammengereimt werden müssen, ist es wichtig, den Umgang mit Karte und Kompass zu beherrschen.

In der digitalen Zeit ist das etwas leichter geworden. In den aktuellen Smartphones gehört ein integrierter Kompass längst zur Standardausstattung. Noch einfacher ist das Zusammenspiel mit Karte und Kompass in den vielen Apps, die es heute gibt. Ob Kompass oder Alpenvereinskarte, längst sind die wichtigsten Anbieter auch digital verfügbar. Im besten Fall zeigt die App sogar die Richtung an, in welche man sich gerade bewegt.

Zusammen mit dem dazugehörigen GPS-Track sollten sich alle »Vergessenen Steige« sehr gut finden lassen. Mit einer Einschränkung: Ein bloßes Verlassen auf den GPS-Track ist niemals ratsam. Gerade im Gebirge mit großen Höhenunterschieden auf wenigen Metern ist das GPS nicht immer genau. Neben dem GPS-Track ist daher ein gutes Wegfindungsgespür nötig. Und ein voller Akku.

Bergeinsamkeit in den Nordtiroler Alpen

Rechte Seite: Leiter auf dem Weg zur Pyramidenspitze (TOUR 24)

Bergwandern T1 bis T6

Die Schwierigkeiten sind in die Alpenvereins-Kategorien T1 bis T6 unterteilt, wobei die bei den »Vergessenen Steigen« nur bedingt anwendbar sind. Das bedeuten die einzelnen Klassifizierungen:

- T1: Diese Wanderungen sind quasi das Gegenteil von den »Vergessenen Steigen«, verlaufen auf breiten Wegen, sind bestens ausgeschildert und weisen keine besonderen Schwierigkeiten auf.
- T2: Solche Touren sind schon anspruchsvoller, aber immer noch gut markiert. Kurze ausgesetzte Passagen sind versichert.
- T3: In dieser Kategorie werden die Steige steiler, ausgesetzter und leichte, meist versicherte Kletterpassagen können vorkommen. Schwindelfreiheit und Trittsicherheit dürfen nicht fehlen.
- T4: Ist nun mehr Bergsteigen als Wandern. Längere Kletterpassagen im I. Grad nach UIAA, selbst Abschnitte im II. Grad müssen beherrscht

werden. Erfahrung ist wichtig, Markierungen können fehlen und ein Helm gehört ins Gepäck.

- T5: Bei diesen Bergtouren sind Klettereien im II. Grad nicht die Ausnahme, sondern die Regel. Darüber hinaus ist das Gelände oft lang sehr exponiert, was die mentalen Anforderungen erhöht. Markierungen sucht man oft vergebens.
- T6: In dieser Kategorie kann sich der Bergsteiger kurz sogar im III. Grad bewegen. Spätestens hier ist selbst bei erfahrenen Bergsteigern eine Seilsicherung nötig.

Die Schwierigkeiten bei den »Vergessenen Steigen« bewegen sich in der Regel zwischen T2 und T4, selten mal T5. Hinzu kommt allerdings, dass selbst bei vermeintlich einfacheren T2-Touren Probleme bei der Orientierung dazukommen können, da es keine oder nur sehr spärliche Markierungen gibt.

Kletterschwierigkeit nach UIAA

Die meisten der hier vorgestellten Bergtouren kommen ohne zusätzliche Klettereinlagen aus. Bei einigen sind die aber obligatorisch. Nie wird bei den »Vergessenen Steigen« der II. Grad auf der UIAA-Skala (die im östlichen Alpenraum gebräuchlichste Skala) überschritten. Eine kurze Einordnung, welche Kletterfähigkeiten in welchem Grad tatsächlich gefordert sind:

- Ein + oder – nach der römischen Zahl, in der die UIAA-Schwierigkeitsskala angegeben wird, bedeutet, dass es eher schwerer (+) oder leichter (–) ist.
- Klettereien im I. Grad sind als leichte Kraxeleinlagen klassifiziert. Oft sind es unschwierige Stellen, bei denen ein Griff hilft, die Balance zu halten.

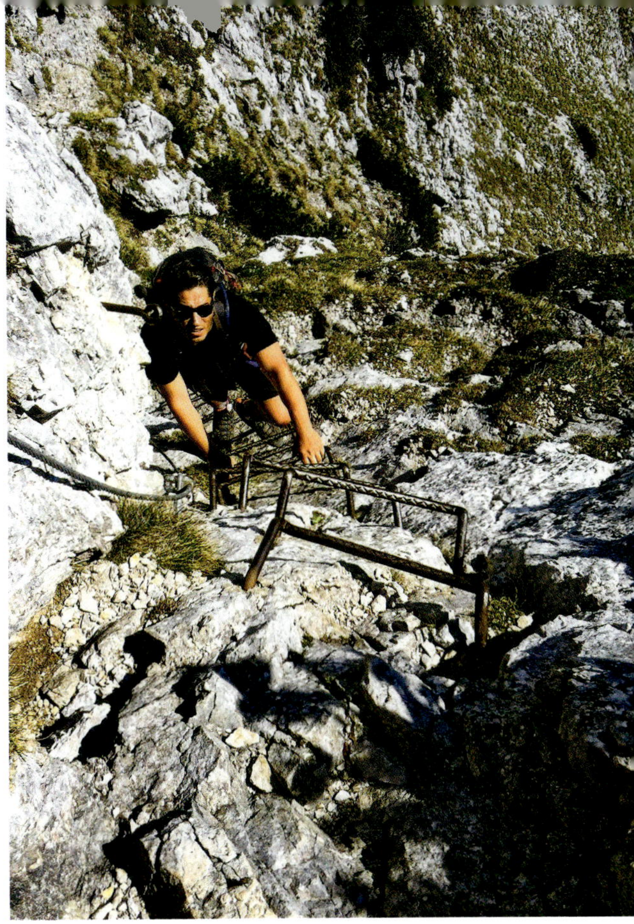

Anforderungskategorien im Buch

● **Leicht:** Leichte Touren sind einfache Wanderungen auf teilweise schmalen Pfaden und ausgesetzte Stellen finden sich so gut wie nicht. Auch Wegfindungsschwierigkeiten sind eher selten.

● **Mittel:** Mittelschwere Touren können auch ausgesetzte Passagen haben. Klettereien sind einfach und bewegen sich nie über den I. Grad hinaus. Die Wegfindung ist selten problematisch.

● **Schwer:** Schwere Touren zeichnet vor allem aus, dass sie Kletterstellen bis zum II. Grad aufweisen, oft lang sind und so ein hohes konditionelles Maß verlangen. Einige der Touren weisen zwischendrin dazu sehr exponierte Stellen auf, die auch für den Kopf anspruchsvoll sein können.

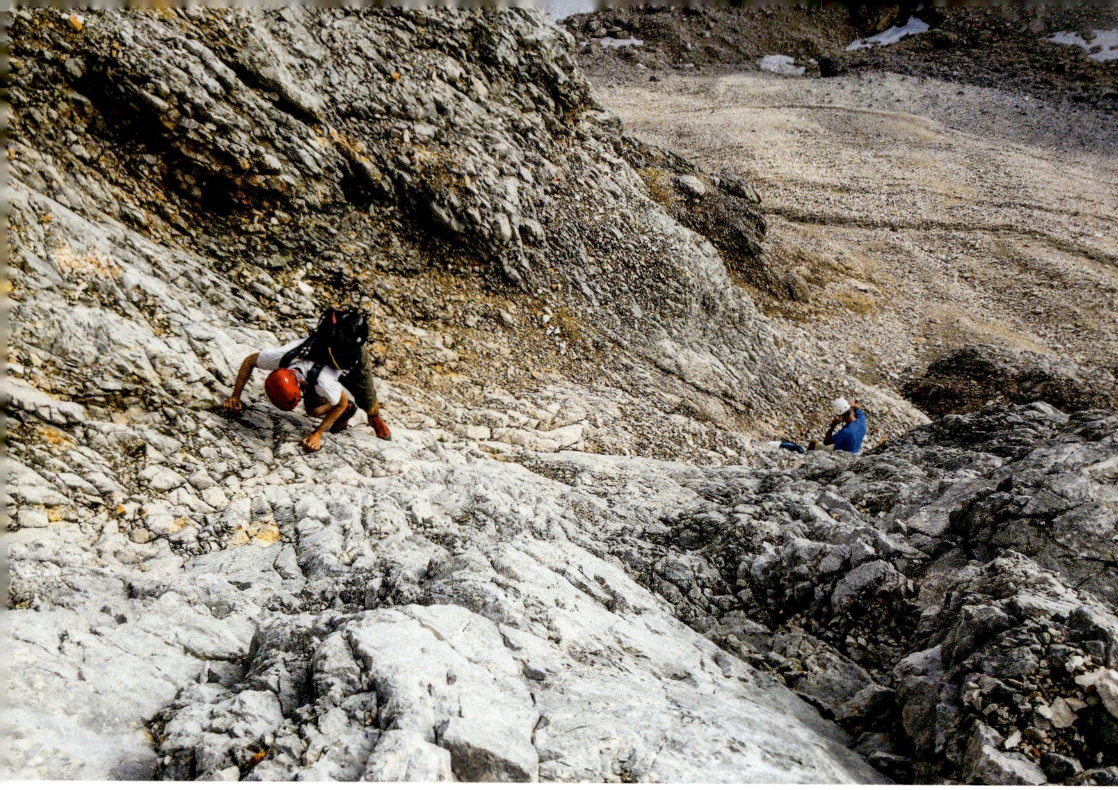

Leichte Kletterei unterhalb der Dreitorspitzen (TOUR 12)

Rechte Seite oben: Mit dem Mountainbike zur Kührointalm (TOUR 30)

- Bei Klettereien im II. Grad wird es deutlich anspruchsvoller. Tritte und Griffe sind großzügig vorhanden. Es müssen keine technisch schwierigen Bewegungen durchgeführt werden. In der Regel reicht ein Hochziehen. Dazu ist das Befolgen der Drei-Punkt-Haltung (drei von vier Gliedmaßen bleiben sicher am Fels) sinnvoll, um Risiken zu vermeiden.

»Vergessene Steige« mit Kindern

Kinder sollten selbst bei den leichten, auf jeden Fall bei den mittelschweren Touren im Buch bergerfahren sein. Da die Routen in der Regel über schmale Steige verlaufen, sollte oft ein gesundes Maß an Trittsicherheit schon vorhanden sein. Für Neueinsteiger eignen sich die vorgestellten Touren nicht.

Gehzeiten und Höhenunterschiede

Die bei den jeweiligen Touren angegebenen Zeiten beziehen sich auf die reine Gehzeit ohne Unterbrechungen, etwa zur Einkehr, Gipfelrast oder zum Fotografieren. In Form von Zeitspannen sind die variierenden individuellen Voraussetzungen und äußeren Bedingungen berücksichtigt.
Die Höhenunterschiede umfassen die insgesamt zu bewältigenden Höhenmeter inklusive Gegensteigungen im Verlauf einer Tour. Bei Rundtouren oder solchen mit demselben Hin-/Rückweg ist der Höhenunterschied im Auf- und Abstieg identisch und deshalb nur einmal angegeben.

Anfahrt

Bei jeder Tour ist eine Kurzinfo zur Anfahrt zum Ausgangs-/Endpunkt mit dem Auto und – wenn möglich und sinnvoll – mit öffentlichen Verkehrsmitteln (ÖPNV) enthalten.

Bei der detaillierteren Planung der Anfahrt mit Bus und Bahn können folgende Websites hilfreich sein:

- www.rvo-bus.de: Regionalbuslinien in Oberbayern, Ober- und Ostallgäu
- www.meridian-bob-brb.de: Zugverbindungen der fusionierten Bayerischen Regionalbahn (BRB) in der Region Chiemgau-Inntal, Oberland, Ostallgäu-Lechfeld und Ammersee-Altmühltal
- www.bayern-fahrplan.de: Bahn- und Busverbindungen in ganz Bayern und angrenzenden Regionen
- www.postbus.at: Regionalbuslinien in Tirol und ganz Österreich
- www.vvt.at: Alle öffentlichen Verkehrsmittel im Verkehrsverbund Tirol (VVT)

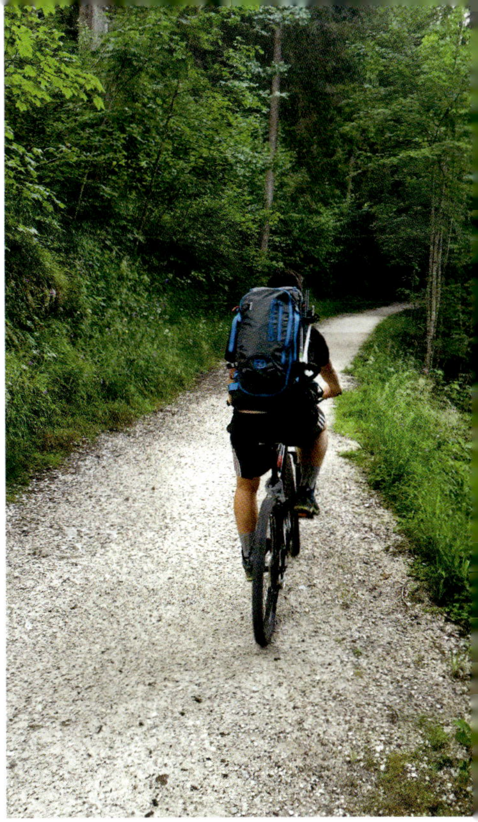

Bei manchen sehr langen Touren, deren »eigentlicher« Ausgangspunkt weder mit dem ÖPNV noch mit dem Auto erreichbar ist, sind nach Möglichkeit noch Teilstrecken mit dem Mountainbike empfohlen.

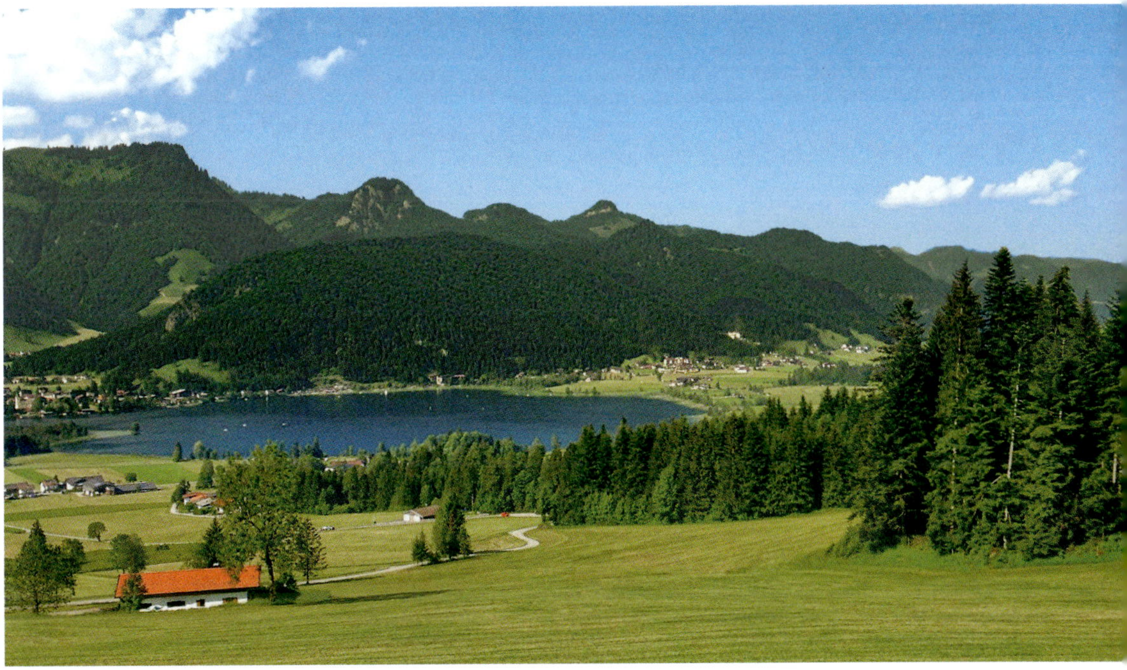

Walchsee im Kaiserwinkl (TOUR 24)

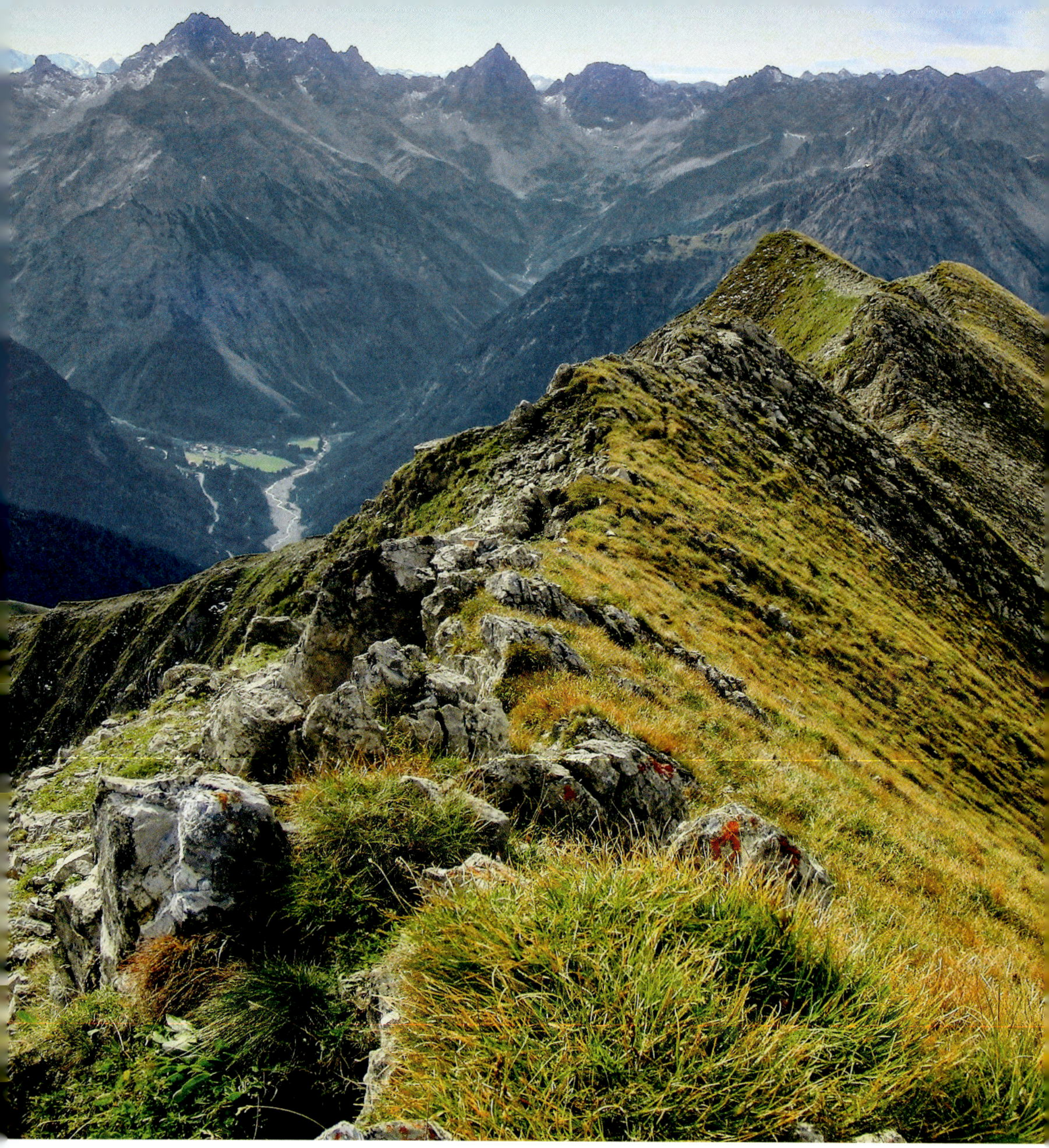

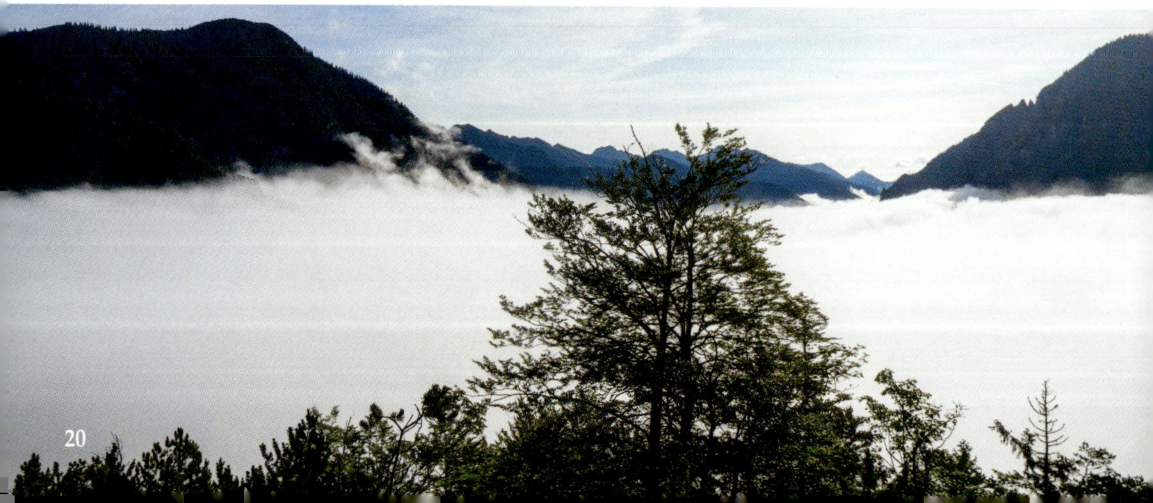

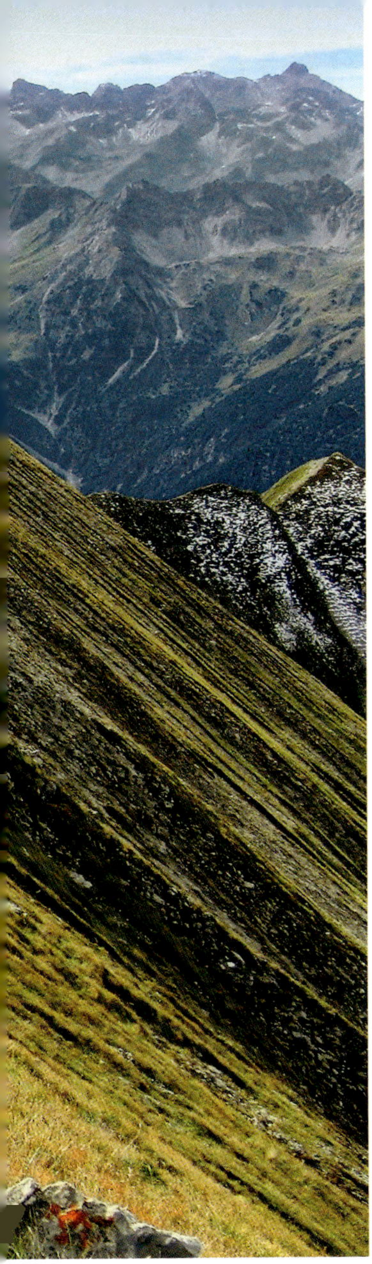

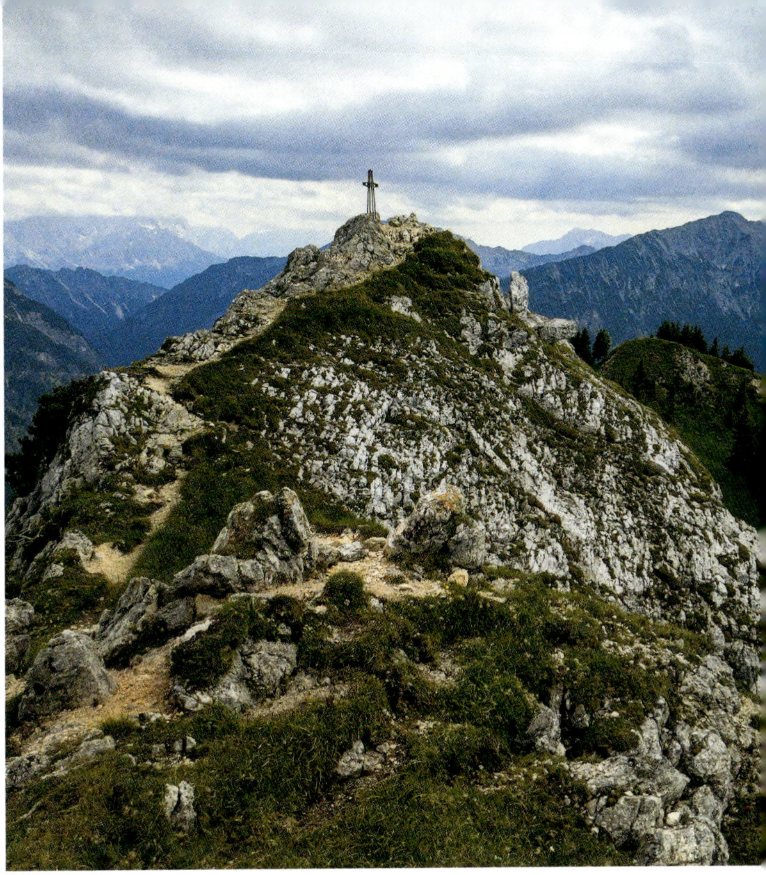

Lechtaler & Ammergauer Alpen

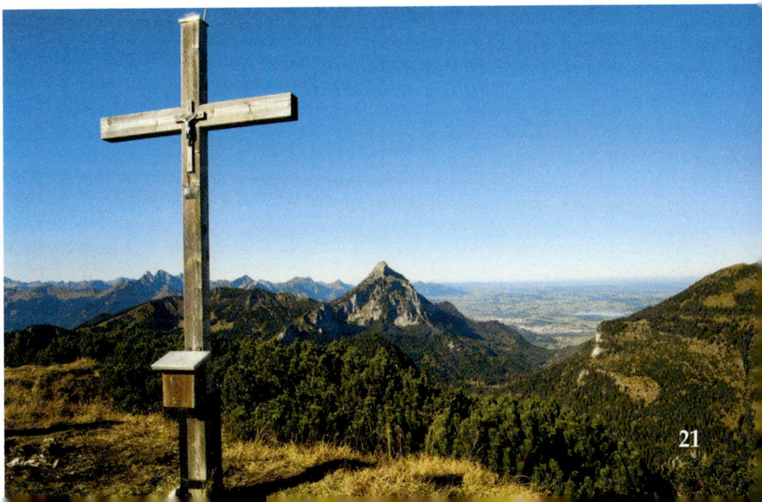

Auf dem Anhalter Höhenweg über den Kreuzspitzenkamm (TOUR 2) (o. li.). Am Gipfel des Teufelstättkopfs (TOUR 4) (o. re.). Fernblick am Gipfelkreuz des Ochsenälpeleskopfs (TOUR 7) (u. re.). Wolkenmeer über dem Plansee (TOUR 8) (u. li.).

1

Bleispitze

Luftiges Kammwandern zwischen Spannung und Entspannung

Ein bisschen Mittelerde-Auenland, ein bisschen Matterhorn und ausgehungerte Gämsen. Wie das zusammenpasst, zeigt die Tour auf die Bleispitze in den Lechtaler Alpen.

Zugegeben, ein bisschen übertrieben ist das natürlich schon. Zumindest das mit dem Auenland ist schnell geklärt, denn Teile der Lechtaler und Allgäuer Alpen wirken inmitten des schroffen Gebirges mit seinen Felszacken und schmalen Graten einfach wie das Reich der Halblinge aus Tolkiens weltberühmten »Herr-der-Ringe«-Romanen. Wälder, grüne von Wiesen überzogene Hügel, Schafe. Fehlen eigentlich nur noch die Hobbits. Auch die Bleispitze mit ihren 2225 Metern Höhe scheint direkt dem Auenland zu entspringen. Samt Wäldern, grünen Wiesen und einem mit Schafen gesäumten Hügel. Später beim Abstieg ist sogar ein Vergleich mit dem Matterhorn angebracht. Wie das sein kann? Dazu später mehr.

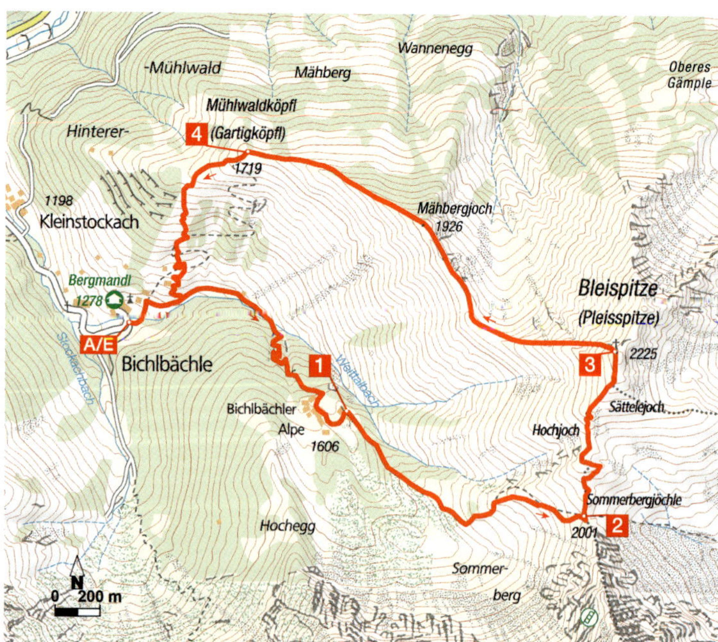

Mittel | 4–5 h | 955 m | 7,0 km

Tourencharakter
Weitestgehend einfache Tour bis zum Gipfel der Bleispitze. Vor allem bei Nässe anspruchsvoller Abstieg über den langen grasigen Grat nach Osten. Am Ende des Kamms teilweise schwierige Wegfindung zum Ausgangsort zurück.

Ausgangs-/Endpunkt
Bichlbächle, 1275 m

Höchster Punkt
Bleispitze, 2225 m

Anfahrt
ÖPNV Zug bis Bahnhof Bichlbach-Berwang; Bus bis Bichlbach, Abzweig Kleinstockach (zzgl. 1,6 km Fußweg bis Bichlbächle).
Auto Von München kommend bis Garmisch-Partenkirchen, weiter über Ehrwald und Lermoos in Richtung Reutte; in Bichlbach links ins Berwangertal einbiegen, erster Abzweig nach Bichlbach links Richtung Bichlbächle.

Gehzeiten
Bichlbächle – Bichlbächler Alpe (1 Std.) – Sommerbergjöchle (1 Std.) – Bleispitze (30 Min.) – Mühlwaldköpfl (1 Std.) – Bichlbächle (30 Min.)

Einkehr
Unterwegs keine; Imbissstube Bergmandl am Ausgangs-/Endpunkt Bichlbächle

Karten
Kompass WK 25, 1:50 000; AV-Karte Nr. 4/1, 1:25 000

Information
Tourismusbüro Bichlbach, www.zugspitzarena.com

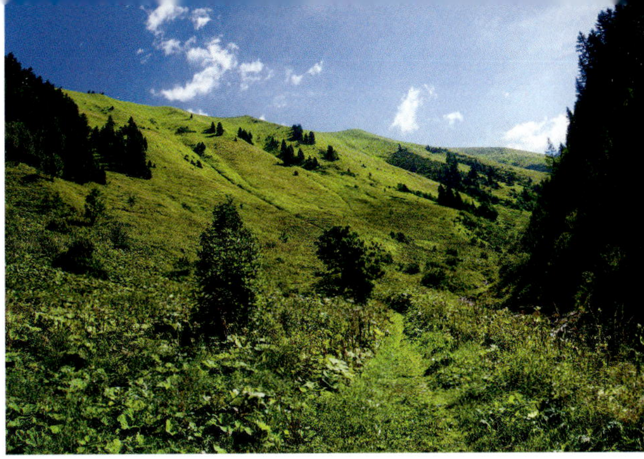

Start in Bichlbächle Von Garmisch kommend wird die Zugspitze links liegengelassen und das kleine Lermoos passiert; in Bichlbach biegt man links ins beschauliche Berwangertal ab und nicht weit nach dem Ort zweigt schon – etwas unscheinbar – links die Straße nach Bichlbächle ab. Am Ende der Straße startet unterhalb der letzten Häuser von Ⓐ **Bichlbächle** die (bei den richtigen Bedingungen) einfache Wanderung auf die Bleispitze, die in manchen Karten auch noch als Pleisspitze verzeichnet ist.

Aufstieg am Weittalbach entlang

Aufstieg zum Sommerbergjöchle Der Weg führt zunächst sanft immer direkt am Weittalbach entlang das Tal hinauf. Durch den Wald geht es stetig bergan, bald auch etwas steiler werdend. Nach einer knappen Stunde wird die ❶ **Bichlbächler Alpe** passiert und die Steigspuren führen weiter in Richtung Sommerbergjöchle, die sanften Grashügel der Bleispitze zur Linken und die steil aufragenden Felswände der Gartner Wand zur Rechten. Am Sattel vom ❷ **Sommerbergjöchle** angekommen, eröffnet sich der Blick auf das komplette Zugspitz-Massiv.

Bleispitze und Gartner Wand im Abendlicht

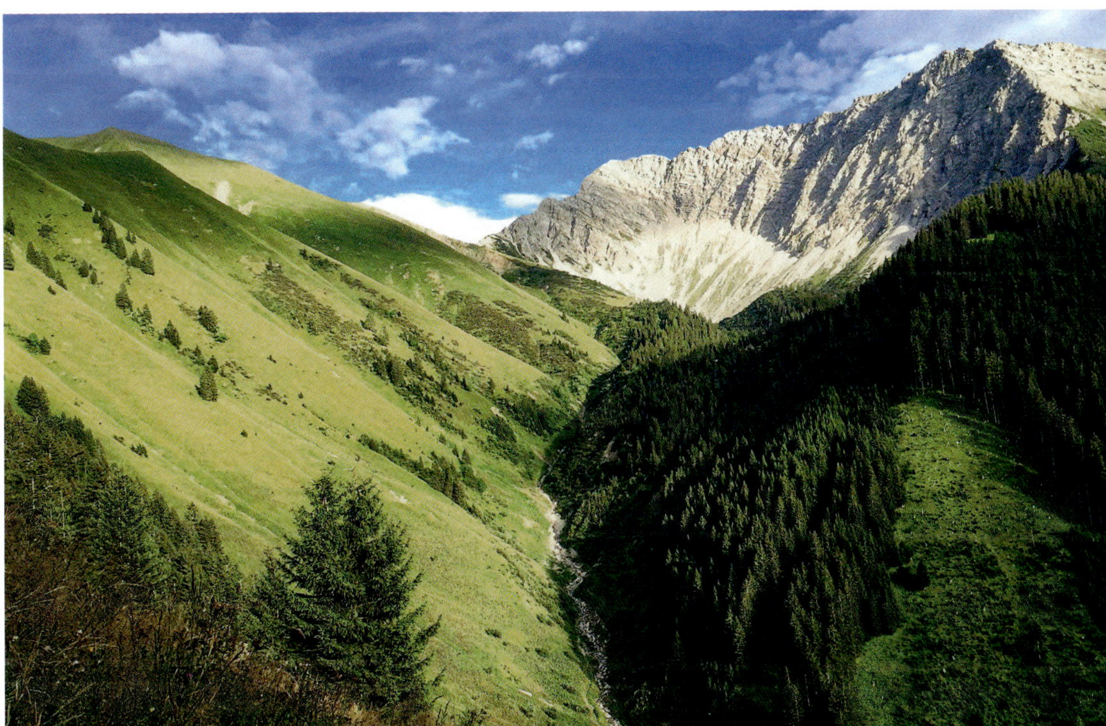

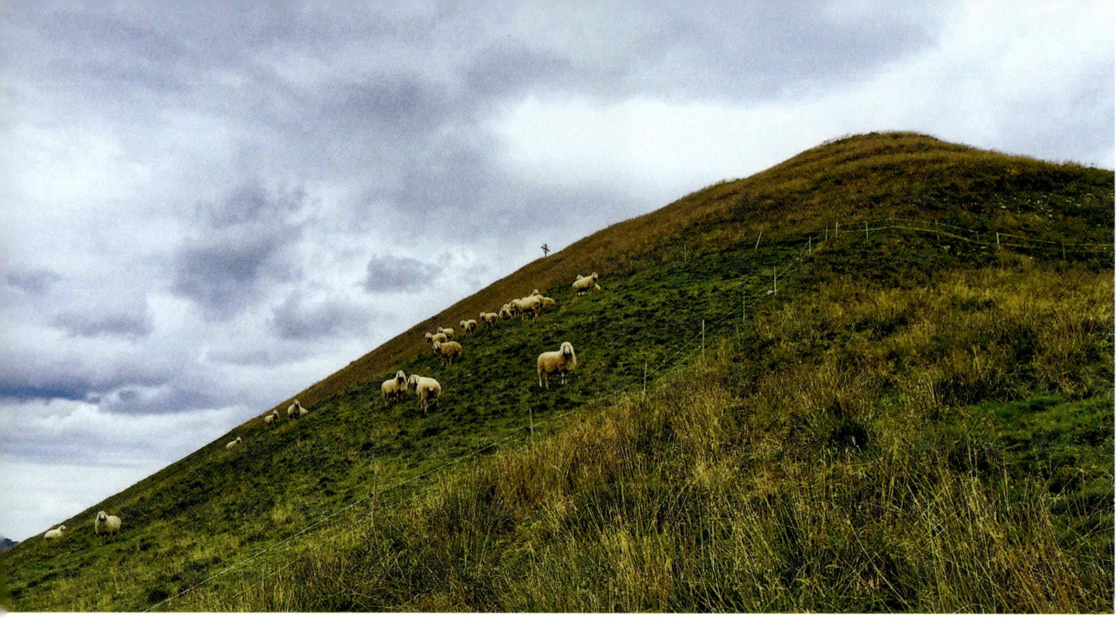

An Schafen vorbei zum Gipfel der Bleispitze

Bleispitze oder Gartner Wand? Der Steig nach rechts führt teilweise versichert, aber auch mit einigen Kletterstellen im zweiten Schwierigkeitsgrad und teilweise ausgesetzt auf die Gartner Wand. Nichts für Anfänger also.

Nach links geht es auf die (vermeintlich) einfachere Tour auf die Bleispitze. Vom Sattel geht es dann auch ohne größere Schwierigkeiten über Wiesen und vorbei an einer Schafherde in etwa 30 Minuten zum 3 **Bleispitze-Gipfel**, wo der Rundumblick bei guter Sicht im Norden bis weit in die Ammergauer Alpen reicht, im Süden aber von der Gartner Wand abrupt begrenzt wird.

Nasses Gras macht keinen Spaß Erfolgte der Aufstieg bis zum Gipfel noch über einen normal in den Wanderkarten verzeichneten Steig, soll es im Abstieg ein alter Jägersteig sein, der über den Bichlbächler Berg zurück zum Ausgangspunkt führt. Im hohen Gras ist der Weg teilweise aber nur sehr schwer auszumachen. Der Gratverlauf gibt den Abstieg allerdings weitestgehend vor.

Gerade im ersten Teil des Abstiegs geht es anfangs ziemlich steil abwärts. Im Grunde kein Problem, wenn es vorher nicht geregnet hat. Hat es das doch, fühlt sich der Steig am Kamm eher wie eine Rutschbahn an, bei dem ein Ausrutschen kaum zu verhindern ist. Wenn schon ausrutschen, dann bitte nur leicht, denn zur Rechten geht es richtig steil und ungebremst in ein breites Becken, wo ein paar Gämsen schon darauf warten, den Bergwanderer auf die Krucken (Hörner) zu nehmen. Dass das Becken auch noch den Namen »Am Stinker« trägt, trägt nur wenig zur Beruhigung bei.

Am Kamm entlang Nach dem ersten steilen und bei Nässe etwas quälendem Abstieg geht es bald schneller voran. Am Gratverlauf werden mehrere Erhebungen passiert, die als Gipfel durchgehen: Mähbergjoch und Mühlwald- bzw. 4 **Gartigköpfl**. Am letzten Gipfel ist der Parkplatz in Bichlbächle schon in Sichtweite, aber noch sind es einige Höhenmeter, die es zu überwinden gilt. Der Weg ist als solcher kaum mehr zu erkennen und teils muss sich der Weg durch hohes Gras gebahnt werden. Bald führt der Pfad in den Wald – oder sind es doch nur Spuren von Wildwechsel? Irgendwann ist der Jägersteig wiedergefunden, der teilweise extrem steil durch zahlreiche Lawinenverbauungen nach unten führt. So geht es bis kurz vor den Startpunkt, zuletzt über eine Almwiese, wo mit etwas Glück die langsam untergehende Sonne Bleispitze und Gartner Wand in ein wunderbares Abendlicht taucht. Nach E **Bichlbächle** ist es dann nicht mehr weit.

Knapp drei Stunden werden für den Abstieg bei nassen und feuchten Bedingungen benötigt und damit sogar etwas mehr als für den Aufstieg.

Grüne Bleispitze von Gartner Wand gegenüber gesehen

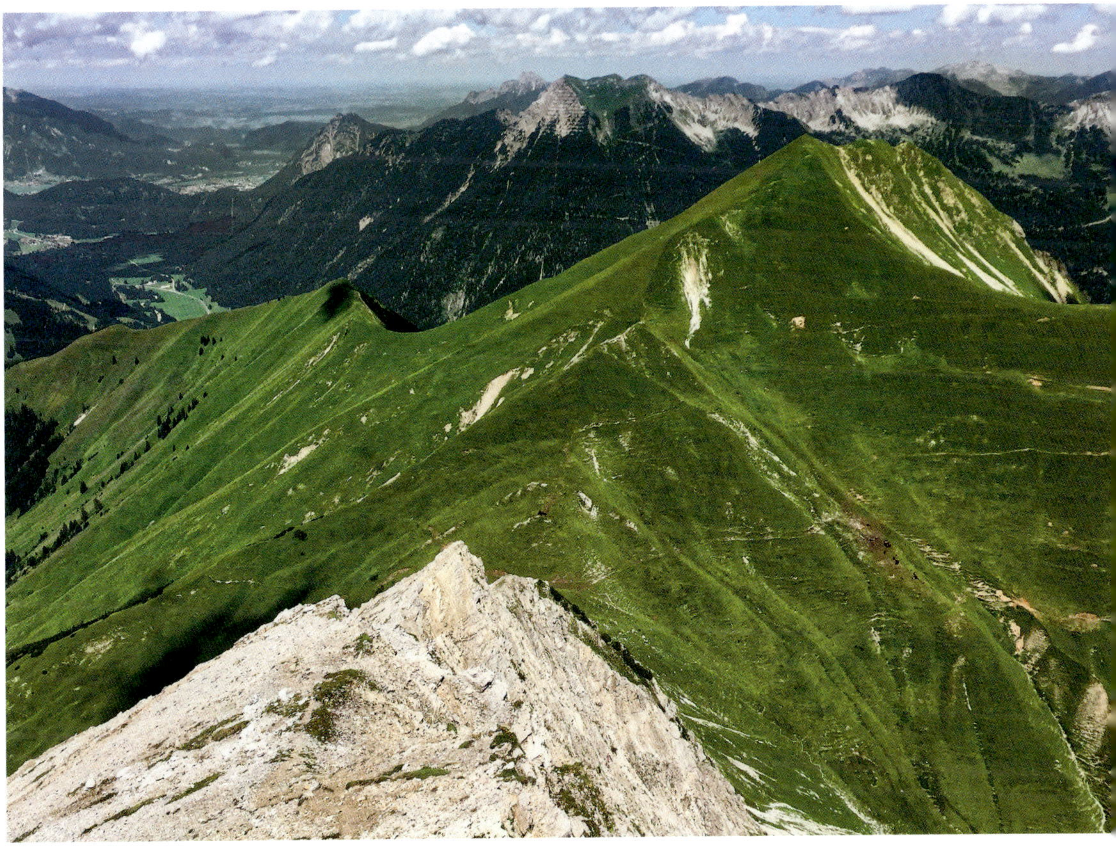

2 Stablsee und Kreuzspitzen

Eingekesselt im satten Grün

●　Mittel　6–7 h　1590 m　10,4 km

Tourencharakter
Aufgrund der Länge und des zwischendrin weglosen Aufstiegs vom Stablsee zum Anhalter Höhenweg fordernde Tour, die aber ohne große technische Schwierigkeiten auskommt.

Ausgangs-/Endpunkt
Elmen im Lechtal, 976 m

Höchster Punkt
Mittlere Kreuzspitze, 2496 m

Anfahrt
ÖPNV Bus bis Elmen-Hinterweidig.
Auto Von Reutte kommend durch das Lechtal nach Süden bis Elmen, großer Wanderparkplatz gegenüber der Materialseilbahn der Stablalm.

Gehzeiten
Elmen – Stablalm (1 Std.) – Stablsee (2 Std.) – Mittlere Kreuzspitze (1 Std.) – Elmer Kreuzspitze (30 Min.) – Stablalm (2 Std.) – Elmen (45 Min.)

Einkehr
Jausenstation Stablalpe

Karten
Kompass WK 24, 1:50 000; AV-Karten Nr. 2/2 & Nr. 3/4, 1:25 000

Information
Tourismusregion Naturpark Reutte, www.reutte.com

Eine herrliche Bergtour in den Lechtaler Alpen führt von Elmen im Lechtal hinauf zum Stablsee, weiter weglos auf die Mittlere Kreuzspitze, über die Elmer Kreuzspitze und Stablalpe zurück zum Startpunkt.

Bereits auf dem Anfahrtsweg lassen sich die beeindruckenden Erhebungen von Pfeilspitze und Rotwand (nein, nicht die!) bestaunen. In einem Kessel zu ihren Füßen befindet sich der von Steilgrashängen eingepferchte Stablsee, dem nur über einen unmarkierten und zwischendrin kaum erkennbaren Pfad ein Besuch abgestattet werden kann.

Steig zur Stablalpe Ausgangspunkt der anspruchsvollen Tour ist das kleine Örtchen **Ⓐ Elmen** am Fuß eines beeindruckenden Wasserfalls auf knapp 1000 Metern Seehöhe. Von dort starten ein Fahrweg sowie ein direkter Steig hinauf zur Stablalpe. Der

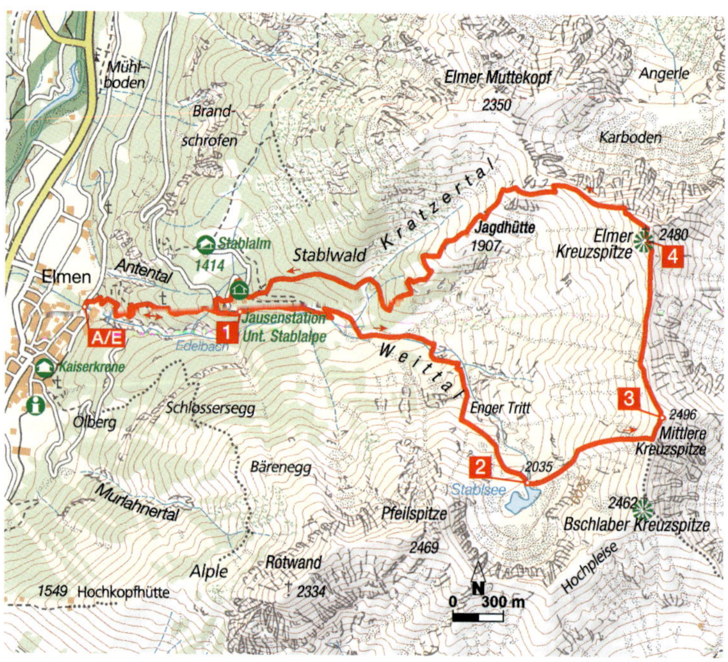

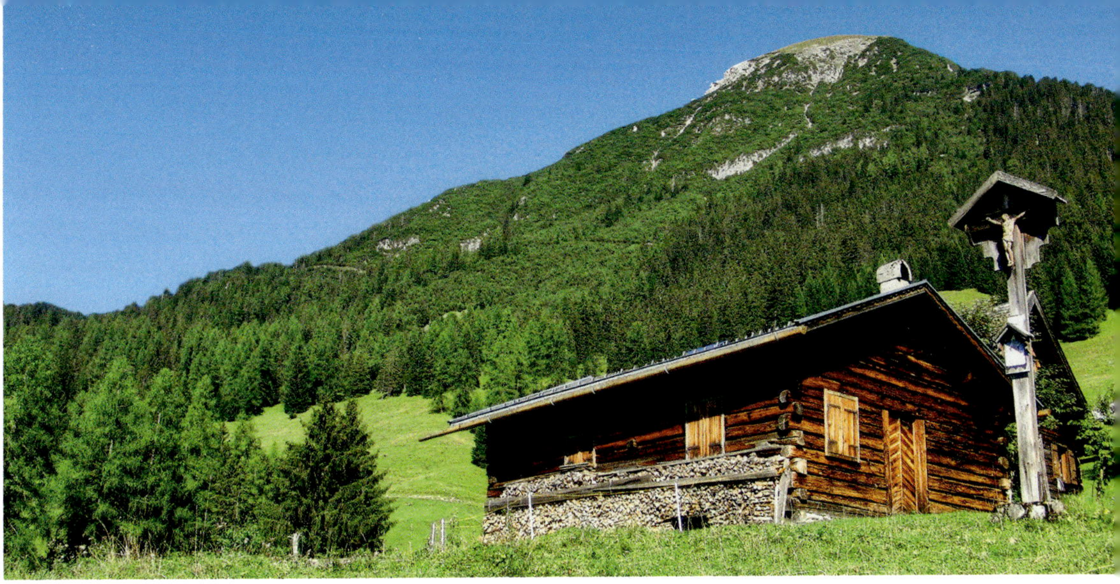

Weg folgt im Zickzack dem Lauf des Baches und in einer knappen Stunde geht es im teils steilen Anstieg bis zur Alm mit den vielen kleinen Hütten der 1 **Stablalpe**. Noch einen knappen Kilometer folgt der Weg hinter der Alm dem Bachlauf, bis er abrupt zu enden scheint.

Almhütte auf der Stablalpe

Wasserfall am Weg

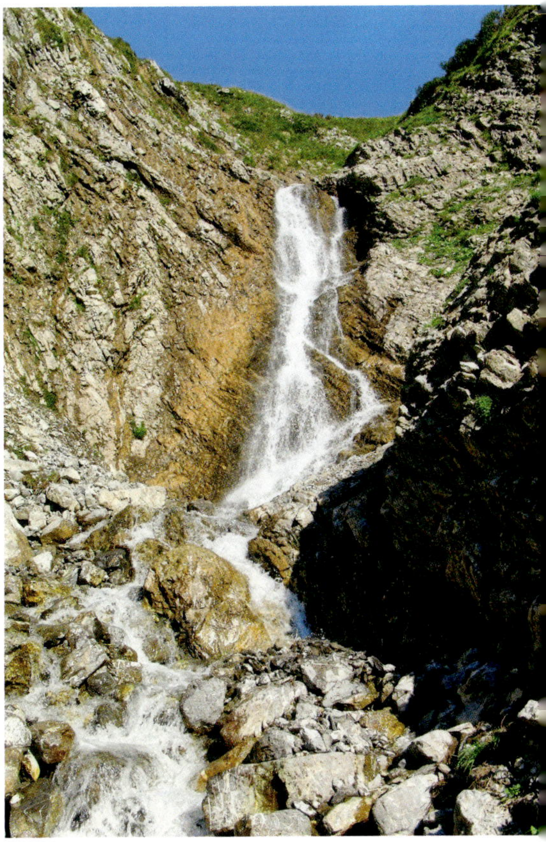

Wo ist der Weg? Es gilt, den Weg wiederzufinden, was hier aber mit etwas Wegfindungsgespür doch noch ohne größere Probleme gelingt. Diesem folgt man nun bis zu dem Abzweig in Richtung Elmer Kreuzspitze. Hier lässt sich ein Hinweis entdecken, dass der Weg hinauf zum Stablsee nicht markiert ist, auch wenn er in einigen Karten noch immer eingezeichnet ist.
Bis in die 1980er-Jahre hinein wurde der Steig noch weitaus häufiger begangen. Zwischenzeitlich aber wucherte er immer weiter zu, sodass er zwischen Geäst und Strauchwerk beinahe verschwand. Nur mit Mühe musste sich der Weg durch das immer dichter werdende Geäst gebahnt werden, um dem Pfad anschließend dann doch wieder einfacher folgen zu können. Ein paar Jugendliche der Landjugend Steeg, ein Hüttenwirt und ein Lehrer fassten sich Mitte 2016 aber ein Herz und legten Teile des zugewucherten Weges wieder frei, verzichteten aber trotzdem auf eine Markierung, damit es dem Stablsee nicht wie dem Schrecksee im Allgäu ergeht, der als (illegale) alpine »Partylocation« entdeckt wurde.

Dem Steig zu folgen ist damit bedeutend leichter geworden. Nachdem das Buschwerk durchquert ist, wird das Gelände zunehmend steiler und oberhalb des Engen Tritts gelangt man in steilen Grashängen hoch und höher. Die Tour bei Nässe zu gehen, ist nicht zu empfehlen, da die Grashänge schnell rutschig werden und ein Ausrutschen im recht exponierten Gelände gleich noch weniger empfehlenswert ist.

Am Stablsee Irgendwann wird die letzte Geländestufe überquert und plötzlich steht man vor dem umwerfenden Panorama des Stablsees auf 2035 Meter Höhe, eingerahmt von der Pfeilspitze (2469 m), der Bschlaber Kreuzspitze (2462 m) und der Mittleren Kreuzspitze (2496 m).

Dank dem wieder freigelegten Steig ist der 2 **Stablsee** nach etwa 1,5 bis 2 Stunden von der Stablalpe aus erreicht. Am See bleibt nun die Wahl, zur Pfeilspitze aufzusteigen oder weiter zur Mittleren Kreuzspitze und dem Anhalter Höhenweg – beides allerdings vollkommen weglos. Gerade die Tour auf die Pfeilspitze führt durch extrem steiles und grasiges Gelände und sollte so nur bei trockenen Bedingungen begangen werden.

Stablsee und Pfeilspitze vor grandiosem Panorama

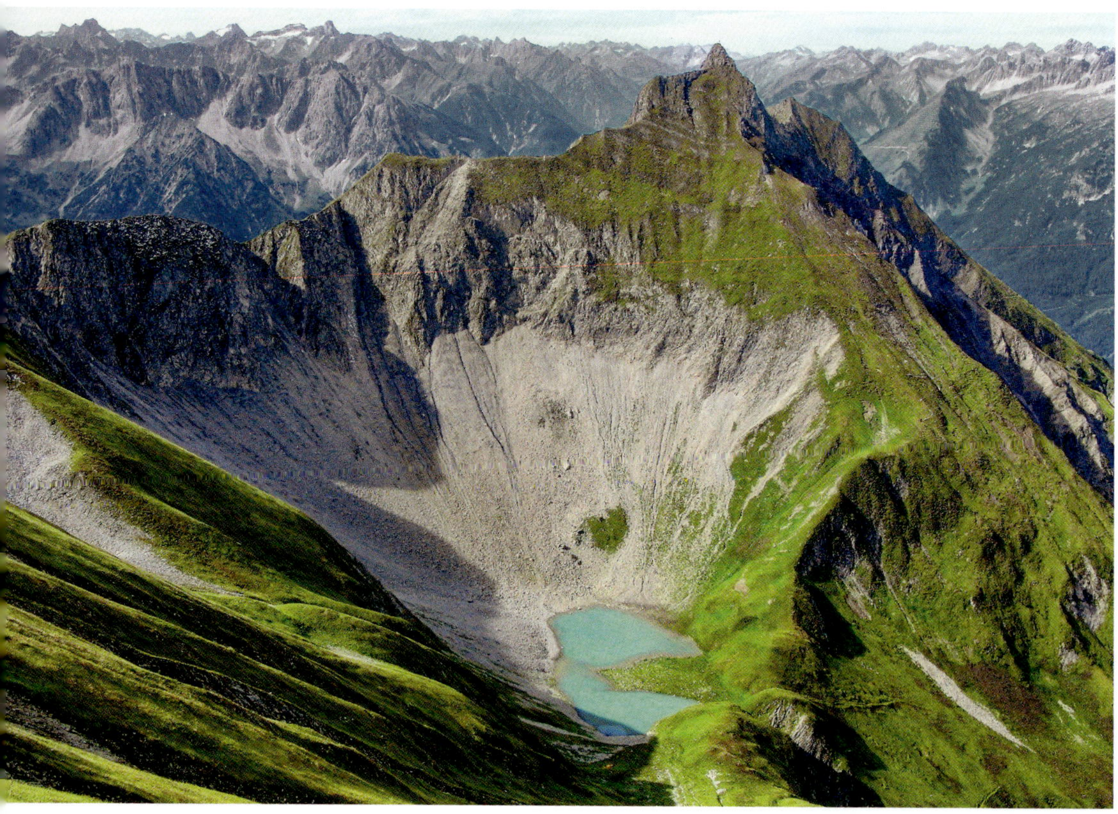

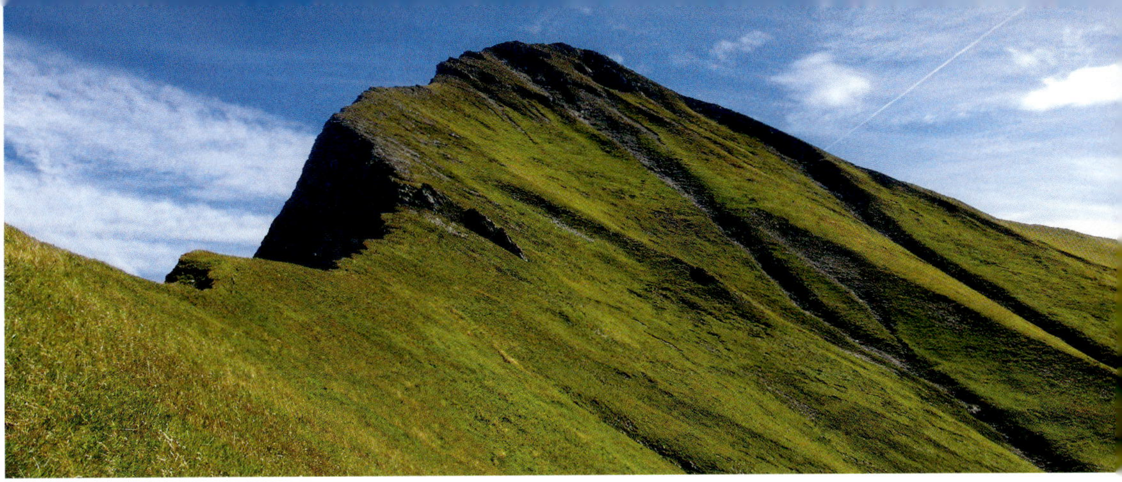

Grasiger Grat zur Elmer Kreuzspitze

Alternativer Aufstieg zum Anhalter Höhenweg Alternativ ist der weglose Aufstieg zum Anhalter Höhenweg und der Mittleren Kreuzspitze möglich. Zunächst gilt es, einer Rinne in leicht nordöstlicher Richtung zu folgen. Bald darauf kann man auf den Kamm wechseln, der in relativ gerader Richtung im Grasgelände (allerdings nicht ganz so steil) bis zur 3 **Mittleren Kreuzspitze** führt. Ihr Gipfel ist zwar die höchste Erhebung rund um den Stablsee, jedoch dient als »Gipfelkreuz« lediglich ein Steinmandl. Von dort kann man bereits einen wunderbaren Ausblick und Tiefblick zum See genießen.

Übergang zur Elmer Kreuzspitze Der Stablsee liegt förmlich zu Füßen, wobei sich im Hintergrund bei klarer Luft eine grandiose Sicht auf die Zentralalpen auftut und der Fernblick bis zum Olperer und weiter reicht. Im Osten erhebt sich die Namloser Wetterspitze und in Richtung Nordosten erkennt man das Zugspitzmassiv und die Ammergauer Alpen.

Nach kurzer Rast geht es von der Mittleren Kreuzspitze auf dem Anhalter Höhenweg kurz hinunter, zwischenzeitlich durch per Stahlseil gesicherte Passagen immer am Grat entlang und weiter hinauf zur 4 **Elmer Kreuzspitze** (2480 m). Am Gipfelkreuz heißt es erneut rasten und das herrliche Panorama genießen.

Abstieg nach Elmen Anschließend steigt man steil bergab in Richtung einer Jagdhütte. Weiter schlängelt sich der Steig hinab zur 1 **Stablalpe**, die nach insgesamt etwa vier Stunden ab dem Aufbruch vom Stablsee erreicht ist. Zwischendurch bleibt mehr als genügend Zeit, die Einsamkeit und die Ruhe der Lechtaler Alpen zu genießen und Pläne für weitere Bergabenteuer zu schmieden.

Von der Stablalpe geht es dann entweder auf dem Steig oder dem gemütlicheren Fahrweg zurück zum Ausgangspunkt in E **Elmen**.

3 Geiselstein

Das Matterhorn der Ammergauer Alpen

Schwer | 5–6 h | 1390 m | 27,1 km

Tourencharakter
Bis zum Geiselsteinsattel einfache Wanderung. Normalweg zum Gipfel anspruchsvoll mit exponierter Kletterei im II. Grad UIAA.

Ausgangs-/Endpunkt
Halblech, Wanderparkplatz zur Kenzenhütte/Halblechtal, 825 m

Höchster Punkt
Geiselstein, 1879 m

Anfahrt
ÖPNV Bus bis Haltestelle Halblech (kostenlos mit Gästekarte); Kenzenbus (ca. Ende Mai bis Ende Okt.) zum Wanderparkplatz am Wankerfleck.
Auto Von A96 über Landsberg und B17 in Richtung Füssen bis Halblech; von dort alternativ per Bus oder Mountainbike zum Wankerfleck.

Gehzeiten
Halblech – Wankerfleck (1 Std. mit MTB) – Geiselsteinsattel (1,5 Std.) – Geiselstein (30 Min.) – Geiselsteinsattel (30 Min.) – Wankerfleck (1 Std.) – Halblech (1 Std. mit MTB)

Einkehr
Kenzenhütte

Karten
Kompass WK 4, 1:50 000; AV-Karte Nr. BY6, 1:25 000

Information
Tourist-Info Halblech, www.halblech.de

Der Geiselstein gilt als das »Matterhorn der Ammergauer Alpen« und seine Besteigung ist, ganz wie beim Schweizer Original, eine Herausforderung. Trotz seiner ähnlich markanten Silhouette sieht man den Geiselstein von keinem Talort aus.

Es ist spät im Jahr, weiter oben liegt der erste Schnee, als die Tour auf den Geiselstein auf der Liste steht. Statt mit Schnee sind die Bäume mit einer zerbrechlichen Schicht aus dickem Raureif überzogen. An den Felsen rund um den Bach sind die Wasserrinnsale gefroren. Die tiefstehende Sonne, die im Spätherbst, wenn überhaupt, nur wenige Minuten am Tag ins Tal scheint, zaubert eine tolle Stimmung, schafft es aber kaum, die Luft etwas aufzuwärmen.

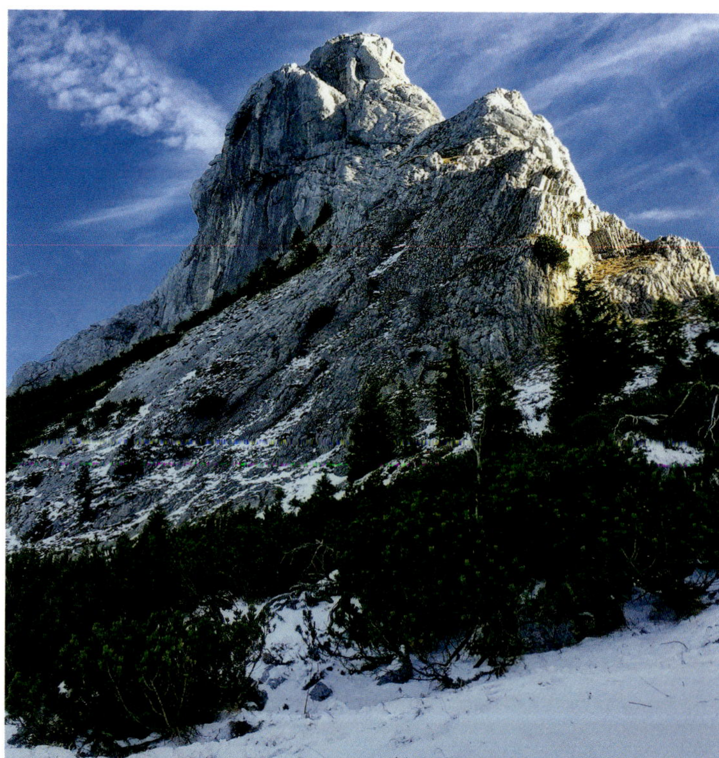

Angezuckerter Geiselstein

Per Bus oder Mountainbike zum Wankerfleck Im Sommer fährt vom Startort in **A Halblech** ein Wanderbus bis zum **1 Wankerfleck**. Es geht über knapp zehn Kilometer und 400 Höhenmeter bis zu der kleinen Kapelle. Hier gibt es einen ersten richtigen Blick auf das Tagesziel: den Geiselstein. Außerhalb der Wanderbussaison muss der lange Weg zum eigentlichen Startpunkt zu Fuß oder mit dem Mountainbike zurückgelegt werden. Letzteres geht wesentlich schneller (1 Stunde).

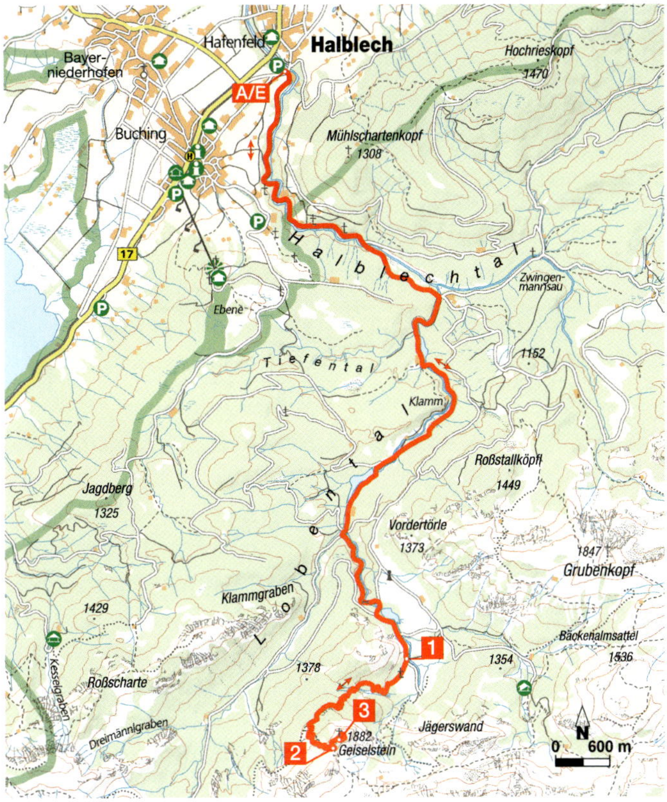

Aufstieg zum Geiselsteinsattel Ab dem Talboden des Wankerflecks geht es nur noch zu Fuß weiter, den Wegweisern Richtung **2 Geiselsteinsattel** folgend, der problemlos den Geiselstein umrundend nach etwa 1,5 Stunden erreicht ist. Im Spätherbst lassen sich im Sattel nun endlich Sonnenstrahlen erhaschen. Nur knapp scheint sie über den Nordabbrüchen der Ammergauer Hochplatte. Während die Seilschaften, die hier häufig anzutreffen sind, über die Süd-West-Verschneidung – und damit in der Sonne – auf den Geiselstein klettern, führt der Normalweg wieder auf die der Sonne abgewandten Seite des Berges und leitet über die Nordwestwand in knapp einer halben Stunde zum Gipfel.

Geiselstein

Der Geiselstein hat eine beeindruckende Dominanz und ist doch von keinem Talort aus zu sehen. Kein Wunder, bei einer Höhe von nur 1879 Metern gibt es höhere Gipfel, die den Blick auf den Geiselstein versperren. Trotzdem trägt er seinen Beinamen, das »Matterhorn der Ammergauer Alpen«, nicht zu Unrecht. Ein wenig wie die berühmte Toblerone-Vorlage und kaum bezwingbar, wirkt der Geiselstein vom Wankerfleck aus.

Der Normalweg auf den Geiselstein Ein Schild und verblasste rote Punkte weisen den Weg unterhalb der Westwand. Erst ein gutes Stück, fast ohne Höhengewinn, geht es bis an den Fuß einer Rinne, die einen

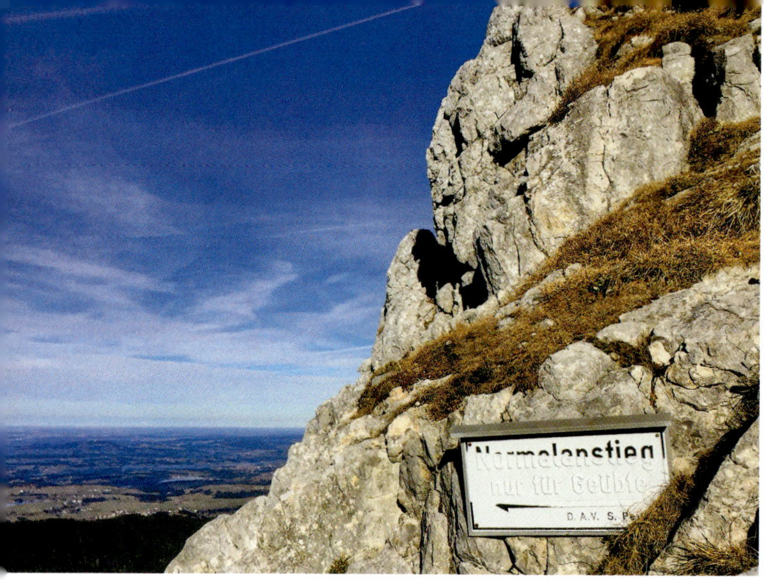

Ein Schild weist den Weg am anspruchsvollen Aufstieg.

Durchschlupf zum Gipfel gewährt. Ein Steinmandl markiert den Einstieg.

Zwei Rinnen sind von einem felsigen Rücken in der Mitte getrennt. An dem wird sich in angenehmer Kletterei im II. Grad (nach UIAA) der Weg nach oben gebahnt. Einfach ist das nicht und gerade Schnee und Eis treiben die Schwierigkeit – und das Absturzpotential – nach oben. Zwei Eisenstifte und immer wieder auch Sicherungspunkte für die, die lieber am Seil unterwegs sind, erleichtern den Aufstieg. Die Querung am Ende der durchweg ausgesetzten Kletterei ist – zumindest ohne Schnee – wieder ein Stück weit einfacher.

Ist der Ausstieg aus der Rinne erreicht, leitet der Weiterweg über den Nordgrat des Geiselsteins. Der hat es nochmal in sich. Ein paar spärlich gesäte Tritte und speckige Griffe führen über eine Steilstufe mit viel Luft unter dem Hintern. Ein Blick zurück offenbart, dass nicht nur hundertprozentige Trittsicherheit notwendig ist, sondern eine mindestens genauso gut ausgeprägte Schwindelfreiheit. Konzentriert wird auch dieses letzte Stück überwunden.

Die Aufstiegsrinne

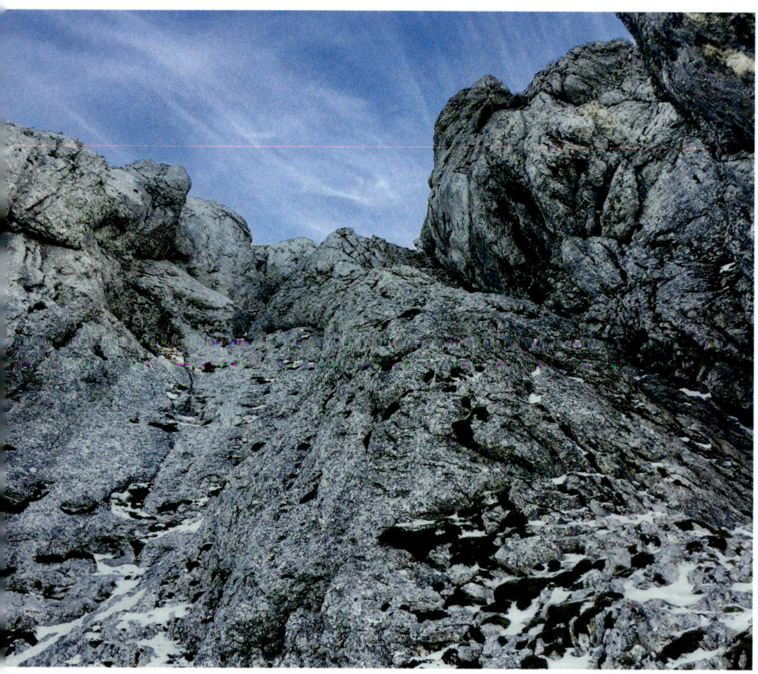

Ein bisschen Gipfelgenuss

Wenige Meter weiter ist das Gipfelkreuz des ❸ **Geiselsteins** erreicht. Ein kurzer Blick ins Gipfelbuch zeigt, dass hier nicht viel los zu sein scheint. Über den Normalweg hält sich der Andrang ganzjährig in Grenzen. Die meisten, die den 1879 Meter hohen Gipfel erklimmen, sind Kletterer. Kein Wunder, gilt der Geiselstein doch als einziger echter Kletterberg der Ammergauer Alpen.

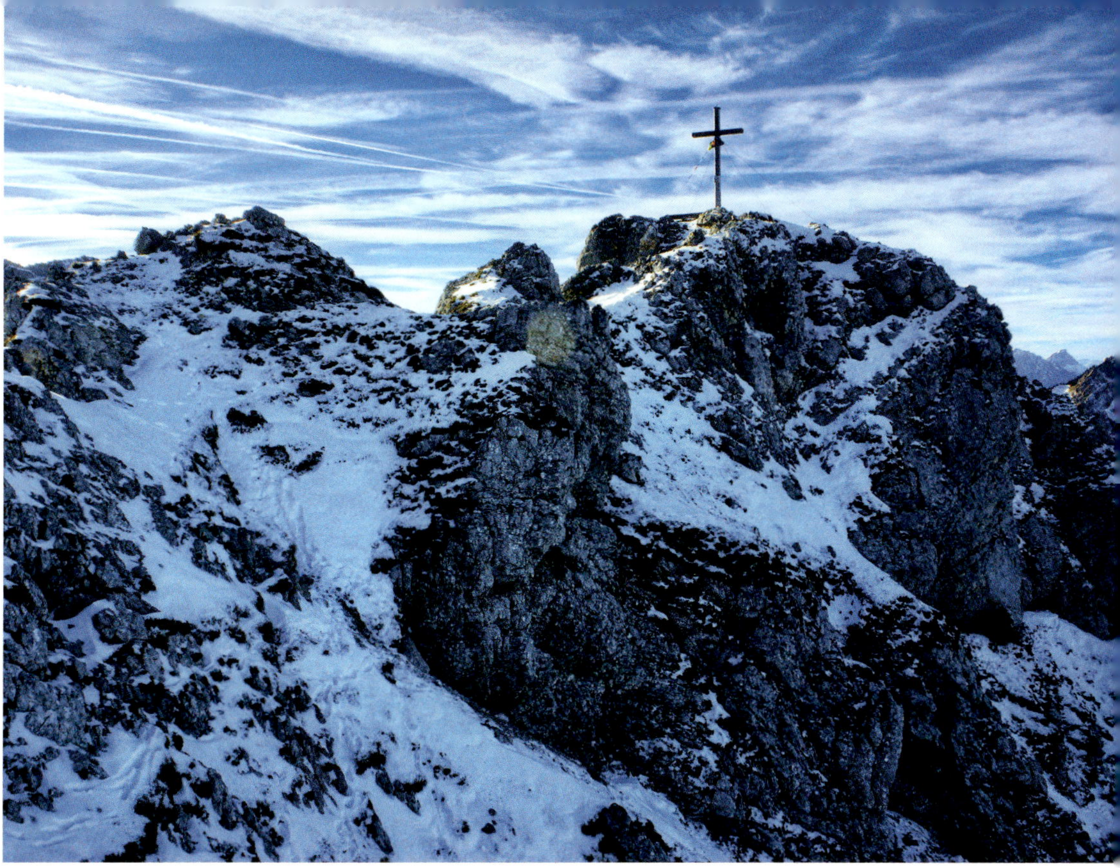

Die letzten Meter zum Gipfel

Steiler Abstieg vom Geiselstein Der Abstieg erfolgt wieder über den Aufstiegsweg und stellt sich am Ende als gar nicht so schlimm heraus. Lediglich wenn die Schrofen noch etwas eingeschneit sind, dauert es, bis die Tritte freigeputzt und sicher begehbar sind. Das anschließende Abklettern zwischen den beiden Rinnen stellt den geübten Bergsteiger vor keine unüberwindbaren Hürden. Zurück am ❷ Geiselsteinsattel ist wieder gänzlich sicherer Boden unter den Füßen, und nach einem letzten ehrfürchtigen Blick hinauf geht es in einer Dreiviertelstunde auf dem Weg vom Aufstieg zurück zum ❶ Wankerfleck.

Abstiegsvariante via Gumpenhütte Alternativ ist es auch möglich, vom Geiselsteinsattel dem Weg gen Süden am Fuß der Gumpenkarspitze entlang zu folgen. Mit etwas Gespür lässt sich auf Höhe der Unteren Gumpen eine schwach ausgeprägte Pfadspur erkennen, die später deutlicher wird und relativ direkt zur Gumpenhütte führt. Von dort kommt man auf markiertem Weg zurück zum Wankerfleck.

Rückfahrt nach Halblech So oder so geht es dann mit dem am Wankerfleck deponierten Mountainbike oder mit dem Kenzenbus entsprechend dem Hinweg zurück nach Ⓔ Halblech.

4

Vom Teufelstättkopf zum Hennenkopf

Wo König Ludwig II. sein Herz verlor

Mittel | 6–7 h | 1105 m | 15,0 km

Tourencharakter
Mittelschwere Wanderung mit kurzen exponierten Teilstücken, die Trittsicherheit und Schwindelfreiheit verlangen.

Ausgangs-/Endpunkt
Schloss Linderhof, 950 m

Höchster Punkt
Hennenkopf, 1768 m

Anfahrt
ÖPNV Bus bis Haltestelle Schloss Linderhof.
Auto Von München über A95 bis Eschenlohe; in Oberau in Richtung Ettal und durchs Ammertal in Richtung Reutte bis Schloss Linderhof; von Reutte über Plansee bis Schloss Linderhof.

Gehzeiten
Schloss Linderhof – Pürschlinghaus (2–2,5 Std.) – Teufelstättkopf (30 Min.) – Laubeneck (1 Std.) – Hennenkopf (1,5 Std.) – Schloss Linderhof (1–1,5 Std.)

Einkehr
August-Schuster-Haus (Pürschlinghaus), Brunnenkopfhütte

Karten
Kompass WK 05, 1:35 000; AV-Karten Nr. BY6 & BY7, 1:25 000

Information
Tourist-Info Oberammergau, www.ammergauer-alpen.de

Mit Teufelstättkopf, Laubeneck und Hennenkopf warten auf dieser ruhigen Rundtour in den Ammergauer Alpen drei Gipfelziele auf den versierten Bergsteiger – mit spannenden Gratabschnitten zwischendrin.

Immer schmaler wird der Weg, der wohl bei den wenigsten noch als solcher durchgeht. Regen hat die grasigen Abschnitte glitschig gemacht. Kaum passen beide Füße noch nebeneinander, während es zu beiden Seiten bedrohlich nach unten geht. Schritt um Schritt steigt man bedächtig und langsam über den Grat. Ein steiler Abstieg später, zurück auf dem Maximiliansweg, der an den südlichen Ausläufern von Teufelstättkopf, Laubeneck und Hennenkopf vorbeiführt, wird das Terrain freundlicher und der imposanteste Teil dieser Tour ist vorbei.

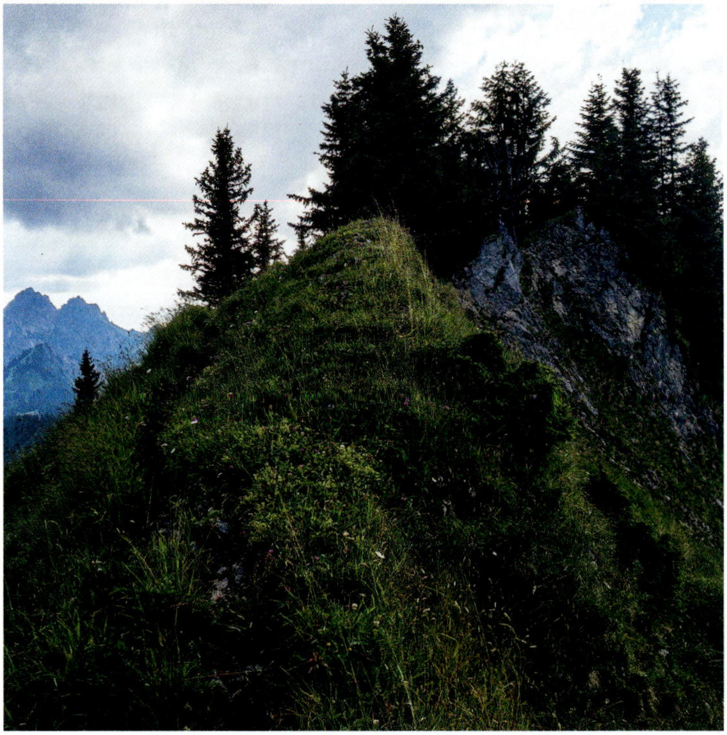

Unterwegs auf schmalem Grat

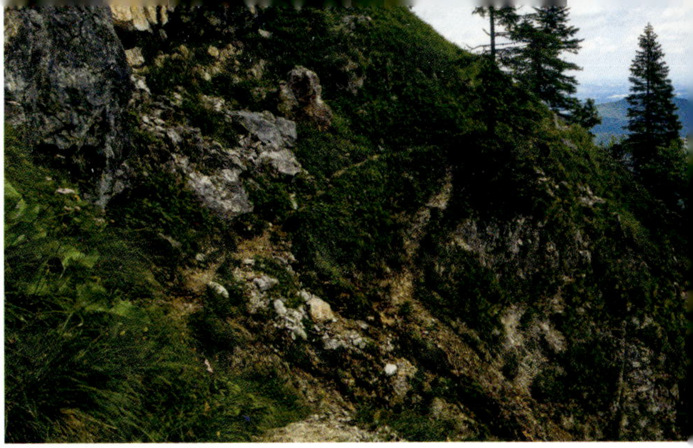

Querung einer Rinne

Aufstieg von Schloss Linderhof Vor diesem spektakulären Abschnitt liegen allerdings noch drei Gipfel, die es zu erklimmen gilt. Alternativ ist die Route auch anders herum möglich, der Aufstieg von **A Schloss Linderhof** zum Pürschlinghaus aber deutlich angenehmer als der Abstieg.
Im Schloss verbrachte König Ludwig II. trotz seiner beeindruckenderen Bauwerke wie Neuschwanstein oder Herrenchiemsee die meiste Zeit. Für die Besichtigung des kleinen Schmuckkästchens inmitten der Ammergauer Alpen sollte man noch etwas Zeit einplanen (etwa 1,5 Stunden). Währenddessen startet die Gratwanderung am Parkplatz und folgt den Schildern in Richtung Pürschlinghaus.

Durch den Linderwald Bald trennt sich der Weg von dem ehemaligen königlichen Reitweg zur Brunnenkopfhütte und führt am Zaun hinter dem Schlossgelände entlang. Nach einem kurzen Stelldichein auf dem Forstweg zweigt der Steig zum Pürschling ab, auf dem es in vielen Serpentinen nach oben geht. Etwa nach der Hälfte des Aufstiegs zur Hütte wird es anspruchsvoller, schmaler, hin und wieder etwas ausgesetzt, aber anschließend wieder einfacher. Oberhalb der Kälberalpe

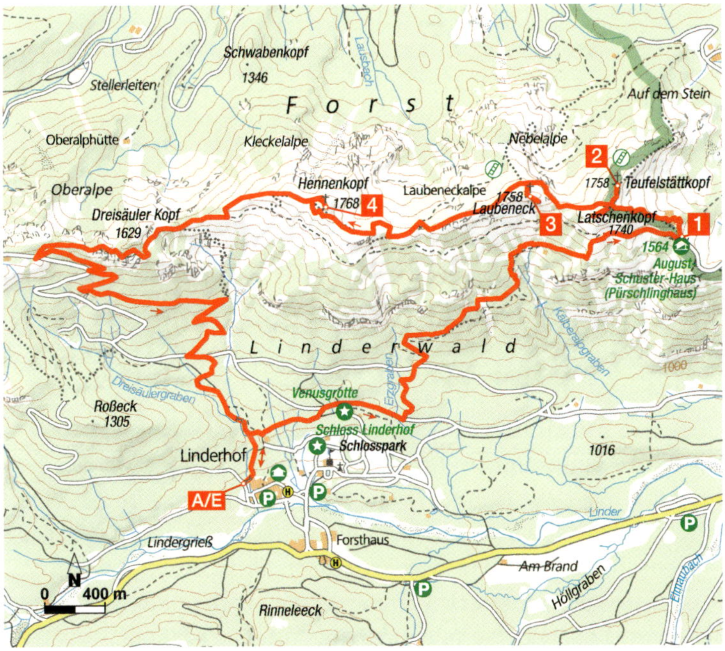

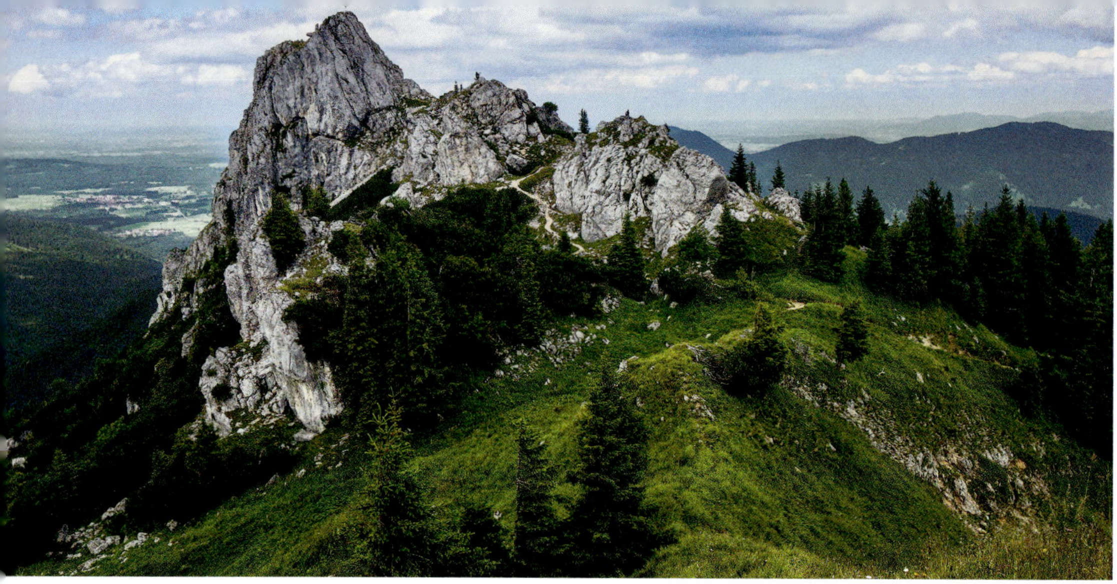

Der Teufelstättkopf von Westen

sprudelt Wasser aus dem Fels und die Vorräte können aufgefüllt werden. Nach Erreichen des Maximilianswegs geht es im teils exponierten Grasgelände zum **1 Pürschlinghaus** (August-Schuster Haus).

Aufstieg zum Teufelstättkopf Nach einem wohlverdienten Radler – günstiger als im Pürschlinghaus gibt es das in den bayerischen Alpen wohl nirgends – gilt es, die knapp 200 übrigen Höhenmeter hinauf zum Gipfel des **2 Teufelstättkopfs** (1758 m) zu überwinden. Schwierig sind die nicht, auch die mit einem Drahtseil gesicherte Stelle kurz vor dem Gipfel ist eher für das Sicherheitsgefühl als wirklich nötig.
Vor dem Weiterweg zum Laubeneck wartet an der Weggabelung noch ein unscheinbarer Abstecher auf den Latschenkopf (1740 m), der aber weniger spektakulär als der Teufelstättkopf ist.

Übergang zum Laubeneck Der Übergang zum Laubeneck führt an der Nordseite des Grats zunächst einfach bergab. Die Querung einer Rinne an der Nordostseite des Laubenecks sieht von weitem gruselig aus, entpuppt sich aber beim Näherkommen als nicht so schwer. Trittsicherheit und Schwindelfreiheit sind aber nicht nur hier notwendig.
Während die Südwand des Laubenecks steil abbricht, ist seine nördliche Seite von undurchdringlichen Latschen überzogen. Ein Durchlass zum Gipfel findet sich erst auf den zweiten Blick: Kurz vor Erreichen einer kleinen Quelle am Wegesrand weist ein unscheinbarer Pfad den Weg nach oben. Auch das Gipfelkreuz am **3 Laubeneck** (1758 m) ist von hier aus bereits zu sehen und nach kurzem, einfachem Aufstieg erreicht.

Weiterweg zum Hennenkopf Auf demselben Weg geht es wieder zurück zum Weg, der dem sanften Gratverlauf auf der Nordseite folgt. Nach einem kurzen Ab und einem kurzen Auf werden bald die Südabbrüche des Hennenkopfs passiert.
Den Weg zum Gipfel nicht zu verpassen, ist dabei gar nicht so einfach. Eine blasse gelbe Markierung weist den Weg in eine steile Rinne, an deren Ende etwas Kletterei folgt und um die westlichen Felsausläufer auf die nördliche Seite vom Hennenkopf führt. Kurz meint man, sich in einer Sackgasse zu befinden, die aber doch nicht in den Latschen endet, sondern zum Gipfelkreuz des 4 **Hennenkopfs** (1768 m) führt.

Imposanter Grat und Abstieg Zurück am Grat verengt dieser sich nun mit jedem Meter. Steile Grasflanken zu beiden Seiten verbieten ein Ausrutschen. Gerade so passen beide Füße noch nebeneinander auf den Kamm. Ein steiler Abstieg bis zum Maximiliansweg, der dem Grat weiter unten auf der Südseite folgt und Brunnenkopfhütte und Pürschlinghaus verbindet, beendet das anspruchsvollste Stück der Tour.
Kurz vor Erreichen des Dreisäuler Kopfs, der sich im Wald vor neugierigen Blicken versteckt, soll ein Steig hinabführen, der den Abstieg nach Schloss Linderhof etwas abkürzt. Der ist allerdings nur mit Fantasie zu entdecken. Wer sichergehen will, umrundet den Dreisäuler Kopf (1629 m) und stößt hinter ihm auf den Reitweg von Max II. zur Brunnenkopfhütte, auf dem es in langen Serpentinen zurück zum E **Schloss Linderhof** geht.

Einsamer Gipfel des Hennenkopfs

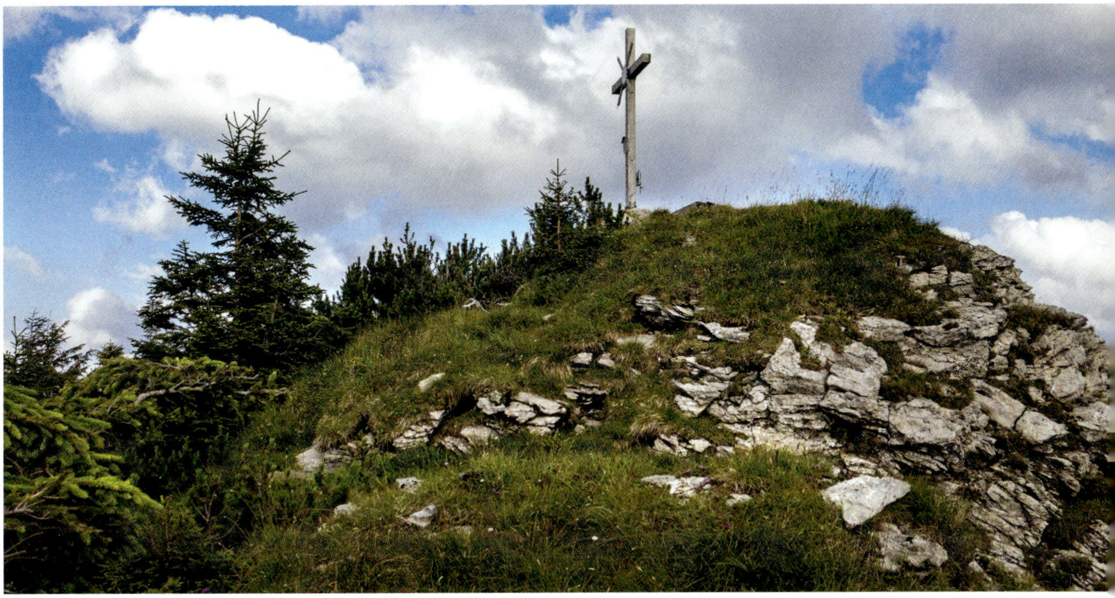

5

Hoher Straußberg

Auf der Suche nach den Ammergauer Steinböcken

Mittel | 4–5 h | 900 m | 14,5 km

Tourencharakter
Weitestgehend einfache Wanderung. Etwas anspruchsvoller beim Aufstieg zum Gipfel. Wenige ausgesetzte Stellen, die Trittsicherheit und Schwindelfreiheit verlangen.

Ausgangs-/Endpunkt
Hotel Ammerwald, 1080 m

Höchster Punkt
Hoher Straußberg, 1933 m

Anfahrt
ÖPNV Keine Verbindung.
Auto Von München über A95 bis Eschenlohe; in Oberau in Richtung Ettal und durch Ammertal in Richtung Reutte bis Hotel Ammerwald; von Reutte über Plansee bis Hotel Ammerwald.

Gehzeiten
Hotel Ammerwald – Jägerhütte (1 Std.) – Ahornsattel (1 Std.) – Hoher Straußberg (30 Min.) – Ahornsattel (30 Min.) – Jägerhütte (30 Min.) – Hotel Ammerwald (1 Std.)

Einkehr
Keine Möglichkeit

Karten
Kompass WK 05, 1:35 000; AV-Karte Nr. BY6, 1:25 000

Information
Tourist-Info Oberammergau, www.ammergauer-alpen.de

Am Hohen Straußberg geht es ruhig zu. So ruhig, dass nicht mal ein markierter Weg hinauf zum Gipfelkreuz führt. Und so ruhig, dass sich mit etwas Glück sogar Steinböcke beobachten lassen.

Wo lassen sich die Steinböcke der Ammergauer Alpen finden? Der Wirt der Enningalm am Fuße des Felderkopfs auf der anderen Seite des Gebirgszugs erklärte, es gäbe gar keine. Und doch: Es gibt sie. Eine kurze Suchanfrage bei der Suchmaschine des Vertrauens bestätigt, dass sich eine kleine Population von Steinböcken zwischen Hochplatte und Plansee, gerne auch in den Nordhängen des Hohen Straußbergs, herumtreibt.
Ein Blick in die Wanderkarte offenbart aber folgendes Problem: Auf den Hohen Straußberg führt gar kein Weg, allerdings existieren sowohl über die Nord- als auch über die Südseite alte, nur noch wenig genutzte vergessene Steige, die zum Gipfel führen.

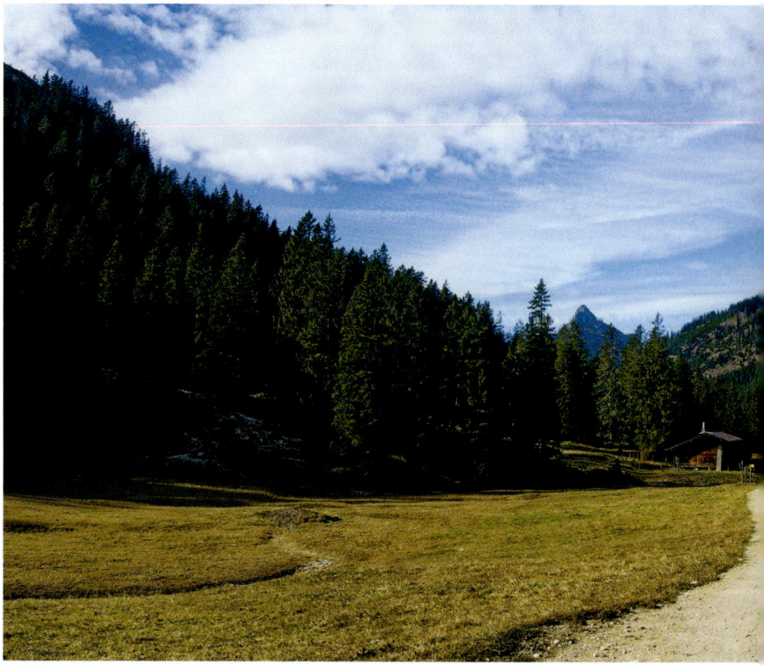

Malerische Jägerhütte vor dem Hohen Straußberg

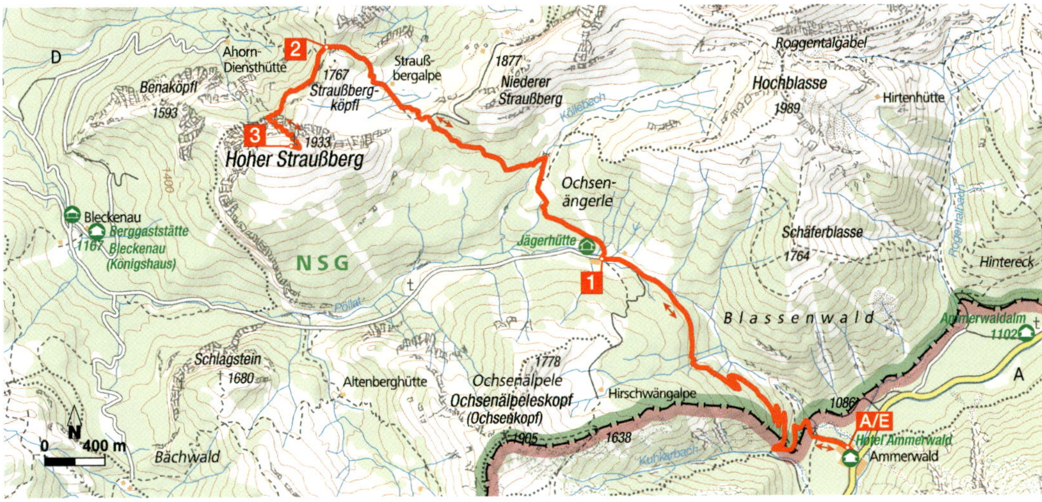

Über den Schützensteig zum Ahornsattel Startpunkt der Tour auf den Hohen Straußberg ist das Ⓐ **Hotel Ammerwald**, von wo es schnell in Richtung des Schützensteigs geht. Bald schon wird die bayerisch-tirolerische Grenze passiert und der Steig, der nie sonderlich steil ist, führt in etwa einer Stunde bis zu zwei kleinen Hütten. Unterwegs geht es an einem kleinen Wasserfall vorbei, der gerade zur Schneeschmelze imposant ist, im Sommer und Herbst aber nur vor sich hin tröpfelt. Auf der Almfläche angekommen, ist zum ersten Mal das Ziel vor Augen. An der unbewirteten ❶ **Jägerhütte** lohnt es sich, kurz zu verschnaufen und die Ruhe zu genießen.

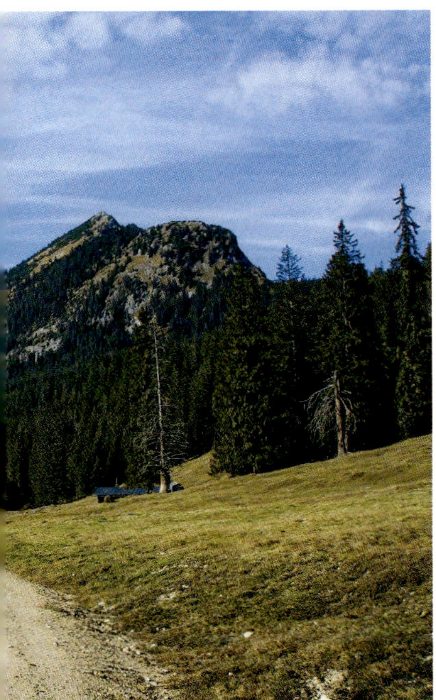

Der Weiterweg folgt nun rechts zunächst der Beschilderung in Richtung Hochplatte, schon bei der nächsten Markierung wird der Steig aber rechts liegen gelassen. Weiter werden der Niederstraußberg- und der Ahornsattel im kurzen Auf und Ab passiert. Am ❷ **Ahornsattel** links haltend folgt man nun dem Settelesteig, der am Fuße der Nordseite des Hohen Straußbergs einmal im Bogen um diesen herumführt.

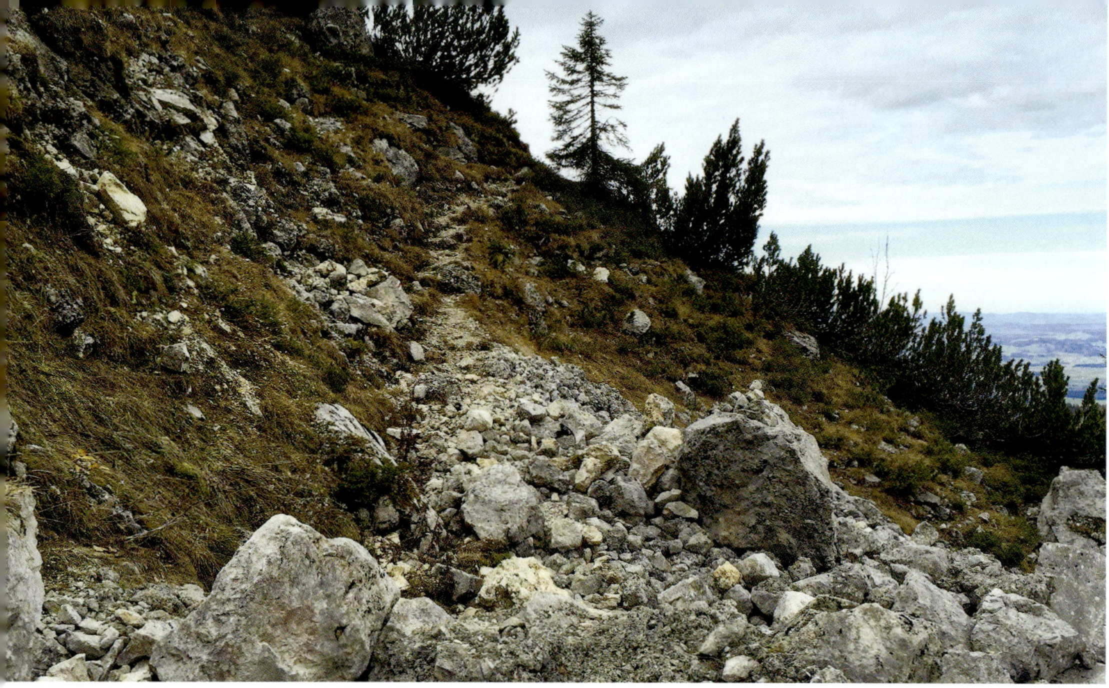

Einfach zu entdeckender Abzweig

Durch die Nordflanke auf den Hohen Straußberg Nun heißt es aufpassen und den Abzweig nicht verpassen. Nach etwa einer Viertelstunde wird eine Schuttreiße mit mehreren großen Gesteinsbrocken erreicht. Auf einem größeren Exemplar liegt deutlich ein Steinhaufen, an der linken Wegseite prangt ein roter Punkt. Von der anderen Seite kommend ist sogar ein weißer Pfeil auf dem Stein, der den von nun an unmarkierten, aber doch meist deutlich erkennbaren Steig auf den Hohen Straußberg weist.

Der Aufstieg folgt zunächst grob der Schuttrinne, verlässt diese weiter oben nach links, umgeht einen Felsblock und führt über Schrofengelände meist recht steil und zwischendrin auch etwas ausgesetzt bis hinauf zum Ostgrat. Nun wechselt man auf die andere Seite und ist endlich wieder in der Sonne. Auf der Südseite des Kamms erreicht man in wenigen Minuten das Gipfelkreuz, wobei sich nur noch eine einfache Kletterstelle (I. Grad nach UIAA) in den Weg stellt. Mit etwas Wegfindungsgespür ist der Pfad ab dem Abzweig nicht zu verlieren. Etwa drei Stunden sollten für den Aufstieg vom Hotel Ammerwald einkalkuliert werden.

Einsamer Gipfel Dass es am Gipfel des 3 **Hohen Straußbergs** (1933 m) wirklich ruhig zugeht, merkt man beim Blick ins Gipfelbuch. Gerade ein paar Seiten sind gefüllt. Auf den umgebenden Gipfeln – vor allem an Tegelberg und Brandnerschrofen, aber auch Säuling, Ochsenälpelekopf und Hochplatte – ist wesentlich mehr los.

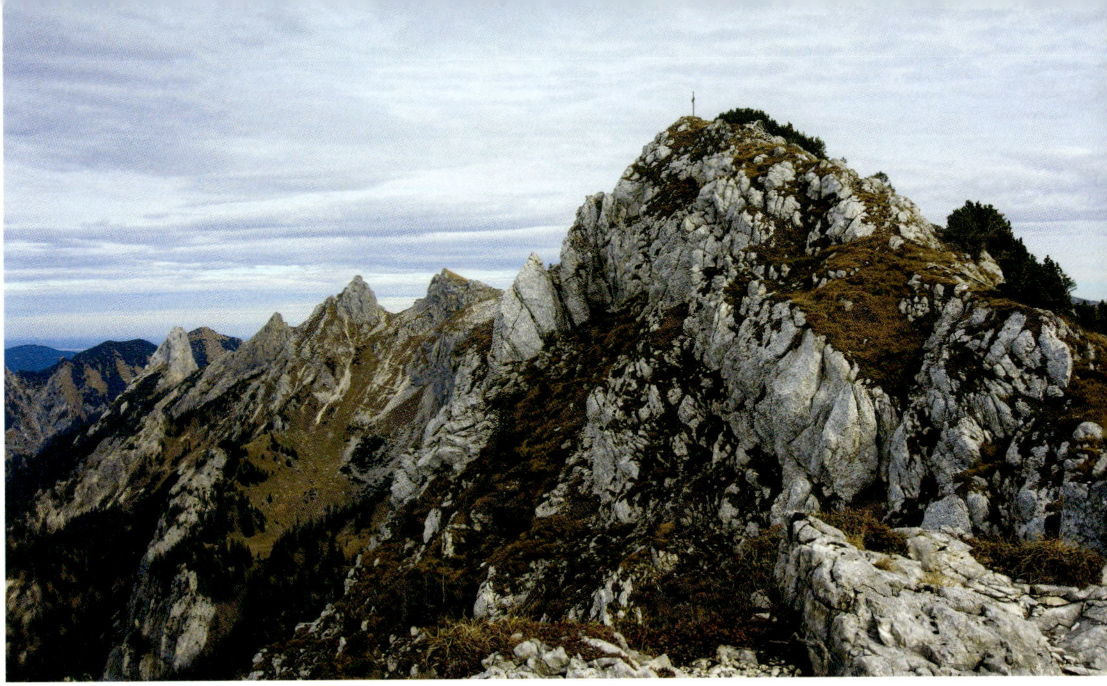

Und die Steinböcke? Die Hoffnung, sie direkt in der Nordflanke am Hohen Straußberg anzutreffen, ist eher gering. Ab und an lassen sie sich weiter unten am Ahornsattel oder in Richtung Brandnerschrofen zwischen den Bäumen und den Latschen entdecken. Mit etwas Glück lugt zwischen den Kiefernzweigen sogar ein mächtiges Horn hervor. Und mit ganz viel Glück steht ein stattliches Exemplar sogar völlig unbeschwert auf dem Weg und scheut den Kontakt zum Wanderer überhaupt nicht.

Am Kamm zum Gipfelkreuz des Hohen Straußbergs

Abstieg über den Aufstiegsweg Zurück zum Ausgangspunkt geht es nun entsprechend dem Aufstiegsweg. Wer etwas später gestartet ist, kommt vielleicht mit einem wunderbaren Alpenglühen über der Kreuzspitze und den Geierköpfen wieder am E Hotel Ammerwald an.

Abstiegsvariante via Südflanke Alternativ wäre auch ein Abstieg über die Südseite des Hohen Straußbergs denkbar, für den man allerdings ortskundig sein sollte, da vermeintlich einfach aussehende Abstiege durchaus an einem steilen Abbruch enden können. Hier sind die Markierungen und Steinmandl noch rarer gesät als beim Aufstieg über die Nordseite, was diese Variante ungleich schwerer macht.

Steinböcke im Ammergebirge

In den 1960er-Jahren wurden ein paar wenige Alpensteinböcke in den Ammergauer Alpen angesiedelt. Die Population entwickelte sich anfangs ganz gut, später stagnierte die Zahl, wohl auch wegen des nicht optimalen Lebensraums für Tiere, die hochalpines Gelände gewohnt sind. Wieviele Steinböcke genau in den Ammergauer Alpen leben, lässt sich nur schwer sagen, man geht von immerhin 30 bis maximal 60 Tieren aus.

6 Kreuzspitze und Kuchelbergkamm

Gipfelsammeln am Grat

Mittel | 6–7 h | 1380/1540 m | 19,5 km

Tourencharakter
Mittelschwere, aber lange Wanderung, die gute Kondition voraussetzt. Einfache Kletterei vor Erreichen der Kreuzspitze. Bei Schnee schwierige und exponierte Querung zum Kuchelbergkamm. Danach einfach.

Ausgangpunkt
Parkplatz in doppelter Spitzkehre der Ammerwaldstraße, 1095 m, an der deutsch-österreichischen Grenze

Endpunkt
Schloss Linderhof, 950 m

Höchster Punkt
Hoher Straußberg, 1933 m

Anfahrt
ÖPNV Keine Verbindung.
Auto Von München über A95 bis Eschenlohe; in Oberau in Richtung Ettal und durch Ammertal in Richtung Reutte bis Parkplatz an doppelter Spitzkehre genau an der deutsch-österreichischen Grenze; von Reutte über Plansee und Hotel Ammerwald bis Parkplatz an doppelter Spitzkehre.

Gehzeiten
Parkplatz – Schwarzenköpfl (1,5 Std.) – Kreuzspitze (1 Std.) – Kuchelbergkopf (30 Min.) – Kuchelbergspitz (45 Min.) – Schloss Linderhof (2,5 Std.)

Einkehr
Keine Möglichkeit

Karten
Kompass WK 05, 1:35 000; AV-Karte Nr. BY6, 1:25 000

Information
Tourist-Info Oberammergau, www.ammergauer-alpen.de

Die Rundtour über die Ammergauer Kreuzspitze mit der Überschreitung des Kuchelbergkamms ist eine – zumindest im Herbst – recht ambitionierte Tagestour, bei der insgesamt vier Gipfel erstiegen werden.

Da sich die Sonne im Spätherbst schon früh von der Bildfläche verabschiedet, heißt es früh aufbrechen. Während die herbstliche Nebeldecke im Flachland bis in die ersten Alpentäler reicht, löst sie sich kurz nach Ettal mit seinem berühmten Kloster plötzlich wie von Geisterhand auf. Weiter in Richtung Reutte, vorbei an Schloss Linderhof bis zur deutsch-österreichischen Grenze, von wo die Tour auf die Kreuzspitze und über den Kuchelbergkamm startet. Dass die Kreuzspitze ein durchaus beliebtes Wanderziel ist, lässt der in der Haupt-Wandersaison gut gefüllte Parkplatz vermuten.

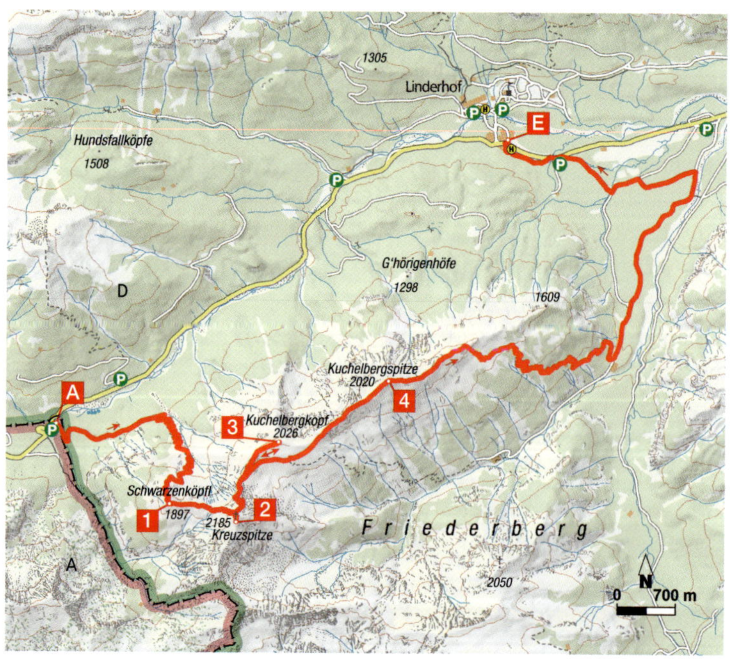

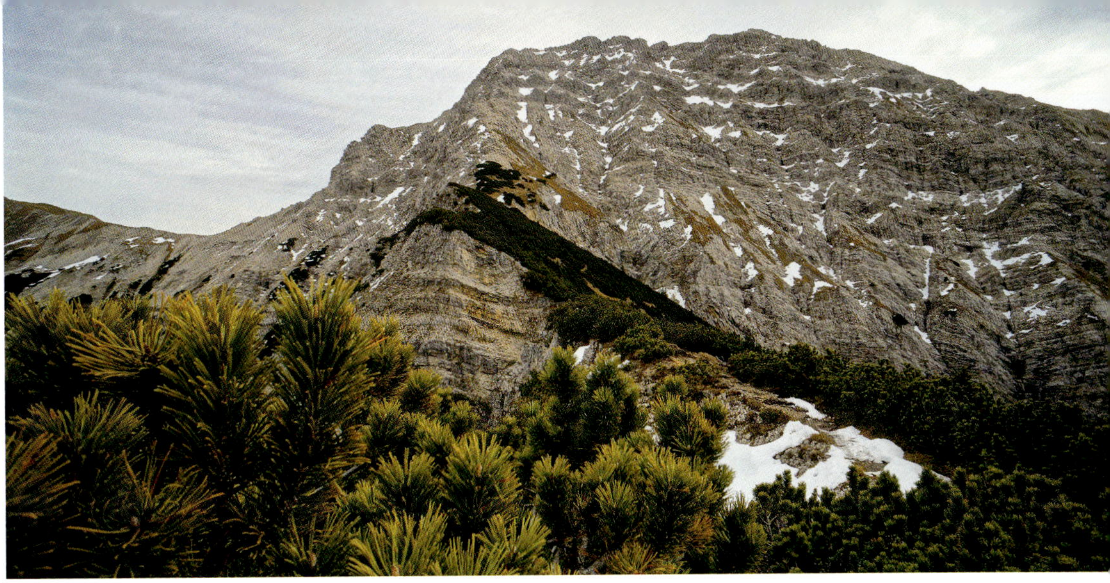

Im Anstieg zur Kreuzspitze

Aufstieg zum Schwarzenköpfl Vom **A Parkplatz an der Ammerwaldstraße** südostwärts kreuzt der Weg zur Kreuzspitze zunächst das breite aber trockene Flussbett des Neualmbachs. Anschließend geht es leicht ansteigend durch den Wald. In einer Schneise angekommen, windet sich der Steig nun etwas steiler nach oben, bis man den Fuß des Hochgrießkars erreicht, das im Zickzack erklommen wird. Nur eine Gams beäugt den Wanderer im Spätherbst. Und der Wanderer die Gams. Wer hier wohl wen interessanter findet?
Kurz nach dem Kar wartet eine winzige Kraxelstelle, die kaum der Rede wert ist. Nach etwa 1,5 Stunden ist das **1 Schwarzenköpfl** (1897 m) erreicht – ohne Kreuz und mehr Gipfelchen als Gipfel.

Gipfelkreuz der Kreuzspitze in Sicht

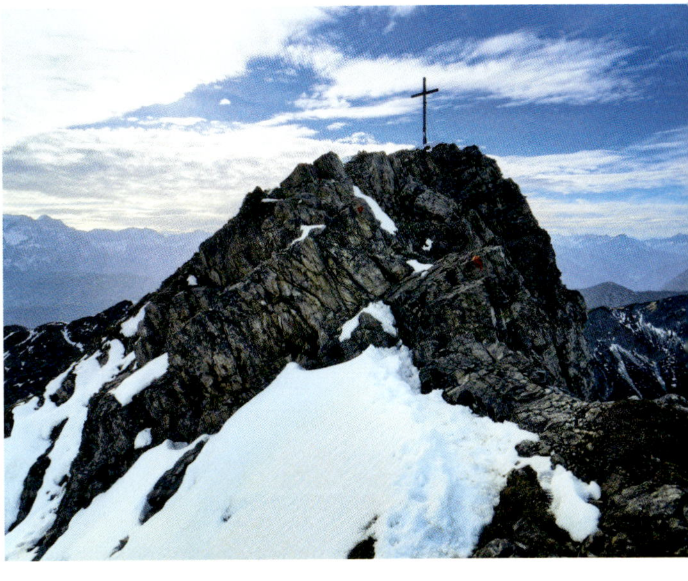

Weiter zur Ammergauer Kreuzspitze Der weitere Aufstieg zur Kreuzspitze ist nun klar erkennbar. Zunächst geht es über einen mit Latschen durchsetzten breiten Kamm etwas abwärts, bevor es wieder ansteilt. Schwierig ist der Weg nicht. Etwa 100 Meter unterhalb des Gipfels wird es aber etwas felsiger und es gilt, hier und da mal zuzupacken (UIAA I). Ein kleines Schneefeld wird gequert und kurz darauf ist der Abzweig erreicht, an dem sich die Wege zur Kreuzspitze und der zum Kuchelberg tren-

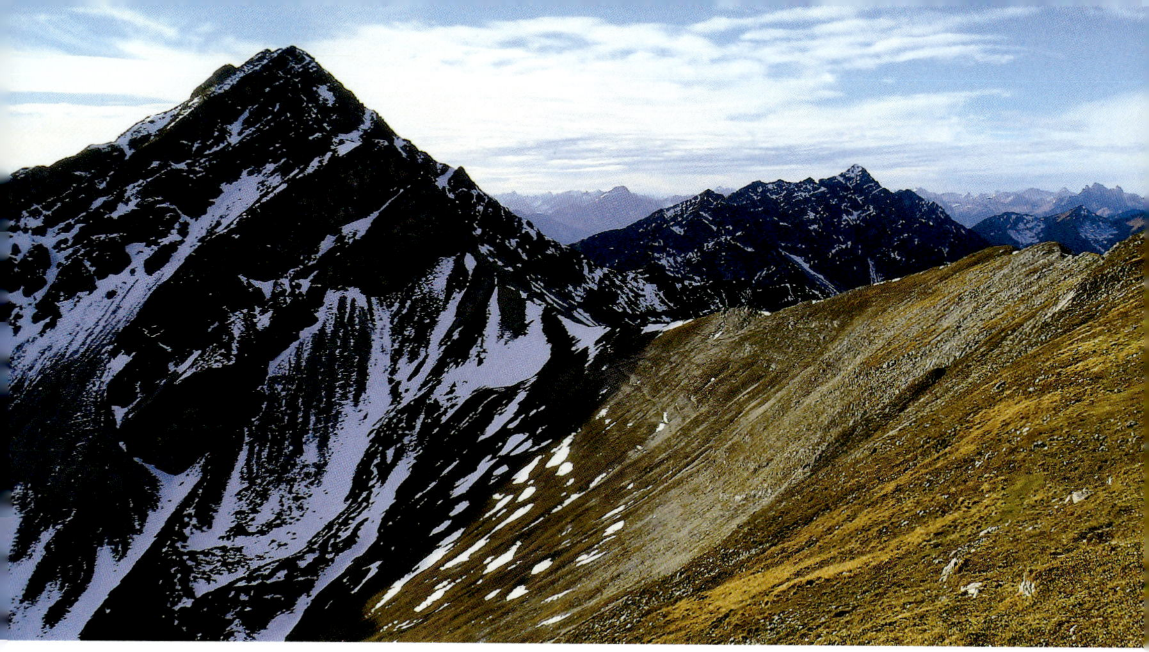

Am Kuchelberggrat

nen. Nach einem kurzen Stück am Grat steht man auf dem Gipfel der ❷ **Kreuzspitze** (2185 m).
Trittsicherheit und Schwindelfreiheit sind bis hierhin (und auch später) Voraussetzung. Mit etwas Glück und zur richtigen Zeit muss der Gipfel nur mit ein paar Dohlen geteilt werden. Im Norden hinter Scheinbergspitze und Großer Klammspitze liegt im Herbst oft nur ein weites Nebelmeer, aus dem ein paar einsame Inseln herausschauen.

Übergang zum Kuchelberg Vom Gipfel geht es zurück zur Weggabelung und an der nun dem Wegweiser in Richtung Kuchelberg folgend. Dort nehmen die Schwierigkeiten sofort rapide zu. An der Nordseite der Kreuzspitze muss ein hartnäckiges Schneefeld überquert werden, das sich oft noch bis in den Frühsommer hinein hält. Auch im Herbst bleibt hier der Schnee nach den ersten Schneefällen, die oft schon Ende August, Anfang September die Berge zum ersten Mal anzuckern, liegen und wird bei kalten Temperaturen in der Nacht eisig. Schwere Unfälle mit tödlichem Ausgang zeugen davon, dass diese Passage nicht zu unterschätzen ist. Jeder Schritt muss sitzen. Es gilt, sich möglichst nah am Fels zu halten und sich Schritt für Schritt hindurchzutasten. Eine installierte Kette hilft ein Stück weit, wenn sie nicht unter Alt- oder Neuschnee verschwunden ist.

Die Überschreitung des Kuchelberggrats Danach wird es deutlich einfacher. Noch ein kleineres Schneefeld wird gequert und etwa 25 Minuten nach dem Aufbruch vom Gipfel (ohne Schnee-

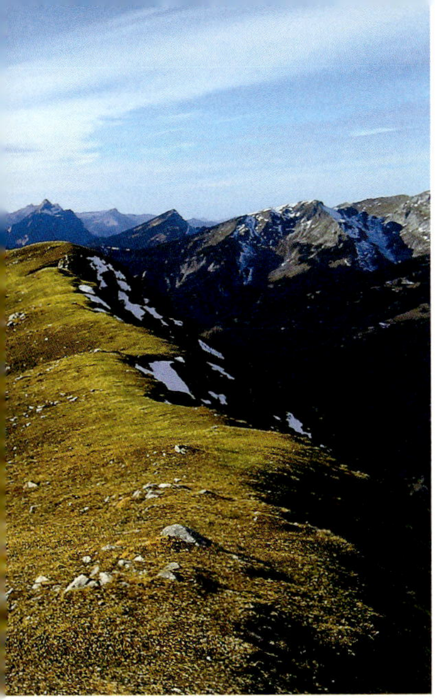

feld wesentlich schneller) ist die Scharte zwischen Kreuzspitze und Kuchelberg erreicht. Nun folgt man aber zunächst nicht mehr dem Steig, der unterhalb des Grats entlang verläuft, sondern bleibt oben auf dem breiten Kamm. So erreicht man nach kurzer Zeit schon den dritten Gipfel des Tages: den **3 Kuchelbergkopf** (2026 m), der kein Kreuz hat und eher unscheinbar ist.
Weiter geht es nun unschwierig am Grat mit ständigem Blick auf Schloss Linderhof entlang (alternativ zurück in die Scharte und dem deutlicheren Pfad folgen). Nach kurzen Auf und Abs ist man bald am Gipfel der **4 Kuchelbergspitz** (2020 m) angekommen.
Noch ein Stück geht es am Kamm entlang. Kurze Zeit später zweigt der Steig nach unten in Richtung Kuchelberg-Diensthaus ab. Stetig geht es abwärts, mal steiler, mal weniger steil, die Hütte wird passiert und kleine Spitzkehren führen immer weiter nach unten. Irgendwann ist dann die Forststraße erreicht, auf der nun noch ein knapp vier Kilometer langer Hatscher bis **E Schloss Linderhof** wartet.

Per Fahrrad oder Anhalter zurück? Vom Schloss Linderhof sind es nun noch 7,5 Kilometer zurück bis zum Startpunkt. Ein in der Früh deponiertes Fahrrad macht den Rückweg einfacher, denn das Laufen an der engen Straße ist wenig erquickend. Dazu verkehrt der öffentliche Nahverkehr nur bis zum Schloss. Alternativ bleibt die Hoffnung, dass man als Anhalter nach der langen Tour keinen allzu versehrten Eindruck macht.

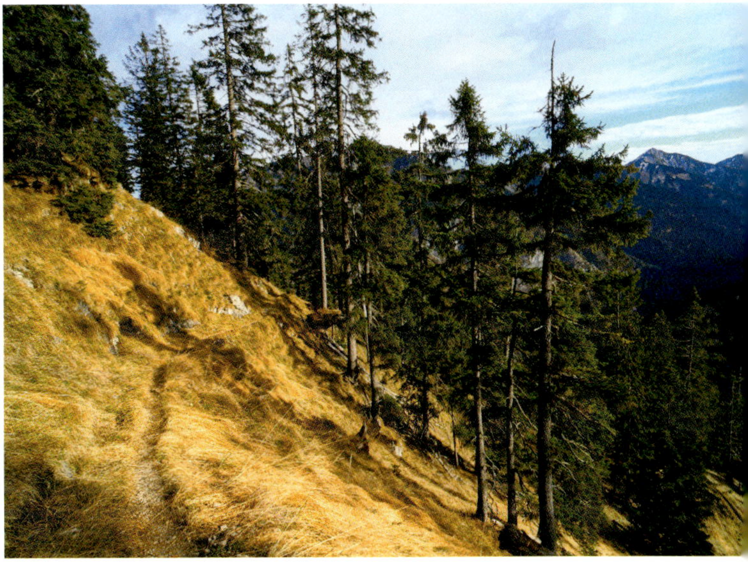

Abstieg im lichten Wald

7

Ochsenälpeleskopf und Kreuzkopf

Stille Gipfel über dem Ammerwald

Mittel | 4–5 h | 960 m | 9,8 km

Tourencharakter
Einfache Wanderung über Ochsenälpeleskopf. Leichte Schwierigkeiten bei der Wegfindung über den Nordkamm. Aufstieg ab Kuhkarjoch deutlich anspruchsvoller. Abstieg durch Kuhkar unschwierig.

Ausgangs-/Endpunkt
Hotel Ammerwald, 1080 m

Höchster Punkt
Kreuzkopf, 1910 m

Anfahrt
ÖPNV Keine Verbindung.
Auto Von München über A95 bis Eschenlohe; in Oberau in Richtung Ettal und durch Ammertal in Richtung Reutte bis Hotel Ammerwald; von Reutte über Plansee bis Hotel Ammerwald.

Gehzeiten
Hotel Ammerwald – Almwiese (1 Std.) – Abzweig Hirschwängalpe (45 Min.) – Ochsenälpeleskopf (45 Min.) – Kuhkarjoch (15 Min.) – Kreuzkopf (15 Min.) – Kuhkarjoch (15 Min.) – Hotel Ammerwald (1 Std.)

Einkehr
Keine Möglichkeit

Karten
Kompass WK 05, 1:35 000; AV-Karte Nr. BY6, 1:25 000

Information
Tourist-Info Oberammergau, www.ammergauer-alpen.de

Ochsenälpeleskopf und Kreuzkopf sind zwei Gipfelziele, die selbst bei schönstem Wetter nicht überlaufen sind. Warum die beiden vermeintlich uninteressant sind und oft links liegengelassen werden? Eine Spurensuche auf bekannten und unbekannten Pfaden.

Bekannte Gegenden und unbekannte Gipfel. Allgemein ist diese hintere Ecke der Ammergauer Alpen nur wenig überlaufen. Die fehlenden Einkehrpunkte halten viele davon ab, ihr Glück hier zu suchen. Wer an einem schönen Herbsttag zur Tegernseer Hütte zwischen Roß- und Buchstein aufgestiegen ist, weiß, wovon die Rede ist.

Über den Schützensteig durch den Ammerwald Startpunkt ist wie bei der Tour 5 das **Ⓐ Hotel Ammerwald**. Wieder einmal bleibt nur Kopfschütteln für die völlig deplatziert wirkende

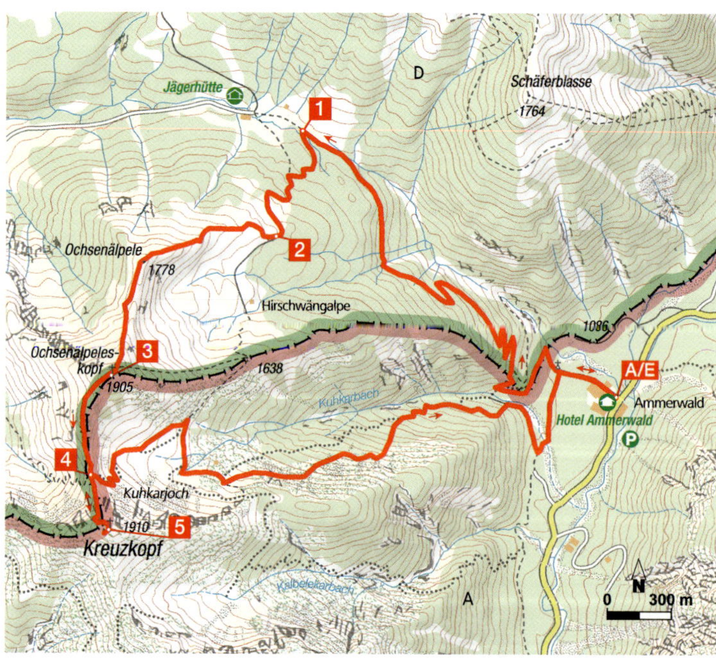

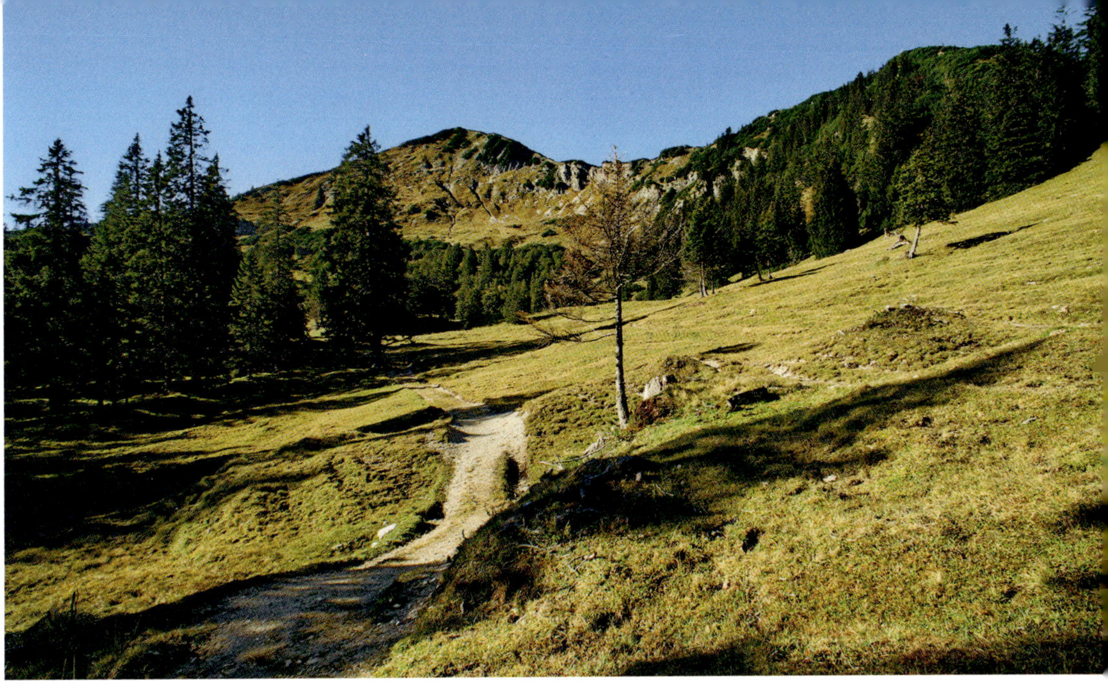

Am Aufstiegsweg zum unscheinbaren Ochsenälpeleskopf

Architektur. Die kühle Morgenluft bringt schnell andere Gedanken und es geht den Schildern gen Neuschwanstein und Hochplatte folgend auf den Schützensteig und von Tirol nach Bayern. Noch keine Spur von Ochsenälpeleskopf oder Kreuzkopf. Ob sich das ändert?

In fixem Tempo geht es in einer knappen Stunde vorbei an einem Wasserfall bis zu einer großen 1 **Almwiese**, in deren Mitte ein einsames Hüttlein sein traumhaftes Dasein fristet, flankiert vom Hohen Straußberg in seinem Rücken. Kurz vorher führt ein unscheinbarer Pfad nach links in südwestlicher Richtung weg und bald über einen Forstweg weiter aufwärts. Und siehe da: Ein erster Hinweis auf das Ziel ist gefunden: »Ochsenälpeleskopf, 1½ Std.« steht geschrieben.

Ochsenälpeleskopf Nach ein paar schweißtreibenden Gehminuten – die Sonne hat die kalte Waldluft im Handumdrehen vertreiben können – liegt der Ochsenälpeleskopf schon in seiner ganzen Pracht vor dem Wanderer. Er mag kein Matterhorn sein, auch kein Watzmann oder sonst ein Berg, der dank seiner eindrucksvollen Silhouette besonders einprägsam ist. Aber wie er da ganz friedlich über der Alm mit seinem langen, latschenbewachsenen Rücken ruht, ist doch durchaus ansehnlich.

Der Weg ist kaum verfehlbar und führt über die Hirschwängalpe samt ihrer kleinen Hütte. Die ist – siehe oben – unbewirtschaftet. Der Normalweg würde nun über der Alm auf den Ostrücken, wieder ein Stück hinab und schließlich im großen Bogen bis zum Gipfel des Ochenälpeleskopfs führen.

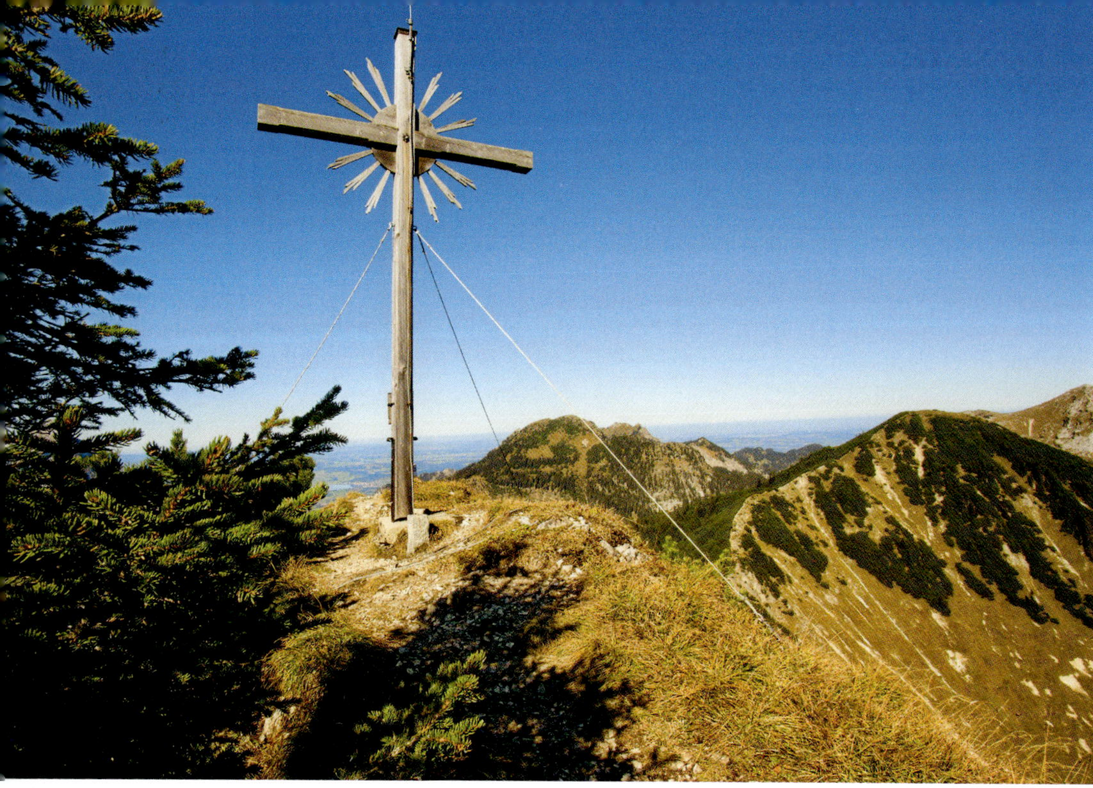

Gipfelkreuz auf dem Kreuzkopf, im Hintergrund der Ochsenälpeleskopf

In einigen älteren Karten ist allerdings ein Steig verzeichnet, der über den Nordkamm und damit relativ direkt zum Gipfel führt. Dort, wo auf der Alm der Abzweig sein soll, ist aber selbst mit Fantasie nichts zu sehen. Ein wenig aufs Geratewohl gestartet, lässt sich der Steig aber entdecken. Zumindest immer wieder. Noch vor Erreichen der kleinen Hütte auf der **Hirschwängalpe** wird also der Normalweg an einem 2 **Abzweig** nach rechts verlassen, um auf den Kamm zuzuhalten.

Einmal den Kamm erreicht, gibt das Gelände den Anstieg vor und so geht es zunächst steil durch Latschen, wo es immer wieder Anzeichen eines Pfades gibt, über den langgezogenen Bergrücken. Wo die Latschen besonders dicht sind, ist ein kurzer Umweg nach rechts ratsam. Meist geht es jedoch unschwierig und in leichtem Auf und Ab über den Grat, der erst kurz vorm Gipfel des Ochsenälpeleskopfs etwas ausgesetzter ist. Ein alter Grenzstein wird passiert, und schließlich wird hinter einer weiteren Latsche das neue Gipfelkreuz am 3 **Ochsenälpeleskopf** erreicht, von dem sich eine stattliche Rundschau über einen Großteil der Ammergauer Alpen bietet.

Übergang zum Kreuzkopf Nach kurzer Rast geht es immer genau dem tirolerischen-bayerischen Grenzverlauf folgend hinab in den 4 **Sattel** zwischen Ochsenälpeleskopf und Kreuzkopf; »Kreuzkopf, 30 Min.« steht dort geschrieben. Das Gelände

wechselt unmittelbar. Steil geht es über den schattigen Nordkamm über Schotter und auch einige Felspassagen hinauf zum Kreuzkopf. Das ist deutlich anspruchsvoller als am Nachbargipfel. Trittsicherheit und Schwindelfreiheit sind für den Anstieg vom Kuhkarjoch zum Kreuzkopf Voraussetzung.
Am 5 **Kreuzkopf-Gipfel** (1910 m) zeigt der Blick ins Gipfelbuch, dass sich nur Wenige auf den Kreuzkopf verirren. Umso schöner ist es, den Blick über den Ammerwald und seine Gipfel schweifen zu lassen.

Abstieg ins Kuhkar Zurück geht es über den schottrigen Kamm zum 4 **Sattel** hinab und dort nun nicht über den Aufstiegsweg, sondern nach rechts in östlicher Richtung hinab ins Kuhkar. Der Steig würde nun weiter über die Hirschwängalpe führen, aber nach etwa 15 Minuten teilt er sich unscheinbar und leitet nach rechts steiler werdend hinab ins Tal des Kuhkarbachs. Erst später, wenn der Abstieg steil und im Wald feuchter und glitschiger wird, hört man tatsächlich auch was von besagtem Bach.
So geht es eine knappe Stunde stetig in relativ gerader Linie bergab, bis am Talende das Bachbett gequert wird und man nach wenigen Gehminuten durch dichten Wald zurück am E **Hotel Ammerwald** angekommen ist.

Abstieg ins Kuhkar über dem Ammertal

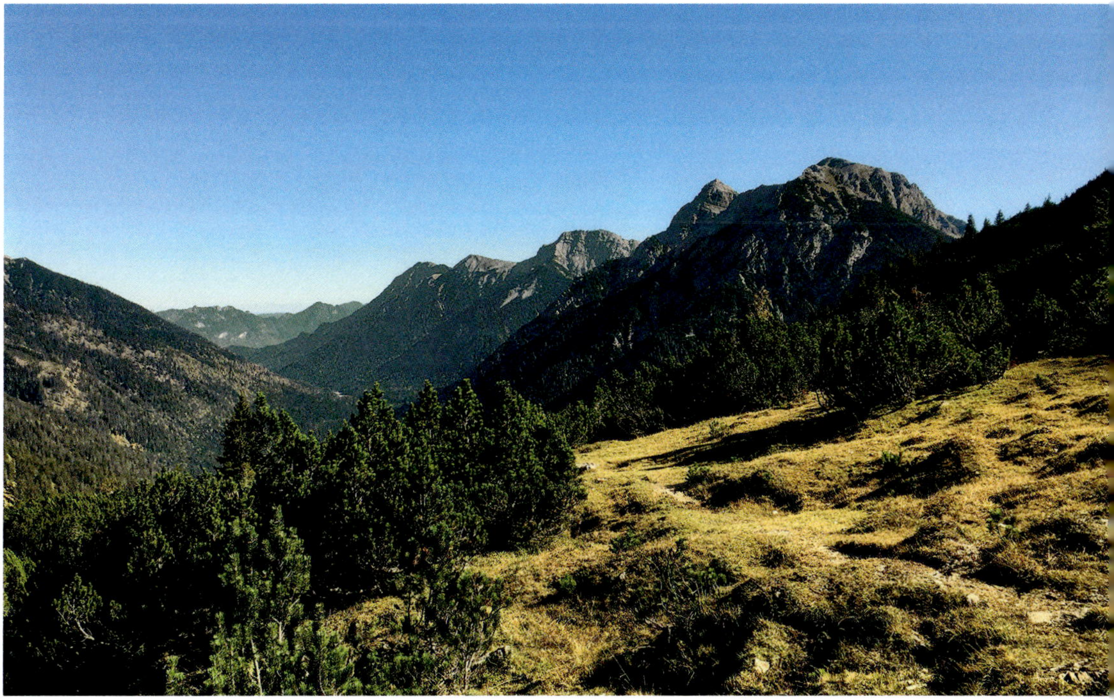

8

Tauernkopf und Zunterkopf

Rundtour mit Fjordblick

Mittel	5–6 h	975 m	10,0 km

Tourencharakter
Steiler Aufstieg über Ostrücken. Schwierigkeiten bei der Wegfindung ab Jagdhütte und zwischen Schrofennäs, Tauern- und Zunterkopf. Teilweise ausgesetzt, aber Kletterei bis max. I. Grad nach UIAA.

Ausgangs-/Endpunkt
Parkplatz Seespitze Plansee/Kleiner Plansee, 980 m

Höchster Punkt
Tauernkopf, 1841 m

Anfahrt
ÖPNV Keine Verbindung.
Auto Von München über A95 bis Eschenlohe; in Oberau in Richtung Ettal und durch Ammertal in Richtung Reutte bis Hotel Seespitze; von Reutte auf der L255 Richtung Plansee bis Hotel Seespitze.

Gehzeiten
Seespitze Plansee – Jagdhütte (1 Std.) – Schrofennäs (1 Std.) – Tauernkopf (45 Min.) – Zunterkopf (45 Min.) – Parkplatz oberhalb der Stuibenfälle (1,5 Std.) – Seespitze Plansee (30 Min.)

Einkehr
Unterwegs keine; Camping und Hotel Seespitze am Ausgangs-/Endpunkt

Karten
Kompass WK 4 & WK 25, 1:50 000; AV-Karte Nr. 4/1, 1:25 000

Information
Tourist-Info Oberammergau, www.ammergauer-alpen.de

Direkt vom Ufer des Plansees aus startet diese Wanderung über den Tauern. Eine Tour, die zwischendrin vor allem bei der Wegfindung etwas anspruchsvoller ist.

Wie ein Fjord liegt der Plansee inmitten der Ammergauer Alpen. Und nicht nur seine Farbe hat eine magische Anziehungskraft, auch die ihn umgebenden Berge haben das. Und obwohl viele Touren ein sagenhaftes Panorama und noch sagenhaftere Tiefblicke auf den türkis strahlenden Bergsee eröffnen, sind sie häufig nur sehr wenig frequentiert. So ergeht es auch dem Tauern, einem Massiv, das am westlichen Ende des Sees wie ein eigenes Gebirge wirkt und nirgendwo so recht dazuzugehören scheint. Alte und zwischenzeitlich nur schwer erkennbare Pfade führen einmal in einer mäßig schwierigen Rundtour über gleich drei Gipfel.

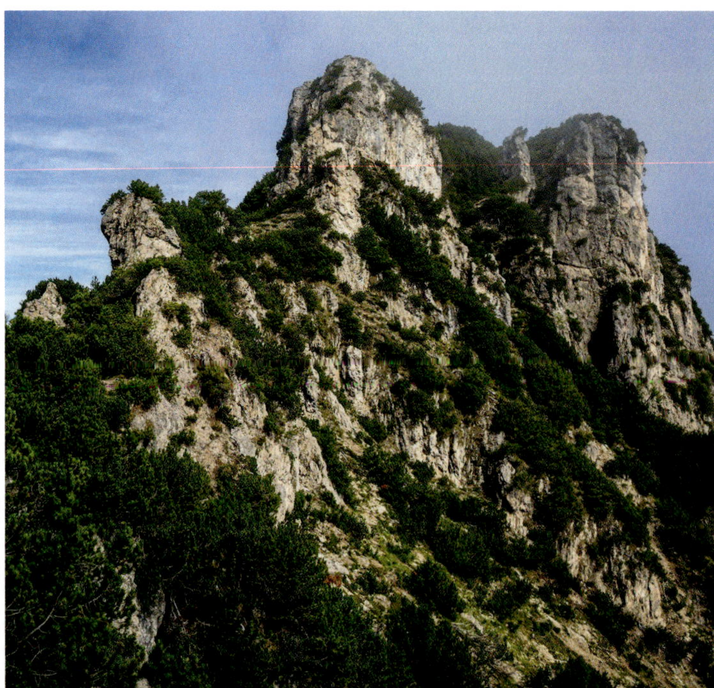

Imposante Felstürme am Kamm

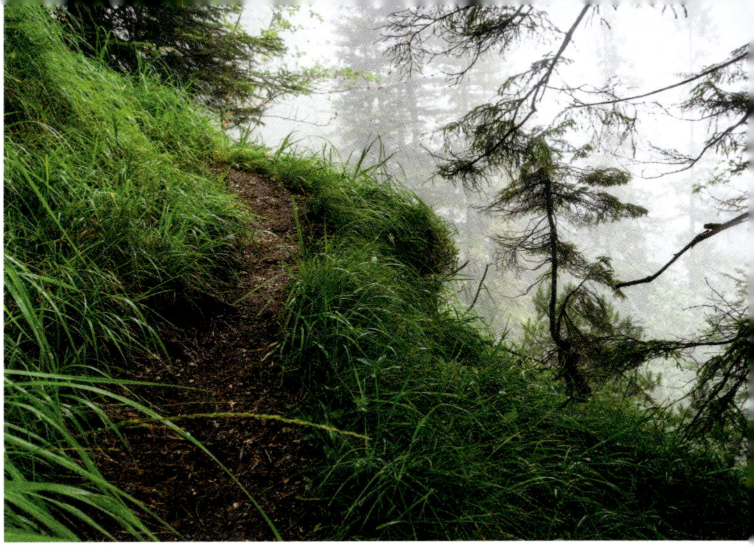

Gut erkennbarer Steig

Start am Plansee Die Tour über den Tauern startet an einem der Parkplätze rund um den Campingplatz bzw. das Hotel **Ⓐ Seespitze** am westlichen Ende des **Plansees**, aber noch vor dem Kleinen Plansee. Hier geht es über die Brücke und es gilt, sich zu entscheiden, in welcher Richtung man die Wanderung gehen möchte. Empfehlenswert ist es, der Beschreibung hier zu folgen, da der Aufstieg über den Ostrücken zunächst äußerst steil ist. Der zugewucherte Pfad ist im hohen Gras von oben nur sehr schwer zu sehen, beim Aufstieg von unten aber doch nicht zu verfehlen. Darüber hinaus ist der Steig oft relativ feucht und ein Ausrutschen ist im steilen Gelände nicht erstrebenswert. Winziges Manko beim Aufstieg über die Ostseite: Der Plansee ist im Rücken und um einen Blick zu erhaschen, muss man kurz stehen bleiben und sich umdrehen. Also heißt es am Ende der Brücke zunächst dem Uferweg nach links gen Osten folgen. Etwa 15 Minuten geht es auf dem breiten Wanderweg stets knapp oberhalb des Ufers entlang und bald

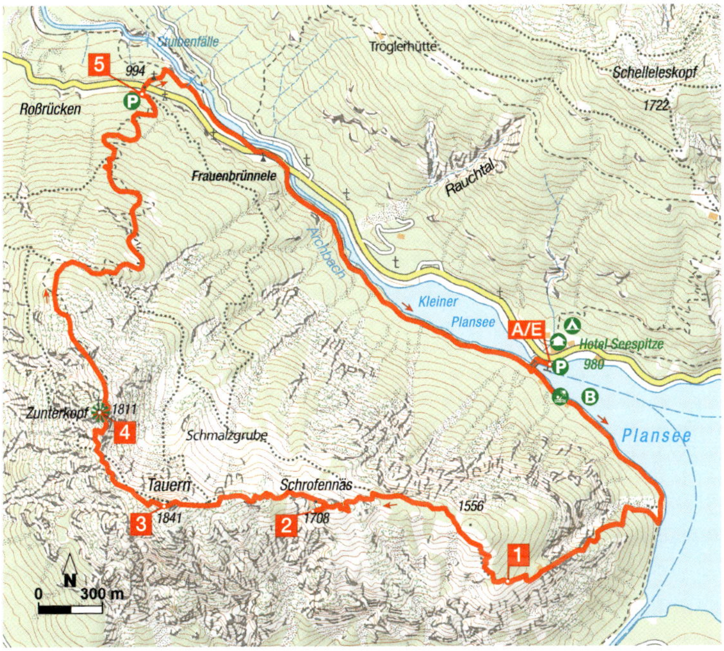

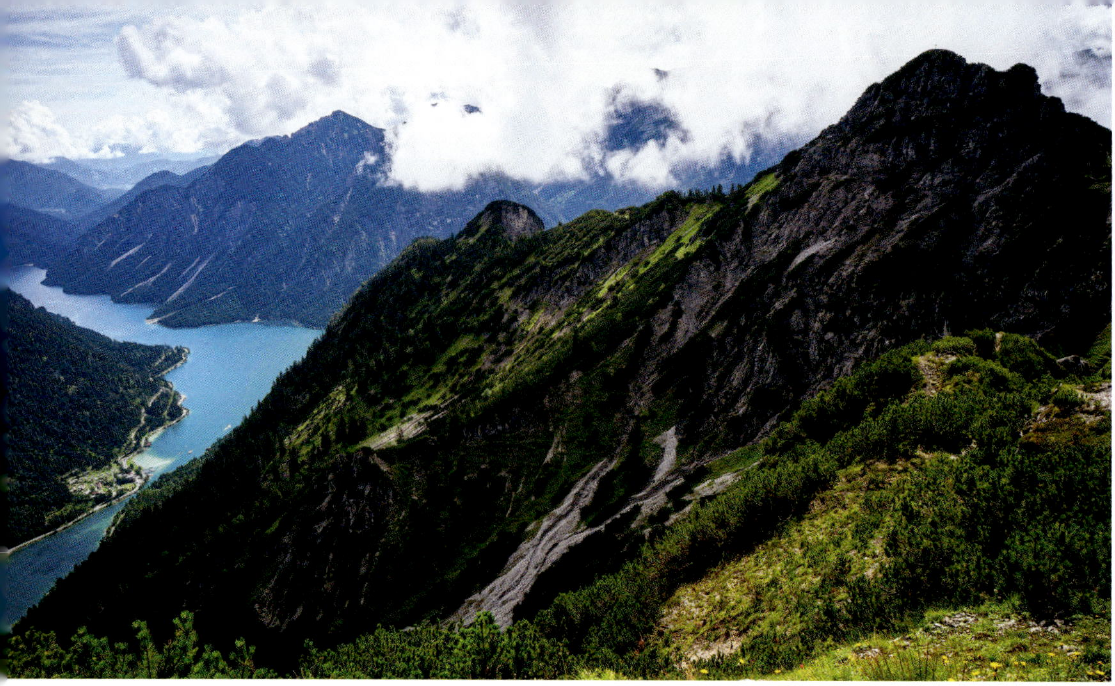

Tiefblick auf den fjordartigen Plansee

schon weitet sich der Blick über den ganzen See bis hinüber zu seinem Ostufer und dem dahinter aufragenden Schönjöchl. Nach einer markanten Schuttrinne – dem Bichlgrieß – zweigt ein auf den ersten Blick gut erkennbarer Steig ab, der sich im Fortgang auch kaum mehr verfehlen lässt.

Steiler Aufstieg am Ostkamm Der Pfad gewinnt sehr schnell an Höhe und führt sehr steil durch den Bergwald nach oben, immer ein Stück linker Hand der Schuttrinne, die von einem kleinen Kamm getrennt manchmal auch etwas Wasser führt. Die Gräser sind im Sommer bald schon sehr hoch und verdecken den schmalen Weg immer wieder, der sich trotzdem nicht wirklich verlieren lässt, zu klar ist sein Verlauf. Im lichter werdenden Bergwald ist das erste richtig steile Stück bald geschafft. Für zwischendrin etwas feuchtere Passagen sollte ein ausgeprägtes Maß an Trittsicherheit vorhanden sein.
Mit dem Verlassen des Waldes bietet sich im Rücken der erste wirklich spektakuläre Blick auf den Plansee und die umliegenden Gipfel. Durch Latschen windet sich der Steig langsam weiter nach oben, während sich der Rücken zusehends verjüngt. An einem schmalen Stück wartet ein tiefer Blick in die Schuttrinne, und spätestens hier sollte man auch schwindelfrei sein. Ein wenig vertrauenerweckendes Stahlseil aus dem letzten Jahrtausend und eine viersprossige Leiter helfen, diese anspruchsvolleren Passagen zu überwinden. Unmittelbar danach ist eine kleine 1 **Jagdhütte** erreicht, deren kleine Sitzbank zu einer kurzen Pause einlädt (etwa 1 Stunde ab Start).

Wegsuche zur Schrofennäs Der Weiterweg hinter der Hütte ist nun nicht gleich ganz einfach zu entdecken. Direkt vor der Hütte (nicht im Wald, linker Hand) lassen sich im Gras Spuren entdecken, die von dem kleinen Domizil wegführen. Kurz darauf wird der Steig wieder deutlicher und führt in sehr steiles, offenes Gelände, ohne aber allzu viel Höhe zu gewinnen. Ein Abbruch wird oberhalb gequert und der Weg steilt nun – mittlerweile den Heiterwanger See zu Füßen – wieder an und führt im ausladenden Zickzack durch das Gras. Mit Schrofennäs und Tauernkopf sind die beiden ersten Gipfelziele nun im Blick. Immer wieder weisen auch schwache blaue Markierungen den Weg. Wenig später, zurück im lichten Bergwald, wird es für ein paar hundert Meter deutlich angenehmer zu gehen.
Die Entspannung ist aber schon bald vorbei, und ohne einen GPS-Track, gutes Wegfindungsgespür und/oder ein sehr gutes Kartenverständnis lässt sich der Abzweig zur Schrofennäs eigentlich nicht entdecken. Mit ein wenig Fantasie findet man sich aber auf einem später sogar hin und wieder mit roten Punkten markierten Pfad wieder, der durch Latschengassen und an Felsen vorbei steil über die Nordseite, ganz zuletzt auf der Südseite, bis auf den Gipfel der 2 **Schrofennäs** führt, wobei der höchste Punkt aufgrund der dichten Latschen kaum erklommen werden kann.

Vereinzelte Markierungen am Weg zur Schrofennäs

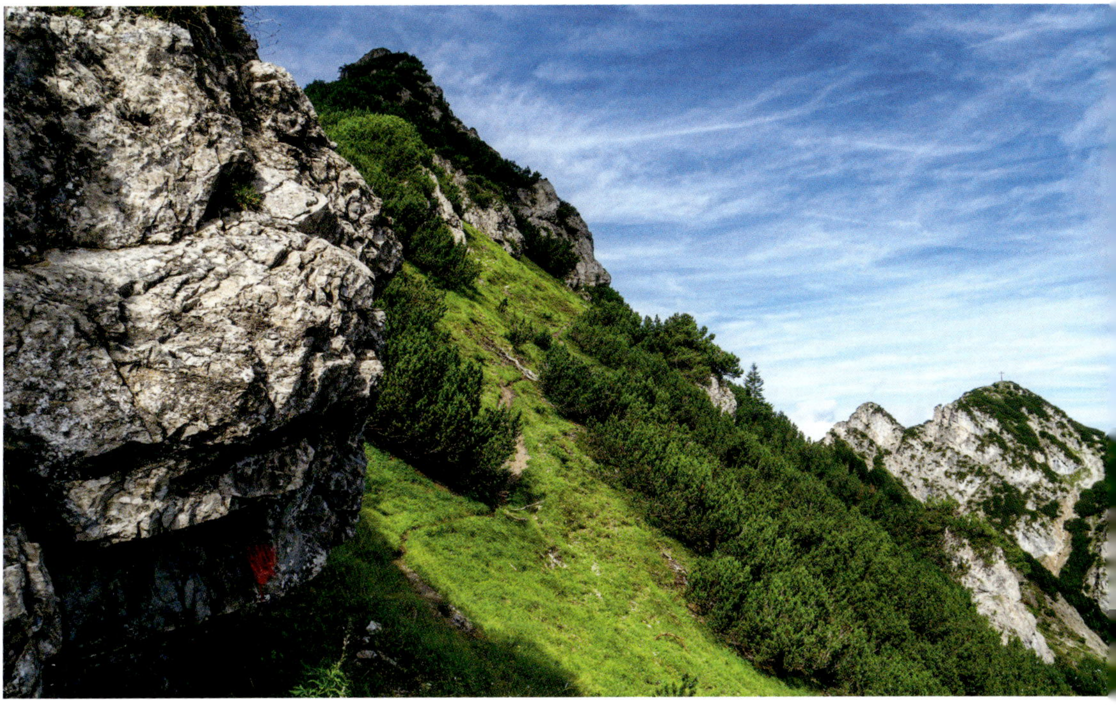

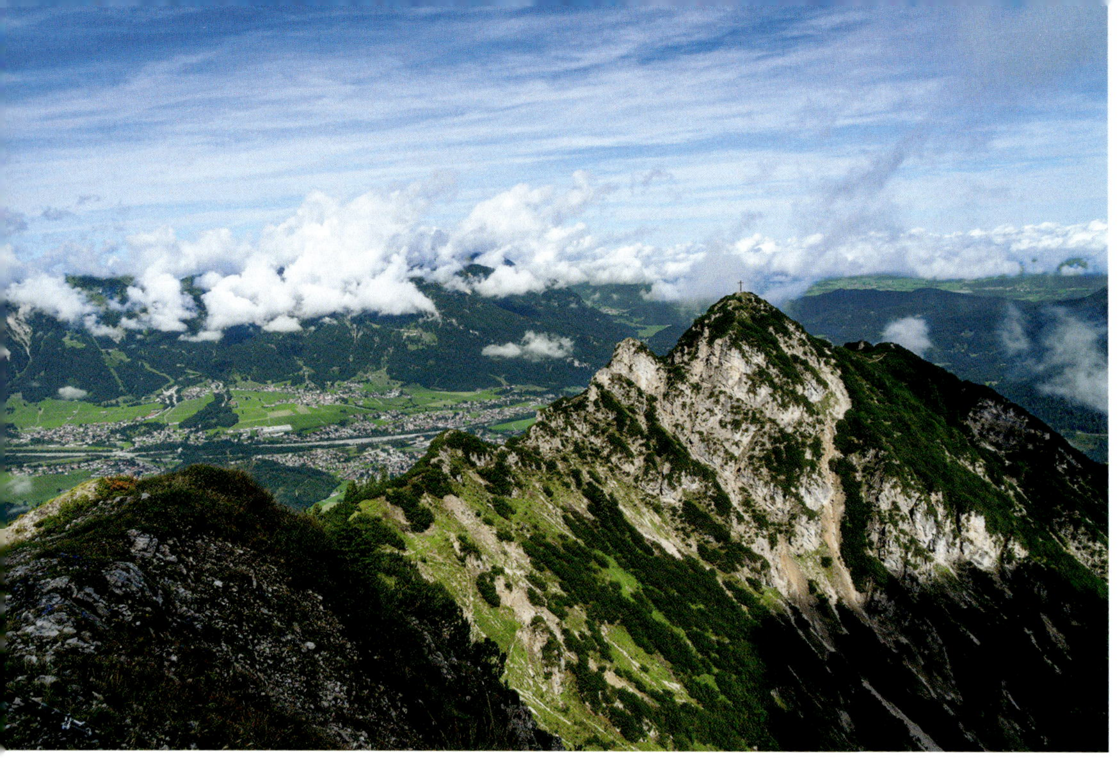

Auf dem Kamm zum Zunterkopf

Von der Schrofennäs zum Tauernkopf Ein Weiterweg zum Tauernkopf auf der Südseite sieht auf den ersten Blick verlockend aus, allerdings ist es wesentlich einfacher, zurück auf der Nordseite dem deutlicheren Wegverlauf zu folgen. Nach einem kurzen Abstieg geht es auf der anderen Seite wieder nach oben. Der Pfad lässt sich hier schnell verlieren, da kleine Viehsteige Verhauer fast schon auf die Tagesordnung setzen. Grob gilt, sich immer am Kamm zu orientieren. So geht es mal rechts, meist aber links vom Rücken später steiler werdend nach oben. Beim Verlaufen ist es auch möglich, über eine Rinne mit Schotter zurück zum Kamm aufzusteigen. Auf der Südseite wird schließlich eine kleine Felsstufe in einfacher Kletterei (I. Schwierigkeitsgrad) überwunden und das Kreuz am 3 **Tauern-Gipfel** (1841 m) kurz darauf erreicht.

Übergang zum Zunterkopf Der Übergang zum Zunterkopf hat es noch einmal in sich. Zunächst geht es auf deutlichem Pfad durch felsdurchsetztes und steiles Gelände nach unten. Trittsicherheit und Schwindelfreiheit sind hier wieder nötig. Dem Kammverlauf folgend geht es einfacher weiter, bis sich mehrere Felstürme in den Weg stellen. Die werden in einem kurzen Abstieg auf der linken Seite umgangen. Allerdings muss aufgepasst werden, dass man nicht zu weit absteigt und einem Pfad in die Latschen hinein folgt, der irgendwann einfach endet. Der etwas unscheinbare Abzweig führt schließlich am Fuß des Felsklotzes entlang und durch eine steile, erst spät sichtbare Rinne zurück zum Kamm. Der letzte Anstieg zum 4 **Zunterkopf-Gipfel** (1811 m), in einigen Karten auch als Tauern-Nordwestgipfel bezeichnet, ist dann nicht mehr zu verfehlen.

Abstieg zum Plansee Gleiches gilt für den Abstieg zum Plansee. Der führt vom Gipfel zunächst in nördlicher, später nordwestlicher Richtung stets gut erkennbar bergab, mit Verlassen des Kamms und zurück im Wald auch deutlich steiler. In etlichen Kehren geht es etwa 1,5 Stunden nach unten, bis die in der Regel stark befahrene 5 **Planseestraße** überquert wird. Auf der anderen Straßenseite führt der Weg über die beeindruckenden Stuibenfälle bis zu einer Staumauer. Kurz darauf wird die Straßenseite wieder gewechselt, und immer am Ufer des Kleinen Plansees entlang ist nach weiteren 30 Minuten der Ausgangspunkt E **Seespitze** erreicht.
An warmen Sommertagen ist ein Bad im sich für einen Bergsee schnell erwärmenden Plansee obligatorisch. Nach der fünf- bis sechstündigen Tour (ohne Pausen) ist das auch wohlverdient.

Letzter Aufschwung zum Zunterkopf

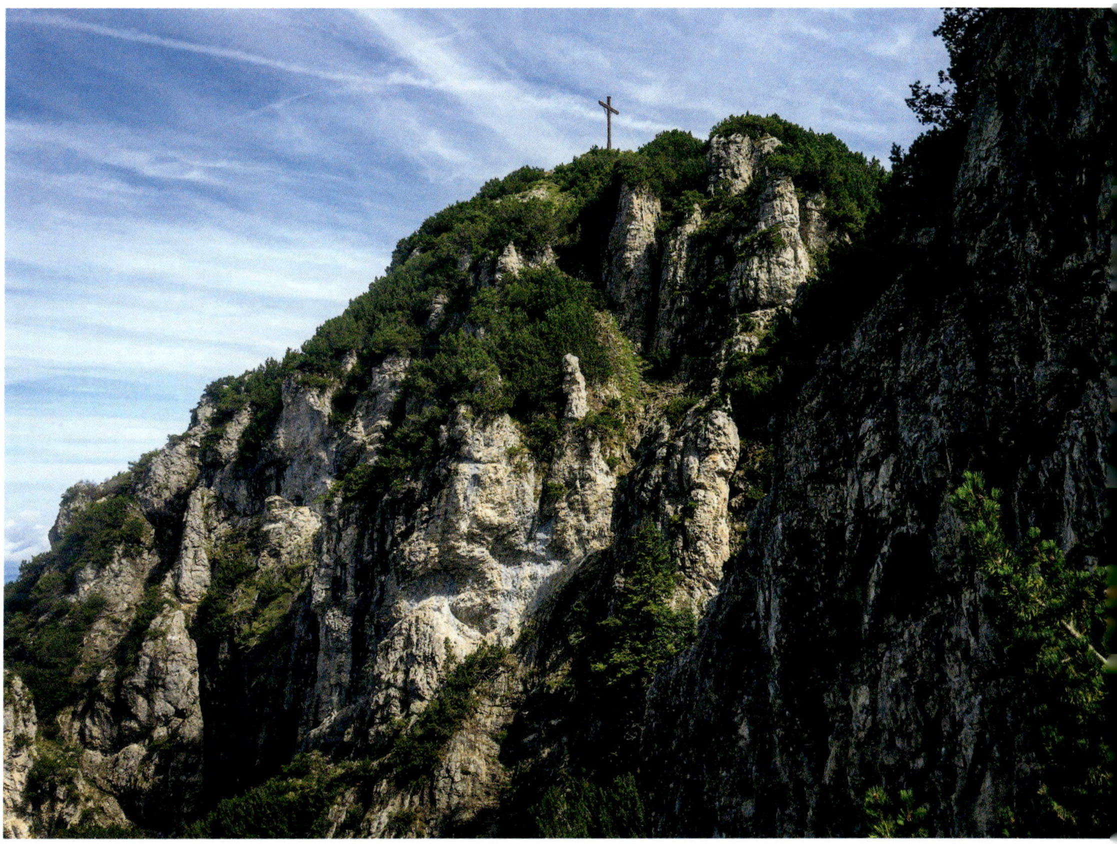

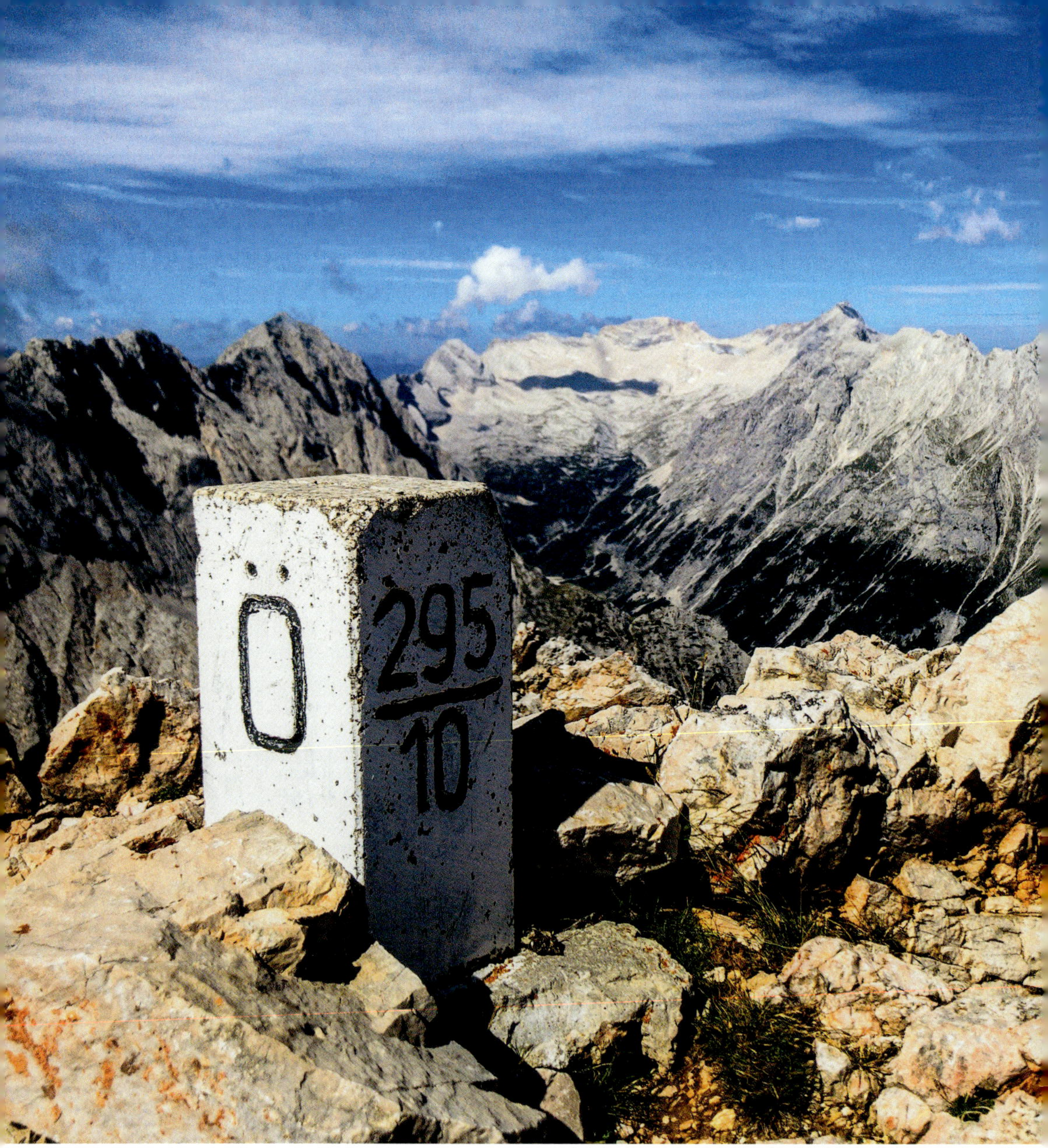
Ö
295
10

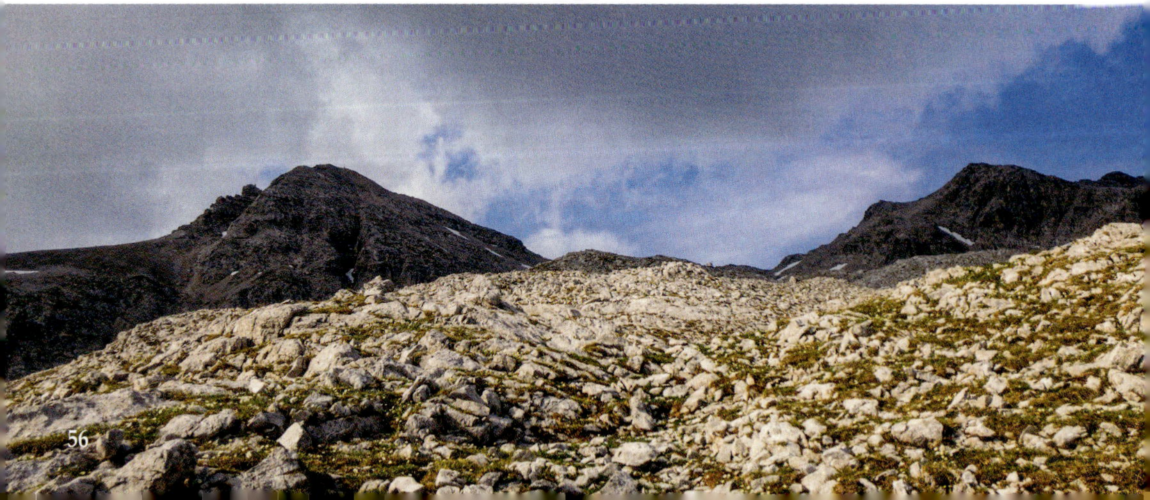

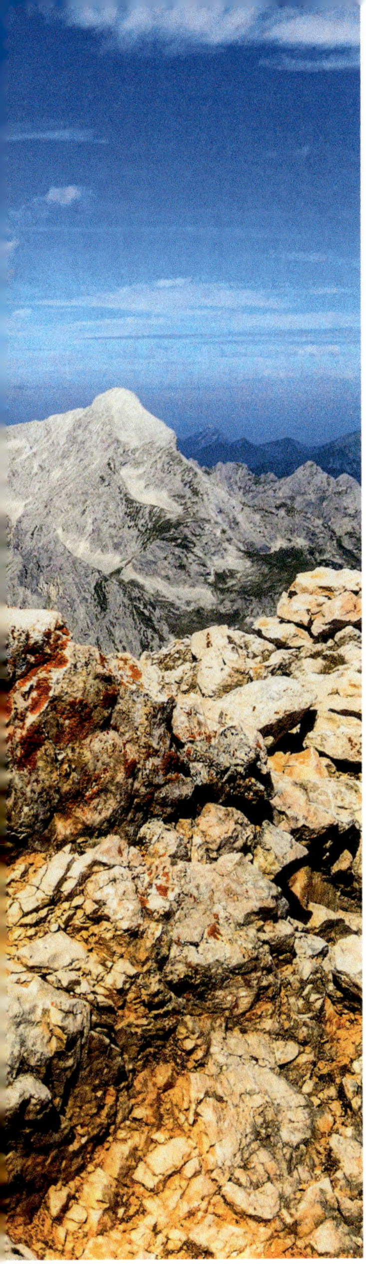

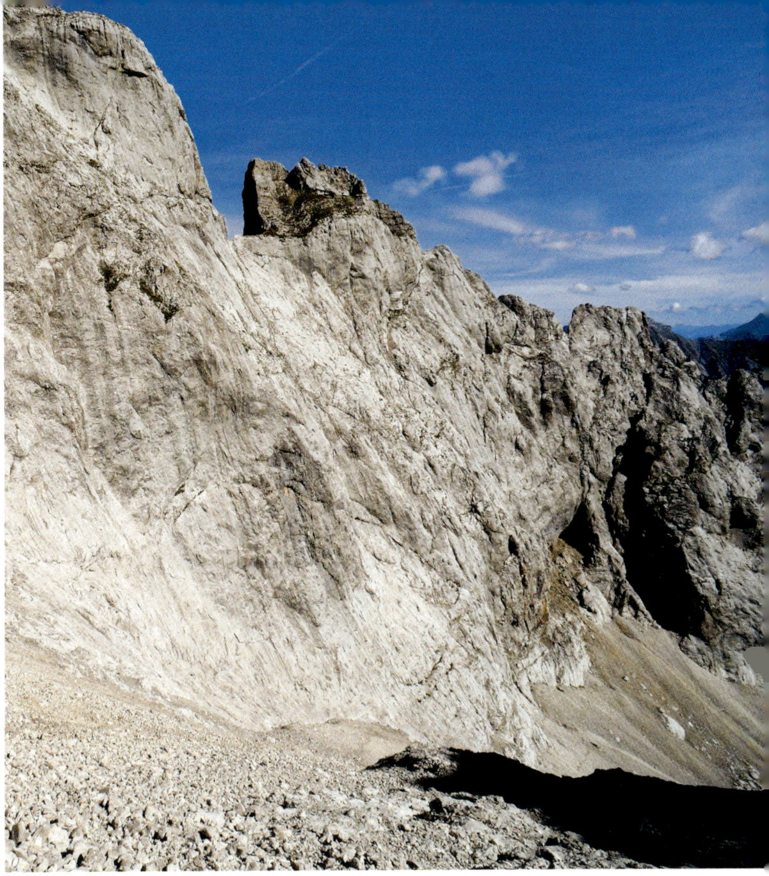

Karwendel, Wetterstein

Grenzstein im Wetterstein am Kamm zwischen Deutschland und Österreich (TOUR 12) (o. li.). Im Grabenkar (TOUR 11) (o. re.). Das Königshaus Ludwigs II. am Schachen (TOUR 12) (u. re.). Biwakschachtel unter der Laliderer Spitze in Sicht (TOUR 9) (u. li.).

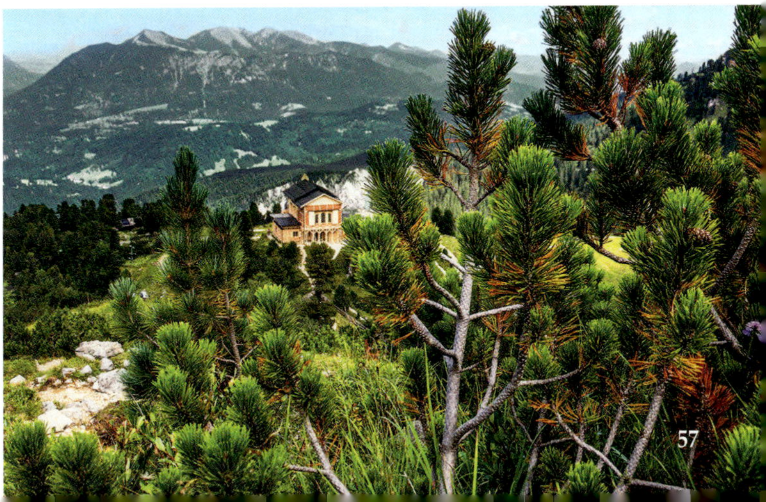

9 Laliderer Spitze

Wie eine Reise zum Mond

Schwer 10–12 h 1710 m 43,4 km

Tourencharakter
Vor allem sehr lange Tour mit dem Mountainbike ins Roßloch und zu Fuß weiter zum Karl-Schuster-Biwak. Von dort auf erkennbarem Steig zur Laliderer Spitze.

Ausgangs-/Endpunkt
Scharnitz, Parkplatz Länd, 975 m

Höchster Punkt
Laliderer Spitze, 2588 m

Anfahrt
ÖPNV Zug bis Scharnitz Bahnhof.
Auto Von München A95 bis Garmisch-Partenkirchen und weiter bis Mittenwald und Scharnitz; Parkplatz Länd direkt an der Isar.

Gehzeiten
Scharnitz – Isarursprung (1 Std.) – Roßloch (2 Std.) – Abzweig Laliderer Spitze (30 Min.) – Karl-Schuster-Biwak (2,5 Std.) – Laliderer Spitze (30 Min.) – Karl-Schuster-Biwak (30 Min.) – Roßloch (2 Std.) – Scharnitz (1 Std.)

Einkehr
Keine Möglichkeit

Karten
Kompass WK 26, 1:50 000; AV-Karten Nr. 5/1 & Nr. 5/2, 1:25 000

Information
Tourist-Information Mittenwald, www.alpenwelt-karwendel.de

Es gibt sie noch: Die ganz einsamen und stillen Ecken. Die Tour auf die Laliderer Spitze im hintersten Winkel des Karwendels entführt in eine karge Mondlandschaft. Mit Übernachtung in einer Mondlandefähre inklusive.

»Houston, Tranquility Base here. The Eagle has landed.« Neil Armstrongs erste Worte, als er am 20. Juli 1968 mit der Mondlandefähre Apollo 11 sicher auf dem Mond landete, schießen beinahe unweigerlich in den Sinn als endlich das Laliderer Biwak (auch Karl-Schuster-Biwak) noch ein ganzes Stück weiter oben zu sehen, in der Sonne glänzt und eine Stunde später schließlich auch erreicht ist.
Wahrlich wie auf dem Mond schaut es hier oben in der Scharte zwischen Laliderer Spitze und Dreizinkenspitze aus. Die Landschaft ist karg. Kaum etwas gedeiht auf knapp 2500 Meter Höhe. Schroffe Felstürme, abweisende Gipfel und schwindelerregende Abgründe prägen das Bild. Und mittendrin die im Sonnenlicht grell leuchtende Biwakschachtel.

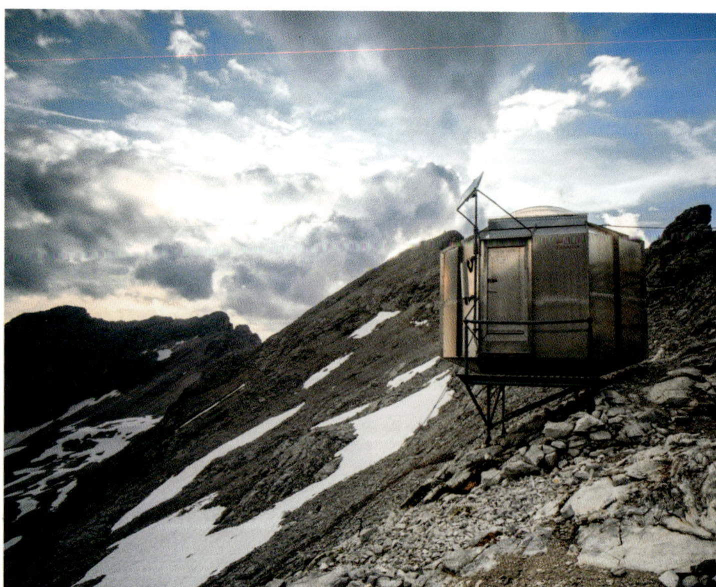

Das futuristische Karl-Schuster-Biwak (Laliderer Biwak)

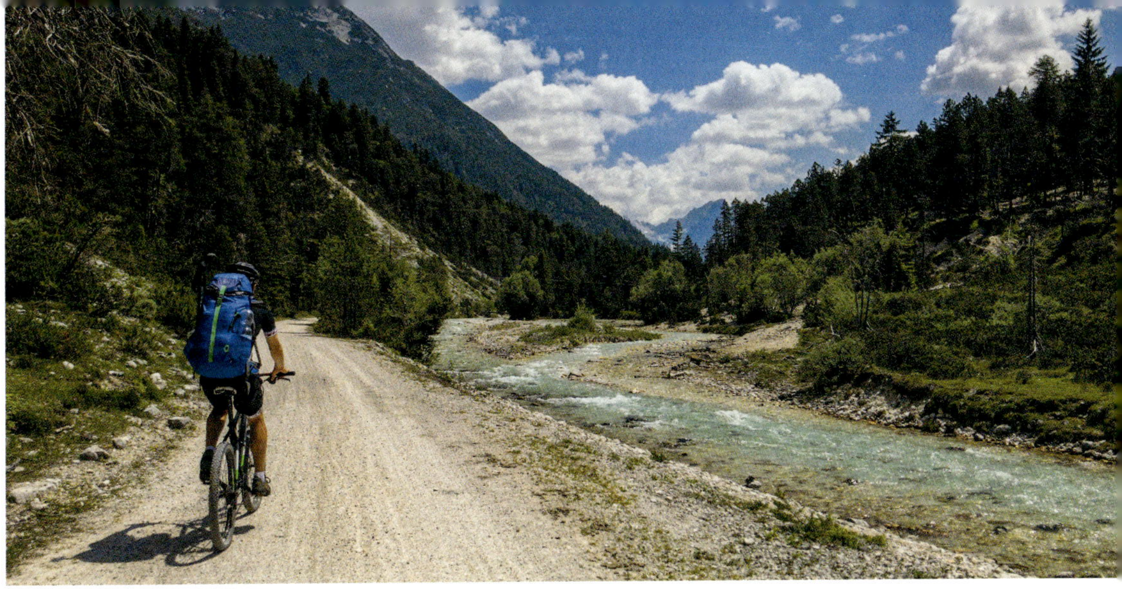

Mit dem Mountainbike an der Isar entlang

Von Scharnitz ins Hinterautal Die Tour zum Karl-Schuster-Biwak und auf die Lalidererer Spitze macht eigentlich nur in Kombination mit dem Mountainbike Sinn. In Ⓐ **Scharnitz** startet die Fahrt ins Tal hinein, das dem Flussverlauf der sich immer weiter verjüngenden Lebensader Münchens folgt. An der rauschenden Isar sind die Anstiege zunächst recht gemächlich, aber mit jedem Tritt in die Pedale geht es tiefer ins Hinterautal hinein.

In einem unwirklichen Türkisgrün schießt die Isar gen Talausgang. Kilometer um Kilometer wird abgespult, Hunderte Steinmandl, die wie ein Kunstwerk von Christo wirken, werden passiert. Nach gut 13 Kilometern wartet auf der linken Seite ein kurzer Abstecher zum ❶ **Isarursprung**. Ein kurzes Erfrischen an den Quellen und auf der gut fahrbaren und noch wenig ansteigenden Forststraße geht es weiter bis zur Kastenalm.

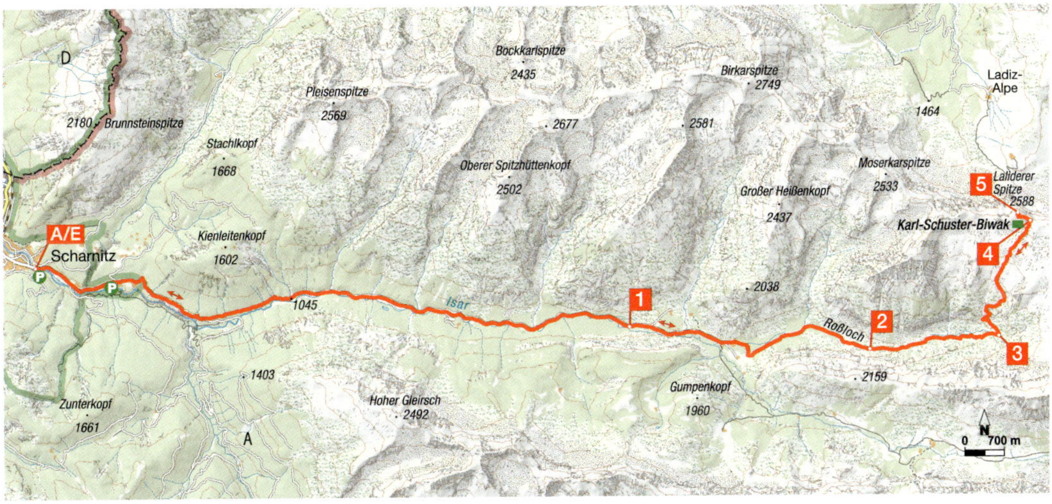

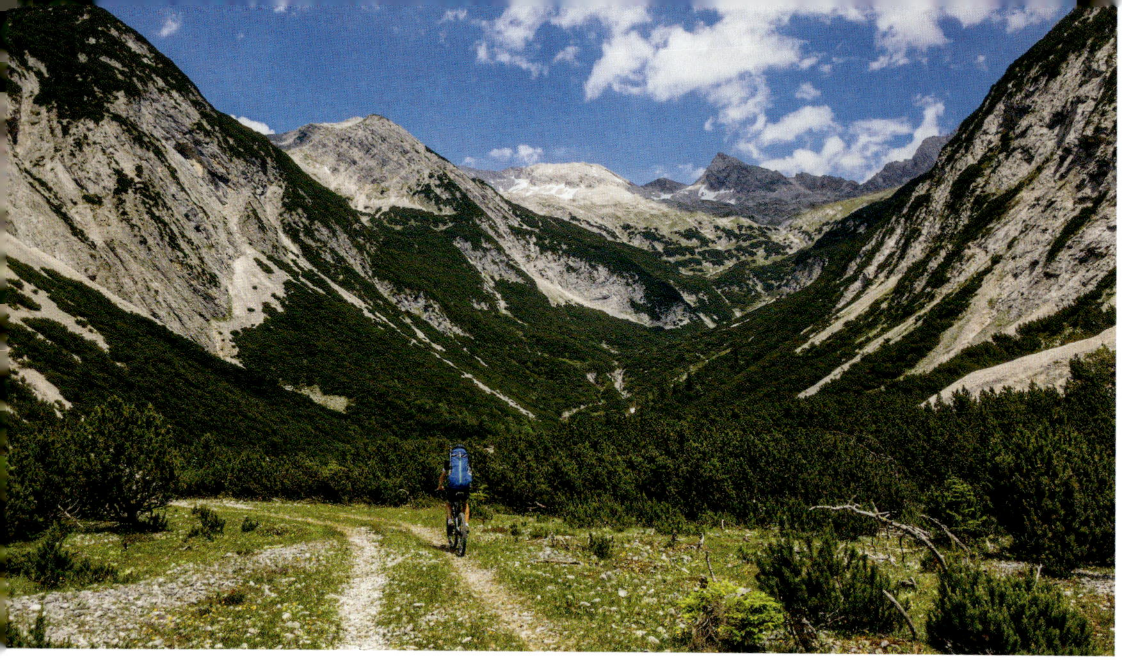

Im Roßloch endet die Mountainbike-Strecke.

Tief hinein ins Roßloch Während Bergsteiger zur Birkkarspitze schon längst abgebogen sind, halten sich Laliderer-Aspiranten links durch eine Schranke weiter gen Talschluss. Der Weg wird langsam ungemütlicher, steiler und steiniger. Die vielen Kilometer in den Beinen lassen sich kaum mehr verleugnen. Vorbei an ausgetrockneten Bachbetten und steilen Felswänden öffnet sich bald aber das 2 **Roßloch**, und am Ende einer großen Wiese werden nach etwa 20 Kilometern die Mountainbikes deponiert.

Bunte Bergwelten statt Mondlandschaft Hier gilt es unbedingt, die Wasserreserven noch einmal aufzufüllen. Denn wie auf dem Mond auch gibt es nach dem Roßloch keine Wasserstellen mehr. Unweit des Fahrraddepots fließt es allerdings noch. Auch weiter oben sind stürzende Wasser zu hören, die im Spätsommer aber gern schon versickert sein können und lediglich unter Tage weiterfließen.

Auf dem schmalen, nicht zu verfehlenden Steig geht es durch die Latschengassen. Nach etwa 200 Höhenmetern markiert ein prägnanter Felswürfel die 3 **Gabelung**, an der der Bergpfad nach Norden verlassen werden muss, um den Ende Juni noch munter sprudelnden Bach zu queren und weiter gen Bockkar aufzusteigen. Bei genauem Hinsehen ist der schmale Weg durch die Latschen schon vorher auszumachen. Zunächst ein Stück talauswärts und dann steil ansteigend windet er sich empor.

Schließlich ändert sich langsam die Vegetation. Die Latschen verschwinden zunehmend, grün und bunt strahlen die frühsommerlichen Wiesen mit ihren unzähligen Blumen. Von einer Atmosphäre wie auf dem Mond keine Spur.

Zur Mondlandefähre auf der Laliderer Spitze Herden von Gämsen beobachten argwöhnisch die Eindringlinge, die die Stille so weit hinten im Karwendel durchbrechen und lassen sich doch nicht beirren. »Wir kommen in Frieden«, möchte man ihnen zurufen. Es zieht sich und zieht sich. Hinter jeder Kuppe vermeint man, die kleine glänzende Schachtel nun endlich sehen zu müssen. Und wird öfters enttäuscht, denn es dauert. Die Grasmatten werden aber bald weniger. Fels, Geröll und nackter Stein übernehmen die Vorherrschaft, bis nichts mehr zu wachsen scheint.

Nur steile Berge erheben sich vor den Augen. Dort oben, endlich zeigt sich die Biwakschachtel am Fuß der Laliderer Spitze. Die kleine Notunterkunft stets im Blick werden rutschiger Schotter und dahinschmelzende Überbleibsel des Winters samt den letzten Höhenmetern überwunden. Beim Ankommen nach gut und gerne sechs Stunden Aufstieg von Scharnitz lohnt es sich, von der Holzterrasse des 4 **Karl-Schuster-Biwaks** für ein paar Minuten die Blicke schweifen zu lassen und diesen einzigartigen Gebirgsteil auf sich wirken zu lassen.

Am Biwak angekommen, genießt man eine imposante Aussicht.

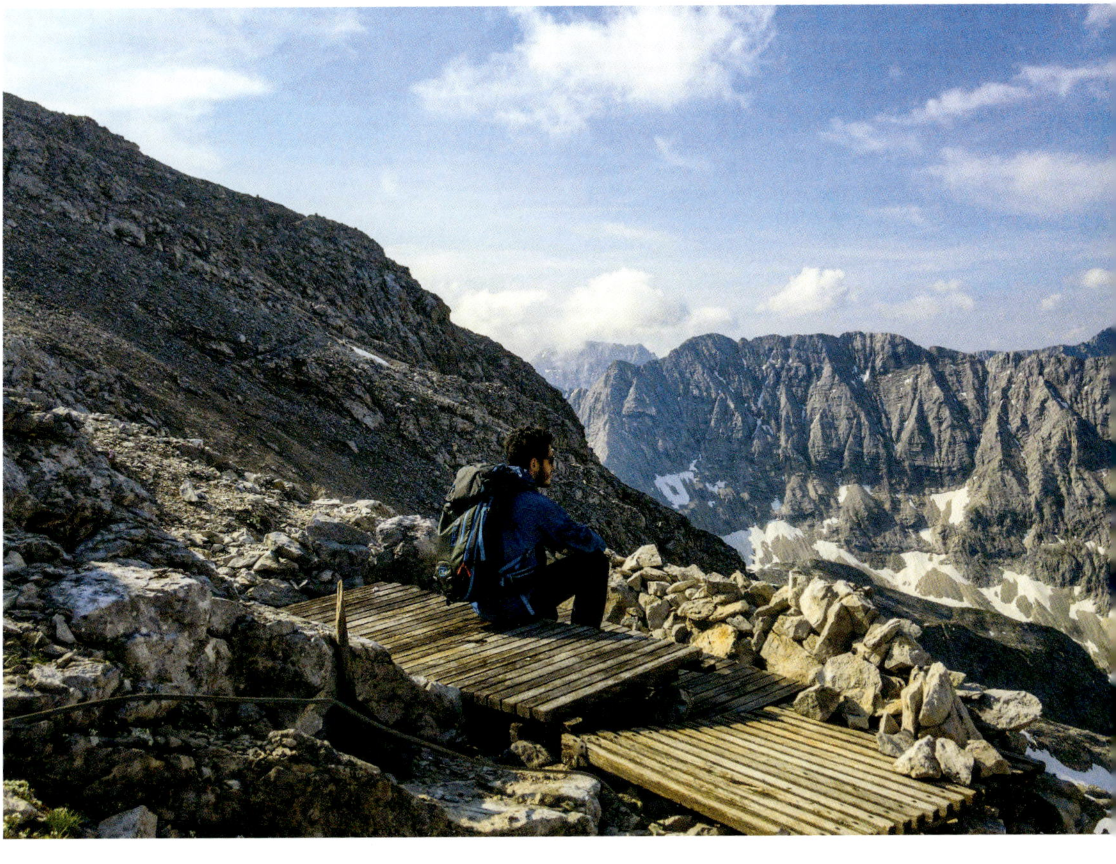

Gipfelsturm zur Laliderer Spitze Vom Karl-Schuster-Biwak zum Gipfel der Laliderer Spitze sind es nur etwa weitere 20 Minuten, ohne dass sich Wegbeschaffenheit und Schwierigkeit noch großartig ändern. Auf der 5 **Laliderer Spitze** (2588 m) angekommen, gibt es kein Gipfelkreuz, aber ein grandioses Panorama: Die Spitzen, die sich rund um das Roßloch bedrohlich aufschwingen. Im Norden stürzen die bei Kletterern beliebten Felswände tausend Meter und mehr senkrecht hinab zum Großen Ahornboden. Die Eng, Mondscheinspitze, Sonnjoch, Gamsjoch, Östliche Karwendelspitze. Alle sind sie da, wirken doch Lichtjahre entfernt und so weit weg. Lediglich ein paar Kuhglocken tönen von den Wiesen rund um die Falkenhütte herauf.

Übernachtung im Karl-Schuster-Biwak Zurück im 4 **Laliderer Biwak** steht eine kleine Zeitreise auf dem Programm. Ein Blick ins Hüttenbuch verrät das ursprüngliche Antlitz der 1971 eingeweihten Notunterkunft und erzählt von alten Kletterlegenden. Bis zu zwölf Bergsteiger finden im Karl-Schuster-Biwak Platz. Zu zweit ist es doch deutlich komfortabler, vor allem, wenn man des nachts durch das Plexiglasdach den Sternenhimmel beobachten möchte.

Zustieg Laliderer Spitze

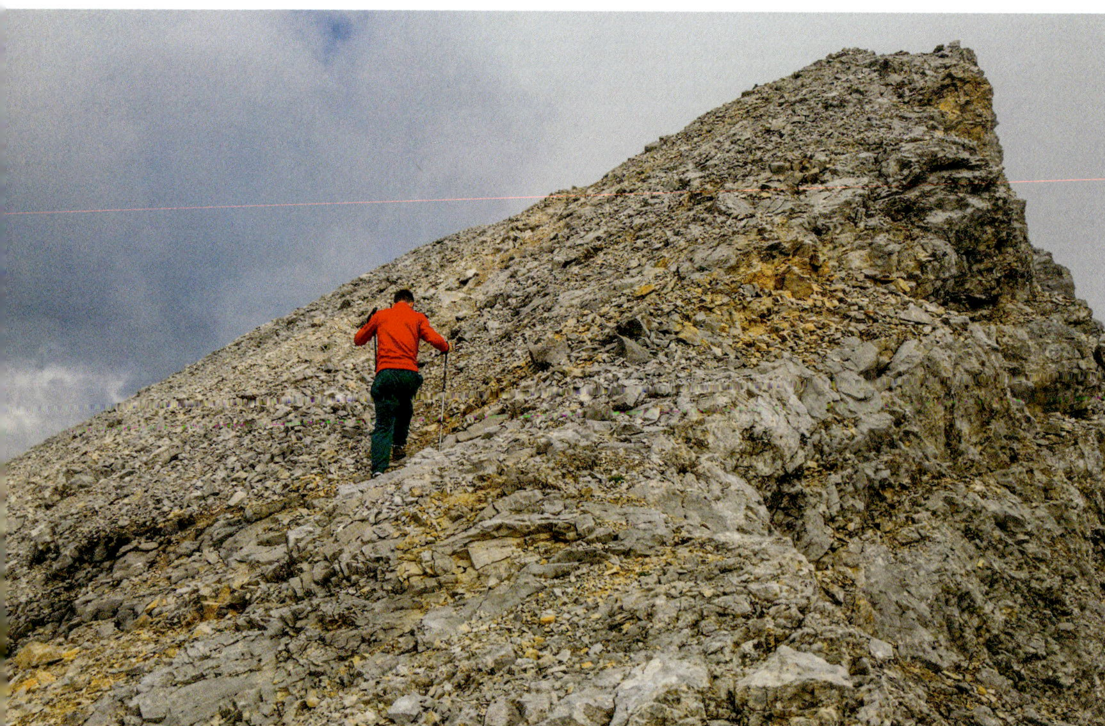

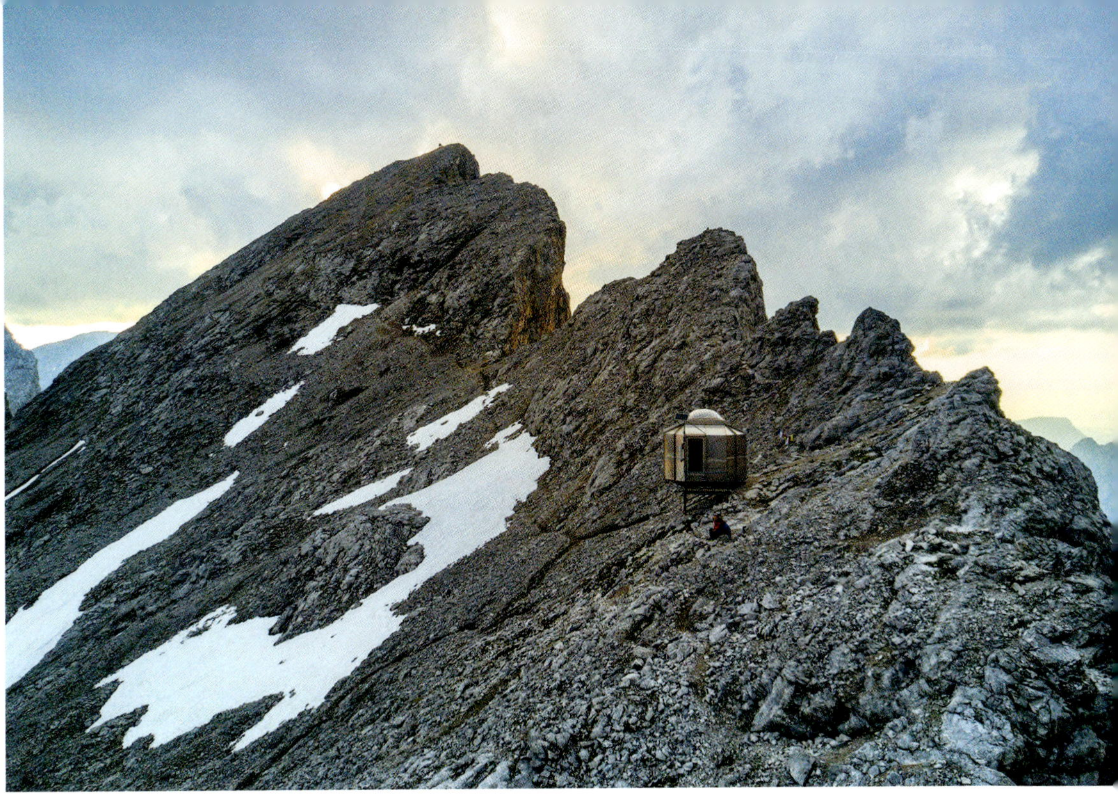

Einsames Karwendel: Laliderer Spitze und Biwakschachtel

Töpfe und Geschirr finden sich ausreichend. Gleich mehrere Gaskocher sind vorhanden, lediglich Steckkartuschen sollten mitgebracht werden, wenn man sich ein warmes Gericht zubereiten möchte. Auch Verpflegung muss entsprechend im Rucksack dabei sein, da alle im Biwak deponierten Lebensmittel für Notfälle gedacht sind.

Abstieg und Abfahrt nach Scharnitz Während sich die Mondfahrer um Armstrong, Aldrin und Collins mit Instantkaffee zufriedengeben mussten, schmeckt der mitgebrachte frisch gebrühte Kaffee doch deutlich besser und versüßt den Sonnenaufgang inmitten des Hochgebirges. Gestärkt geht es auf dem Aufstiegsweg zurück und wieder hinab ins Roßloch.

Alternativ kann man auch den Spuren östlich des Laliderer Biwaks hinauf zur Dreizinkenspitze (2603 m) folgen (leichte Kletterei!), um anschließend über das Roßkar abzusteigen.

Nach knapp 940 Höhenmetern ist das Mountainbike-Depot im 2 **Roßloch** schließlich wieder erreicht. Laliderer Spitze und seine Mondlandefähre sind da schon lange wieder aus dem Blickfeld verschwunden. Die Belohnung für die anstrengende Auffahrt folgt auf den Fuß. Bis auf einen kurzen Gegenanstieg geht es auf dem Mountainbike genüsslich über viele Kilometer zurück nach E **Scharnitz** und wieder raus aus dem stillsten Winkel des Karwendels.

10

Ödkarspitzen und Birkkarspitze

Königstour in einer Mondlandschaft

Schwer | 10–12 h | 2075 m | 31,3 km

Tourencharakter
Als Tagestour sehr lange Tour, weswegen sich Übernachtung im Karwendelhaus anbietet. Steil und ausgesetzt über Brendelsteig; teilweise weglos und exponiert über Ödkarspitzen auf Birkkarspitze; immer wieder leichte Kletterei; Trittsicherheit und Schwindelfreiheit nötig.

Ausgangs-/Endpunkt
Rißtalstraße, Brücke hinter der Mautstelle, 958 m; alternativ Scharnitz

Höchster Punkt
Birkkarspitze, 2749 m

Anfahrt
ÖPNV Bus bis Hinterriß. Alternative: Zug bis Scharnitz Bahnhof. **Auto** Bad Tölz über Sylvensteinspeicher, Vorderriß bis Hinterriß. Alternative: von München A95 bis Garmisch-Partenkirchen und weiter bis Mittenwald und Scharnitz; Parkplatz Länd direkt an der Isar.

Gehzeiten
Hinterriß – Karwendelhaus (3 Std.) – Abzweig (20 Min.) – Sattel (1 Std.) – Westl. Ödkarspitze (1,5 Std.) – Birkkarhütte (1 Std.) – Birkkarspitze (20 Min.) – Birkkarhütte (20 Min.) – Karwendelhaus (1 Std.) – Hinterriß (2 Std.)

Einkehr
Karwendelhaus

Karten
Kompass WK 26, 1:50 000; AV-Karte Nr. 5/2, 1:25 000

Information
Tourist-Information Mittenwald, www.alpenwelt-karwendel.de

Eingebettet zwischen der Nördlichen Karwendelkette und der Karwendelhauptkette liegt das Karwendelhaus. Von dort startet die anspruchsvolle Tour über den Brendelsteig, der über die Ödkarspitzen und auf die Birkkarspitze führt.

Zum Karwendelhaus Die Wege auf das Karwendelhaus sind von allen Seiten vor allem eins: lang. Möglich ist es unter anderem, von Scharnitz zu starten. Zu Fuß ist das ziemlich mühsam und mit dem Mountainbike daher bedeutend schneller. Gerade auch später der Rückweg.
Der alternative Aufstieg startet kurz hinter Hinterriß etwa einen Kilometer hinter der Mautstation am Ⓐ **Parkplatz** (P4) an der **Rißtalstraße**. Durch das langgezogene Johannistal und über den Kleinen Ahornboden geht es zum Hochalmsattel, bis nach knapp drei Stunden das ❶ **Karwendelhaus** erreicht ist, wo man unbedingt reserviert haben sollte. Am Abend ist die

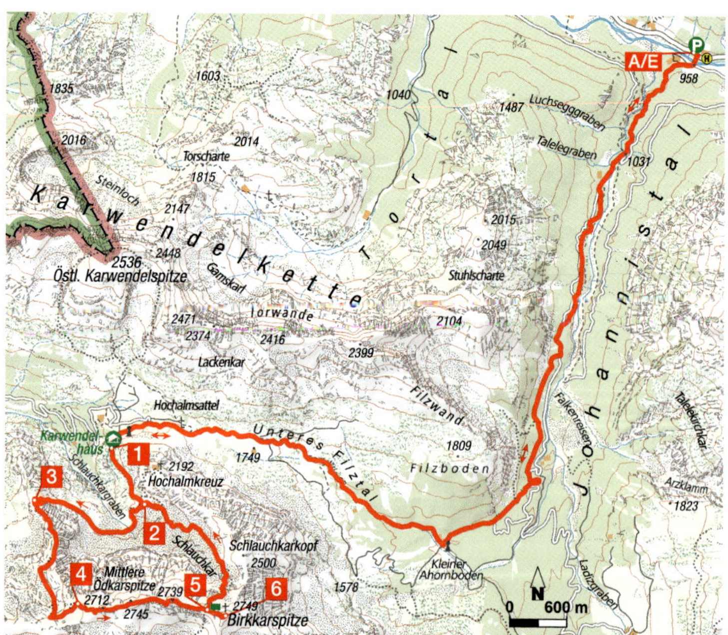

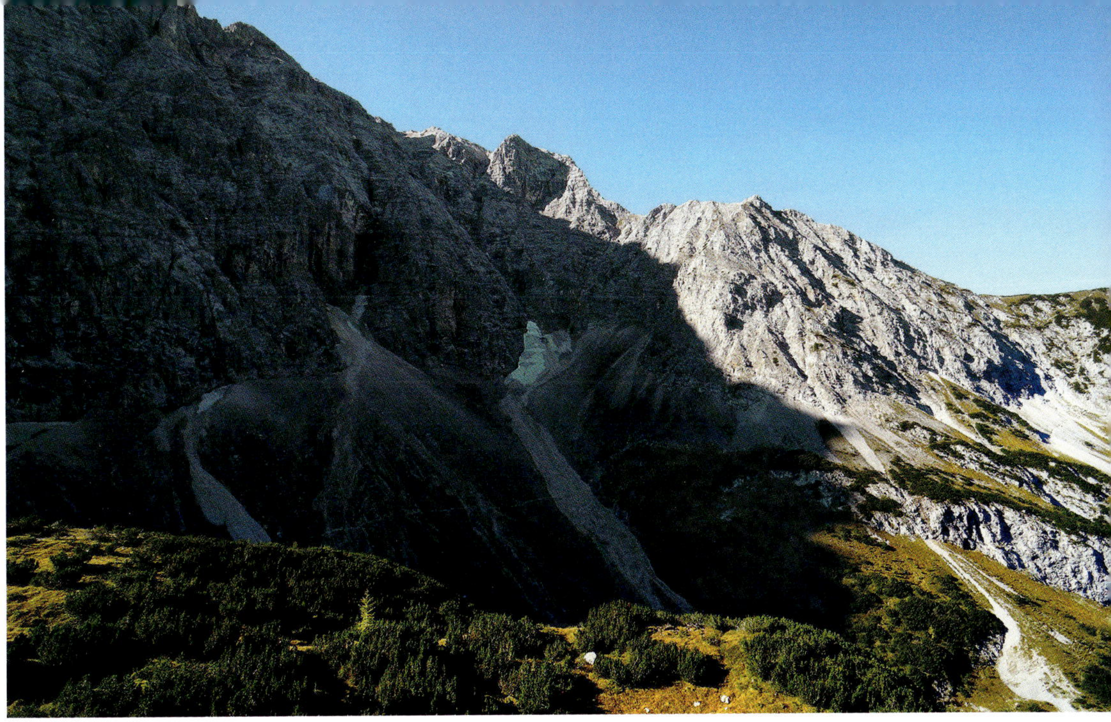

Nordabbrüche der Ödkarspitzen

Stube prall gefüllt, und Hüttenwirt Andreas setzt sich kurz an jeden Tisch, klärt über das Wetter des nächsten Tages auf und gibt Tipps für die bevorstehenden Touren.
Besonders imposant sind die Abende im Karwendelhaus, wenn die Hirschbrunst im Gange ist. Zwar sieht man nicht viel davon, wenn man allerdings im Dunkeln vor der Hütte steht, kann man die röhrenden Hirsche deutlich vernehmen.

Aufstieg über den Brendelsteig Am nächsten Tag startet die lange Tour in Richtung der Birkkarspitze. Der Steig beginnt direkt hinter der Hütte, wo Lawinenzäune umklettert werden. Stahlseile bieten genügend Halt. Anschließend geht es einfach durch Latschen und etwa 20 Minuten nach dem Aufbruch von der Hütte teilt sich der Weg an einer 2 Verzweigung. Links geht es hinauf zum Hochalmkreuz, geradeaus durch das Schlauchkar direkt auf die Birkkarspitze zu (Normalweg) und rechts ist der Brendelsteig über die Ödkarspitzen ausgeschrieben.
Dem folgend werden zunächst ein paar Höhenmeter eingebüßt. Anschließend werden die steilen Nordabbrüche der Ödkarspitzen in einem Schuttfeld gequert, in dem weiter oben oft Gämsen zu entdecken sind. Nachdem der lose Schotter verlassen ist, windet sich der Weg in sehr steilem Gelände durch Latschen bis zu einem 3 Sattel auf etwa 2100 Meter.
Der weitere Steigverlauf zeichnet sich nun gut ab. Über den Grat geht es teils ausgesetzt und zwischendrin immer wieder gesichert auf eine steile Wand zu, die rechts umgangen wird.

Hinweis am Einstieg

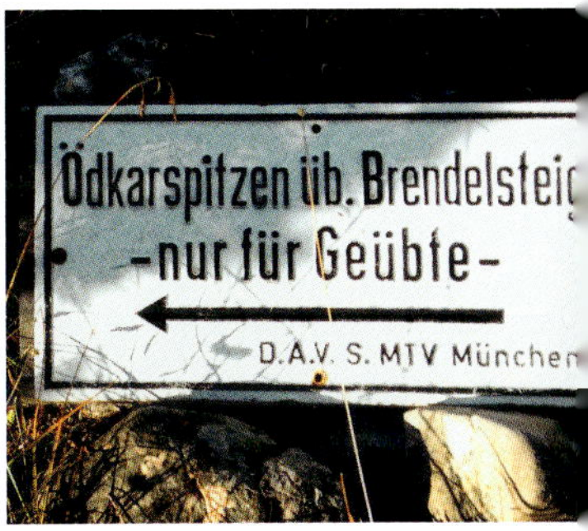

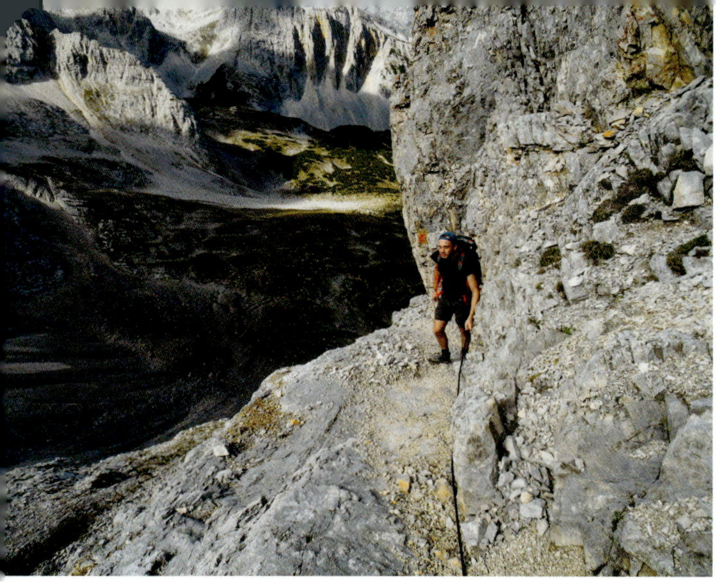

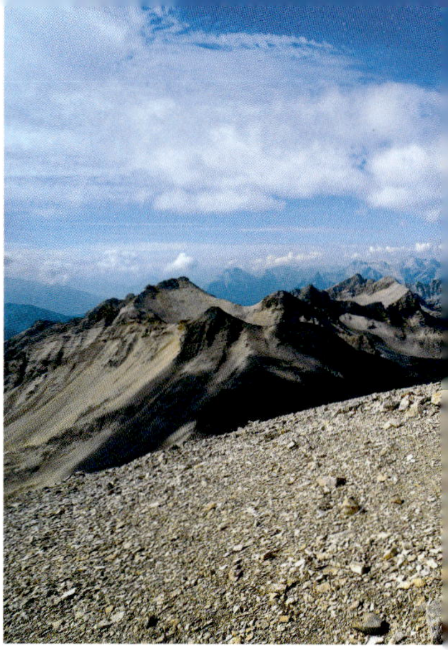

Kurze drahtseilgesicherte Passage

Mitte: Auf der Westlichen Ödkarspitze

Ein paar wenige anspruchsvollere Stellen werden überwunden und alsbald steht man einmal mehr im schottrigen Gelände, an dessen Rand der Steig geradezu auf eine Scharte führt.

Von der Westlichen zur Östlichen Ödkarspitze Vor Erreichen der Scharte wendet sich der Weg hart nach links. Der von hier weniger furchterregende Gipfelaufbau der ❹ **Westlichen Ödkarspitze** (2712 m) liegt vor dem Bergsteiger und wird in wenigen Minuten bezwungen. Von hier geht es in etwa 15 und zusätzlichen 20 Minuten weiter auf die Mittlere (2745 m) und die Östliche Ödkarspitze (2739 m), ohne dass die Schwierigkeiten weiter zunehmen oder ein Verlaufen möglich wäre.

Woher die Spitzen ihren Namen haben, wird bei einem Blick in die Umgebung schnell klar. Hier ist nichts, kein Grün, kein Braun, keine Farben. Nur das Grau des porösen Kalks. Fast könnte man meinen, man sei auf einem anderen Planeten. Nur die Bäume und das Grün der entfernten Täler erinnern noch daran, dass das hier wirklich die Erde ist.

Übergang zur Birkkarspitze Ab der Westlichen Ödkarspitze nehmen die Schwierigkeiten zu. Der Pfad folgt in etwa dem sehr steilen Gratverlauf und an mehreren Stellen ist das Stahlseil eine dankbare Hilfe. Die kleine Schutzhütte in der Scharte ist das nächste Etappenziel und lang schon in Sicht, doch der Weg ist beim Abstieg teilweise nur schwer zu finden.

In der Scharte angekommen, wird kurz die ❺ **Birkkarhütte** inspiziert. Die offenbart, dass das Nötigste vorhanden ist. Ein Bett gibt es allerdings nicht, nur einen Tisch, und auch eine Kochmöglichkeit sucht man vergebens. Es handelt sich bei der Hütte eben nur um eine Schutzhütte für den Notfall, die im Frühjahr

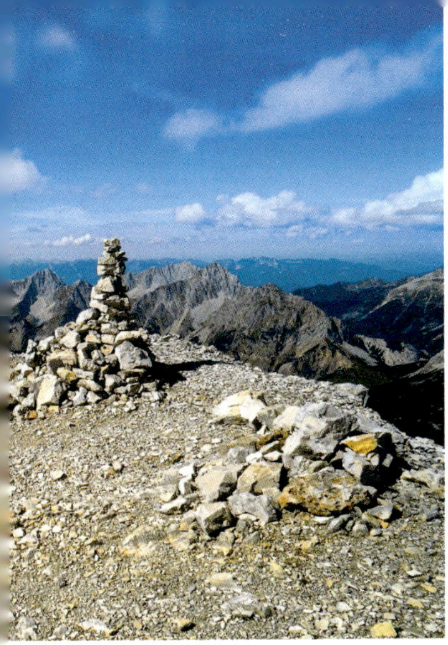

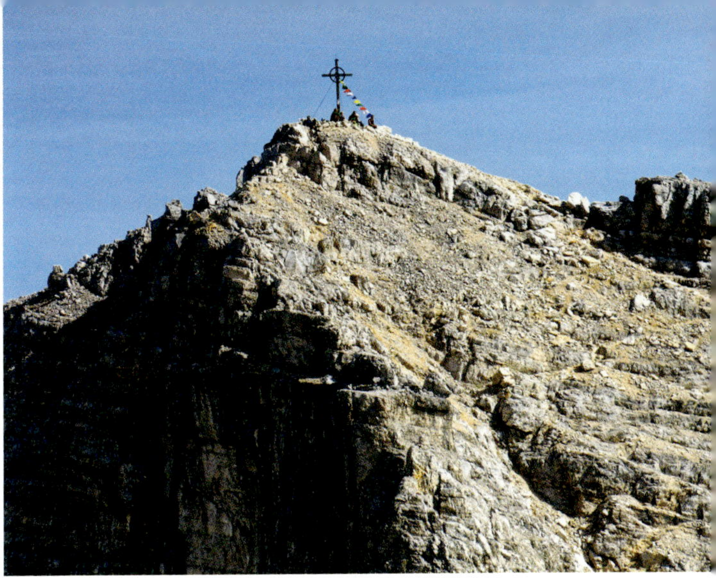

2014 zwei Brüdern nach einem Wetterumschwung mit immensem Neuschnee das Leben rettete.
Weiter geht es zum höchsten Karwendel-Gipfel. Über einen kurzen Aufschwung, der per Stahlseil gesichert ist, steigt man nun die letzten Höhenmeter in 15 Minuten zum Gipfel der 6 **Birkkarspitze** an (2749 m; ca. 4,5 Stunden ab Karwendelhaus).

Der höchste Gipfel im Karwendel: die Birkkarspitze

Abstieg über das Schlauchkar Vom Gipfel geht es zurück zur Scharte mit der 5 **Birkkarhütte**. Nach der Scharte führt der Weg nördlich hinein ins Schlauchkar. Der ist anfangs etwas steiler, später aber lässt sich das Kar in rasanter Abfahrt im Schotter recht schnell hinter sich bringen. Bald ist wieder die Gabelung zum Brendelsteig erreicht und den Rest des Weges geht es wie am Morgen in entgegengesetzter Richtung zurück zum 1 **Karwendelhaus** (insgesamt etwa 6 Stunden Gehzeit) – oder noch weiter durchs Johannistal zum E **Parkplatz an der Rißtalstraße** (weitere 2 Stunden) bzw. nach Scharnitz hinab.

Im Kleinen Ahornboden

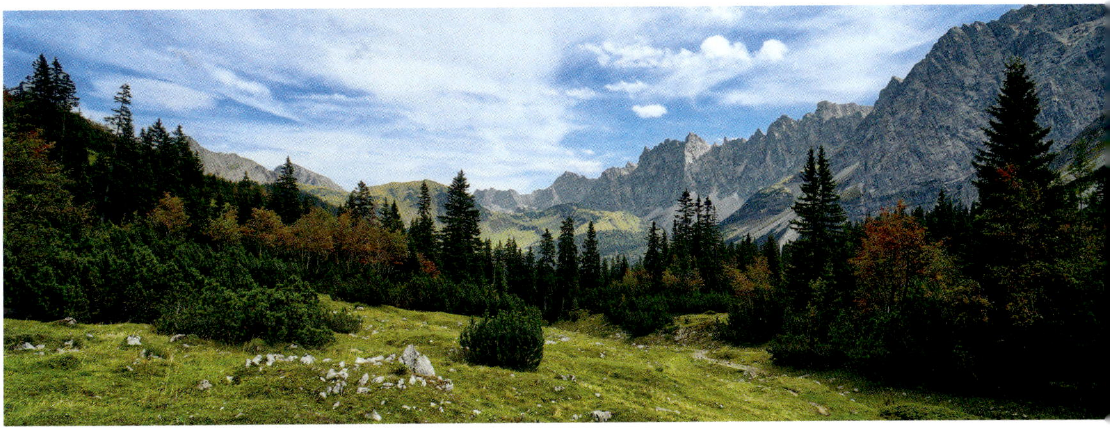

11 Östliche Karwendelspitze

Aufgepasst bei der Routenwahl

Die höchste Erhebung der Nördlichen Karwendelkette ist über den normalen Weg recht einfach zu besteigen. Die alternative Route durch das Vogelkar und über den Westgrat auf die Östliche Karwendelspitze ist aber eine andere Nummer.

Schwer 8,5–10,5 h 1685 m 27,0 km

Tourencharakter
Als Tagestour sehr lange Tour, weswegen sich Übernachtung im Karwendelhaus anbietet. Normalweg zum Gipfel mäßig schwer; schwerer Übergang ins Grabenkar. Aufstieg vom Vogelkar sehr schwer mit Kletterei bis III. Grad UIAA.

Ausgangs-/Endpunkt
Rißtalstraße, Brücke hinter der Mautstelle, 958 m; alternativ Scharnitz

Höchster Punkt
Östliche Karwendelspitze, 2537 m

Anfahrt
ÖPNV Bus bis Hinterriß. Alternative: Zug bis Scharnitz Bahnhof. **Auto** Bad Tölz über Sylvensteinspeicher, Vorderriß bis Hinterriß. Alternative: Von München A95 bis Garmisch-Partenkirchen und weiter bis Mittenwald und Scharnitz; Parkplatz Länd direkt an der Isar.

Gehzeiten
Hinterriß – Karwendelhaus (3 Std.) – Hochalmsattel (5 Min.) – Abzweig (15 Min.) – Östliche Karwendelspitze (1,5 Std.) – Abstieg durch Grabenkar (1 Std.) – Hochalmsattel (15 Min.) – Karwendelhaus (5 Min.) – Hinterriß (2 Std.)

Einkehr
Karwendelhaus

Karten
Kompass WK 26, 1:50 000; AV-Karte Nr. 5/2, 1:25 000

Information
Tourist-Information Mittenwald, www.alpenwelt-karwendel.de

Zum Stützpunkt Karwendelhaus Die Tour auf die Östliche Karwendelspitze startet am Karwendelhaus, das von Scharnitz oder, entprechend Tour 10, aus dem **Rißtal** vom **A Parkplatz** (P4) am Eingang des Johannistals durch dieses hinauf erreicht werden kann. Es empfiehlt sich eine Übernachtung auf der oft lang im Voraus ausgebuchten Alpenvereins-Hütte. Nach deren herbstlicher Schließung bleibt immerhin noch der Winterraum, der auch im goldenen Wanderherbst eine Aufteilung der Tour möglich macht. Der Aufstieg an der Südseite über den **1 Hochalmsattel** ist noch lange schneefrei, wenn in nördlicheren Schattenlagen schon stabile Schneefelder existieren.

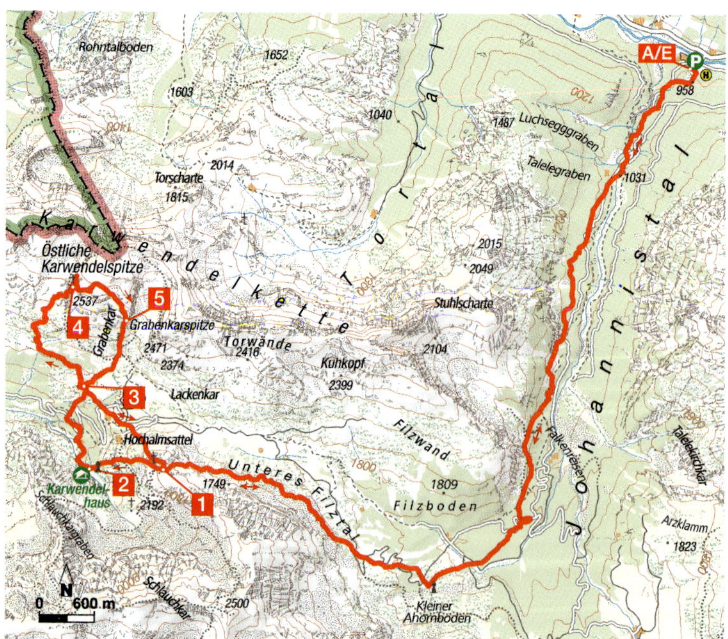

Start vom Karwendelhaus Vom ❷ **Karwendelhaus** geht es kurz zurück in Richtung ❶ **Hochalmsattel** mit seinem markanten Jochkreuz. Hier hält man sich links und folgt dem Steig (Maximiliansweg), der sich anschließend in relativ gleichbleibender Höhe durch die Latschenkiefern windet. Bald schon stößt man auf eine Weggabelung und hier gilt es, nicht den ❸ **Abzweig** zu verpassen.

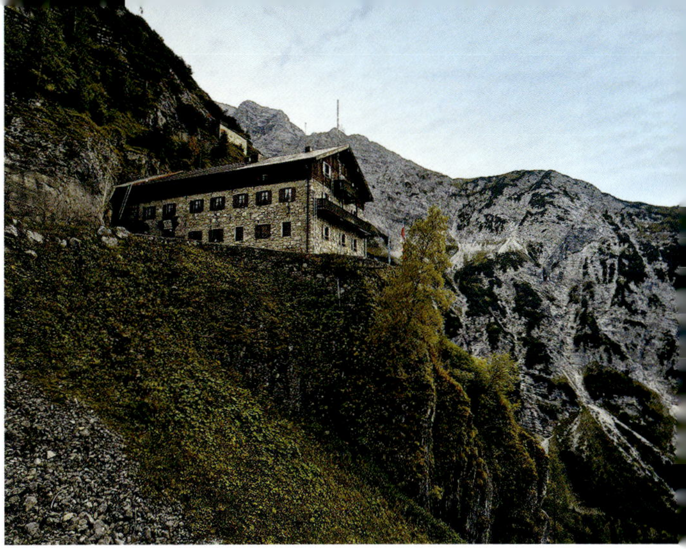

Das Karwendelhaus in aussichtsreicher Lage

Normalweg Während es rechts steil hinauf ins Grabenkar geht, verläuft der Normalweg nun geradeaus und im steiler werdenden Zickzack nach oben. Der linke Weg führt an den Südausläufern der Östlichen Karwendelspitze vorbei und weiter ins Vogelkar. Dazu später mehr.

Der richtige Einstieg in den Normalweg lässt sich im morgendlichen Trott leicht verpassen. Eine Schuttreiße, die auf der linken Seite erklommen wird, markiert den Einstieg. Schließlich zweigt der weitere Aufstieg nach links ab (rechts ginge es zum Grabenkar). Vor den steilen Westabbrüchen der Östlichen Karwendelspitze windet sich der Steig hier meist

Am Kamm zwischen Gipfel und Kreuzgipfel

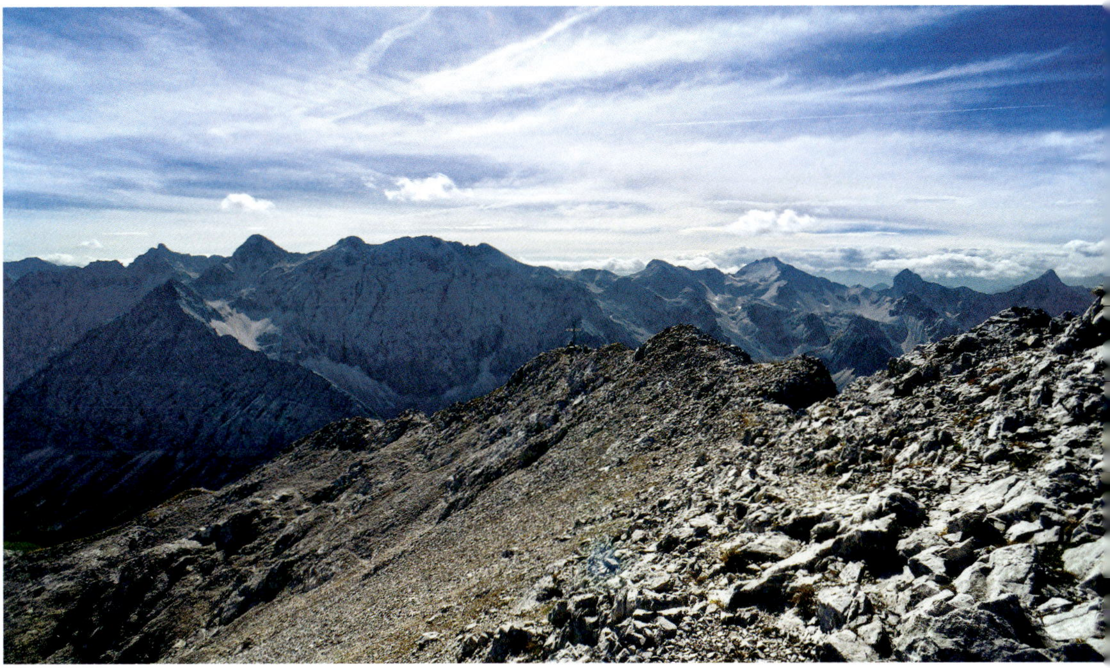

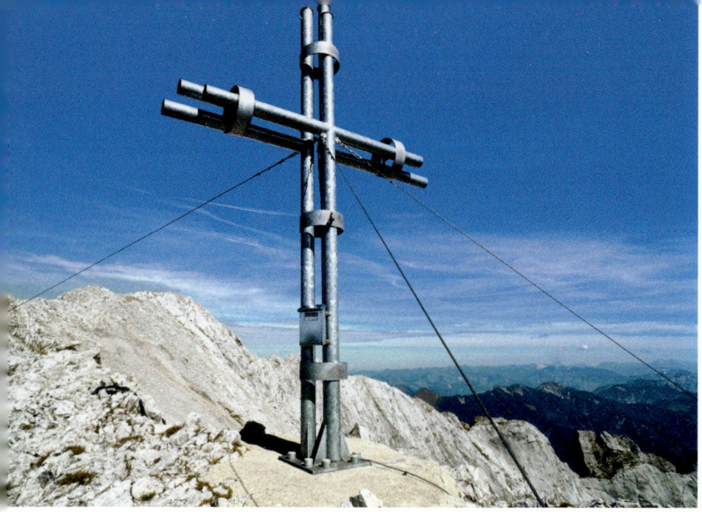

Das vorgelagerte Gipfelkreuz der Östlichen Karwendelspitze

unschwierig, zum Teil weglos, aber immer mit Steinmandln markiert, durch den Südhang (»Wank«). In engen Serpentinen geht es langsam bergauf. Ein Verlaufen ist kaum möglich, und so geht es bis zum weithin sichtbaren Gipfelkreuz der 4 **Östlichen Karwendelspitze**, welches dem eigentlichen Gipfel um etwa 100 Meter vorgelagert ist. Im Sommer lohnt sich ein sehr früher Start, denn Schattenplätze sucht man hier vergebens. Vor dem richtigen Gipfel wartet nach einer kleinen Scharte eine kurze einfache Kletterstelle im I. Grad.

Variante über Vogelkar und Westgrat Eine alternative, aber deutlich schwierigere Besteigung der Östlichen Karwendelspitze ist auch über das Vogelkar und die Westflanke möglich. Dafür hält man sich am Abzweig eben links, passiert durch Latschen die ganze Südseite und folgt schließlich den sporadischen Steinmännern in das Vogelkar hinein. Am Ende des Kars geht es im Schutt nah an der Wand immer weiter, hin und wieder sind Steigspuren und Steinmandl erkennbar. Spätestens hier heißt es umkehren für denjenigen, der ohne Seil und nicht sicher im Klettern bis zum III. Grad unterwegs ist.

Am Ende der sichtbaren Spuren wird eine Rinne an deren rechten Rand in anspruchsvoller Kletterei (UIAA II–III) durchstiegen. Ein Zurücksteigen ist hier nicht zu empfehlen, da der Wettersteinkalk extrem brüchig ist. Der ist es auch, der die Kletterei erst so schwierig macht. Es gilt ständig zu schauen, ob der vermeintliche Halt auch Halt bietet oder nicht polternd die Rinne nach unten rauscht. Am Ende der Rinne führt diese Route nun in die steile Nordwand der Östlichen Karwendelspitze. Nicht senkrecht, aber extrem steil fällt die Felswand hier ab und eine Platte, die kaum Griffe, geschweige denn Tritte bietet, muss gequert werden.

Gämsen im Vogelkar

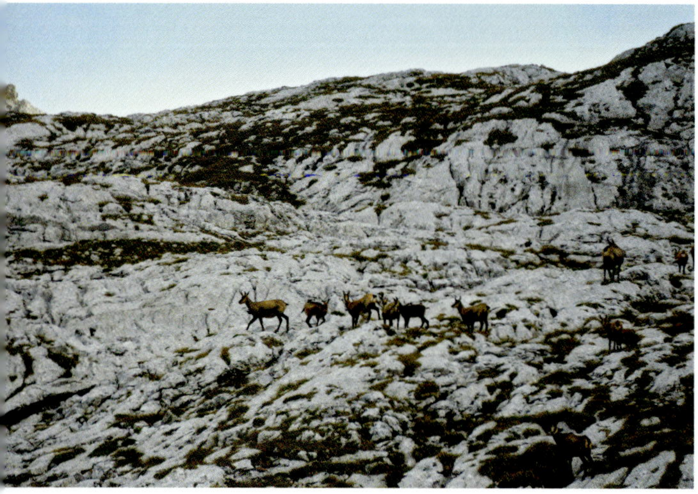

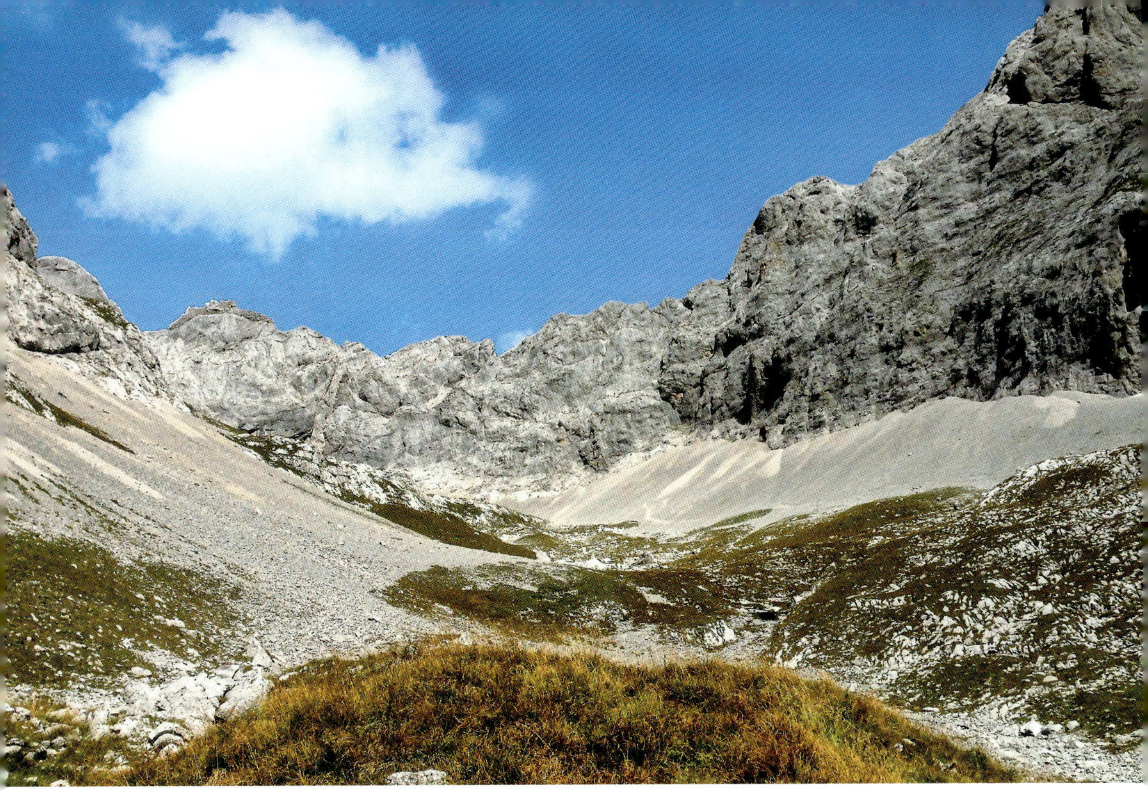

Am Ende des Grabenkars

Ist die Platte überwunden, sind die größten Schwierigkeiten des Aufstiegs über diese Route geschafft. Von der Nordseite führt der Weg nun mit hin und wieder erkennbaren Pfadspuren und Steinmännern zurück in die Westflanke, die sich nun deutlich breiter und freundlicher zeigt. Der Aufstieg bleibt steil und der Boden ist mit Schutt übersät, aber potenzielle Absturzgefahr lauert hier bei vernünftiger Routenwahl nicht mehr. So geht es mal weglos, mal auf Steigspuren bis zu einer Kante, hinter der man zwischen vorgelagertem Gipfelkreuz und dem eigentlichen Gipfel (2537 m) der Östlichen Karwendelspitze rauskommt.

Der Abstieg Runter geht es über das 5 Grabenkar. Oben folgt man in östlicher Richtung den Steinmännern. Kurz bevor das Kar erreicht wird, wartet eine schwierige Stelle, für die man absolut trittsicher und schwindelfrei sein muss (bis UIAA II). Ist die einmal überwunden, geht es im lockeren Schutt ratzfatz abwärts. Bis lang in den Frühsommer hinein kann auch schnell über die Altschneefelder (Vorsicht, wenn sie zu steil sind!) abgestiegen werden. So ist der Ausstieg aus dem Grabenkar für schnelle Bergsteiger schon in knapp 40 Minuten erreichbar.
Auf bekannten Wegen geht es nun zurück zum 1 Karwendelhaus und dann nach Scharnitz oder durchs Johannistal zum E Parkplatz im Rißtal.

12

Dreitorspitzen

Wo der Fuchs »Gute Nacht« sagt

Schwer | 10–12 h | 2245 m | 26,1 km

Tourencharakter
Lange und technisch anspruchsvolle Tour. Übernachtung auf der Meilerhütte bietet sich an. Wegloser Aufstieg zur Leutascher Dreitospitze extrem steinschlaggefährdet. A/B-Klettersteig auf Partenkirchener Dreitorspitze.

Ausgangs-/Endpunkt
Schloss Elmau, 1008 m

Höchster Punkt
Leutascher Dreitorspitze, 2682 m

Anfahrt
ÖPNV Zug bis Bahnhof Klais; von dort Wanderbus bis Schloss Elmau (zwischen April und November).
Auto Von München kommend bis Garmisch-Partenkirchen und weiter Richtung Mittenwald; in Klais Abzweig Elmau (Mautstraße), am Schloss vorbei zum Wanderparkplatz.

Gehzeiten
Elmau – Wettersteinalm (2 Std.) – Schachenhaus (1 Std.) – Meilerhütte (1 Std.) – Leutascher Dreitorspitze (1,5 Std.) – Partenkirchener Dreitorspitze (1 Std.) – Meilerhütte (45 Min.) – Angerloch (1 Std.) – Wettersteinalm (30 Min.) – Elmau (1,5 Std.)

Einkehr
Meilerhütte, Wettersteinalm, Schachenalm

Karten
Kompass WK 5, 1:50 000; AV-Karte Nr. 4/3, 1:25 000

Information
Tourist-Information Garmisch-Partenkirchen, www.gapa.de

Im Wettersteingebirge bieten Leutascher und die Partenkirchener Dreitorspitzen lohnenswerte Gipfelziele. Und es geht fuchsteufelswild zu.

»Ein Fuchs«, ruft jemand in die Stille des Abends vor der Meilerhütte. Ein Fuchs? Auf dieser Höhe? Tatsächlich! Langsam schleicht er um die Hütte, wo sich die meisten in freudiger Erwartung des Abendmenüs nach innen verzogen haben. »Der holt sich hier jeden Abend ein paar Abfälle ab«, erklärt eine Angestellte. Gekonnt umrundet er den Weidezaun, der bayerische und tirolerische Schafe voneinander trennt, klettert über ein Felsstück und setzt sich in ebenfalls freudiger Erwartung nur wenige Meter von den verbliebenen Hüttengästen entfernt in die Wiese.

Aufstieg zur Meilerhütte Auch sonst geht es rund um die Meilerhütte fuchsteufelswild zu. Nach dem langen Anstieg von A **Schloss Elmau** über die 1 **Wettersteinalm** und das 2 **Schachenhaus** (ca. 4 Stunden) findet man sich im hochalpinen Gelände wieder. Über den 3 **Sattel der Frauenalpspitze** steigt man zur 4 **Meilerhütte** auf. Hier herrscht ein strenges

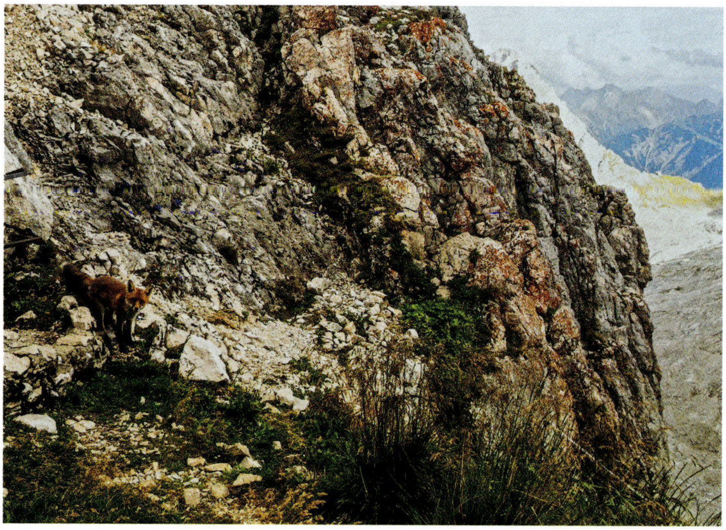

Regiment und es wirkt, als sei der Geist der Bundespolizei, die hier zum G7-Gipfel 2015 stationiert war, noch allgegenwärtig: »Lager werden erst ab 16 Uhr vergeben, Abendessen bitte bis 17.30 Uhr bestellen.« Nur wer vorab reserviert und Halbpension bestellt hat, kann sein Nachtmahl etwas später zu sich nehmen.

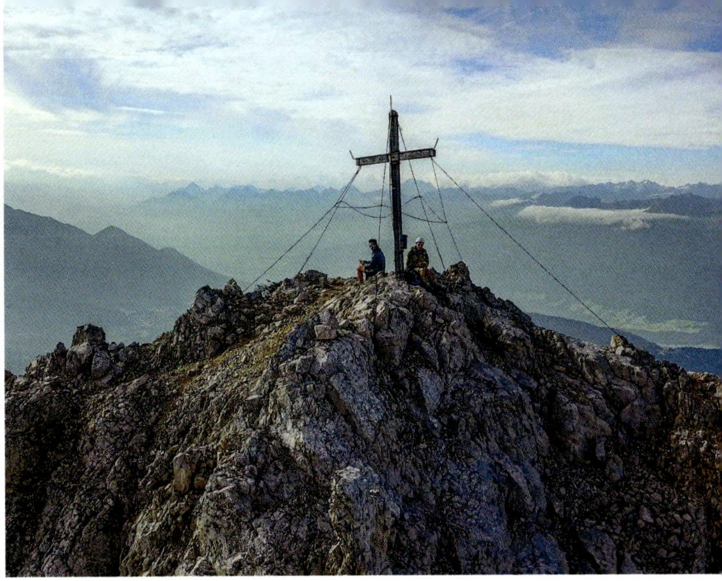

Gipfelrast auf der Leutascher Dreitorspitze

Die Törlspitzen Direkt neben dem Winterraum beginnt der Aufstieg zu den Törlspitzen, die westlichsten Gipfel der Wettersteinwand. Kurz mit einem Stahlsteil gesichert, geht es nicht weiter schwierig zum ersten Gipfel (2427 m). Sonnenauf- und -untergang lassen sich hier wunderbar beobachten, und so sind die Törlspitzen ein perfekter Appetithappen für den kommenden Tag.

Linke Seite: Der Fuchs der Meilerhütte

Auf die Leutascher Dreitorspitze Mit der Leutascher Dreitorspitze folgt nun ein deutlich anspruchsvolleres Unterfangen. Während ein Großteil der Hüttengäste in die Täler absteigt, wird es auf dem Weg zu den Dreitorspitzen einsam. Ein kurzer Abstieg führt über ein schmales, ausgesetztes Felsband in die Kare unter den Dreitorspitzen. Der Steig zur Westlichen Dreitorspitze bleibt (zunächst) rechts liegen und den Steigspuren folgend geht es in Richtung Leutascher Dreitorspitze, ohne dass ein Durchschlupf zum Gipfel erkennbar wäre.

Aber es gibt ihn. Nach einem beschwerlichen Abschnitt im Geröll steht man am Fuß einer steilen Rinne. In leichter

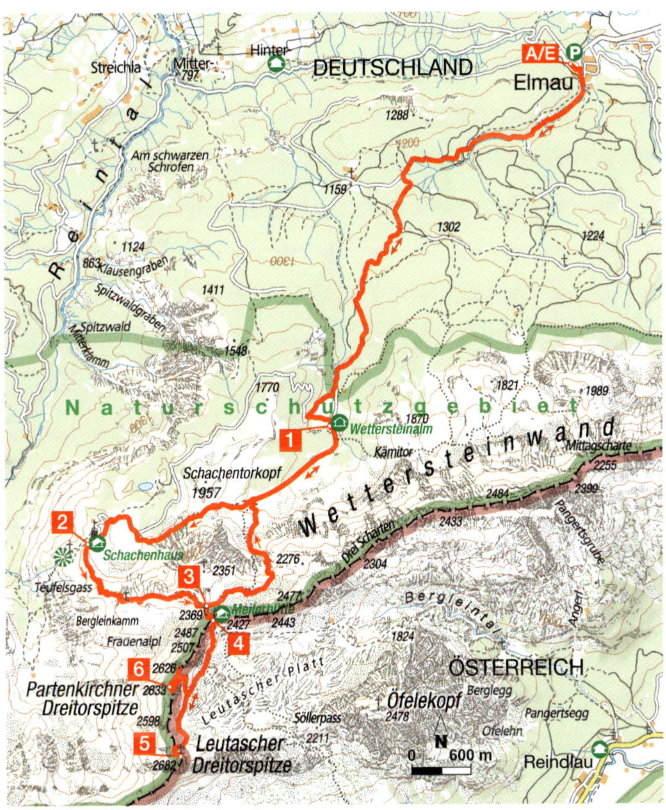

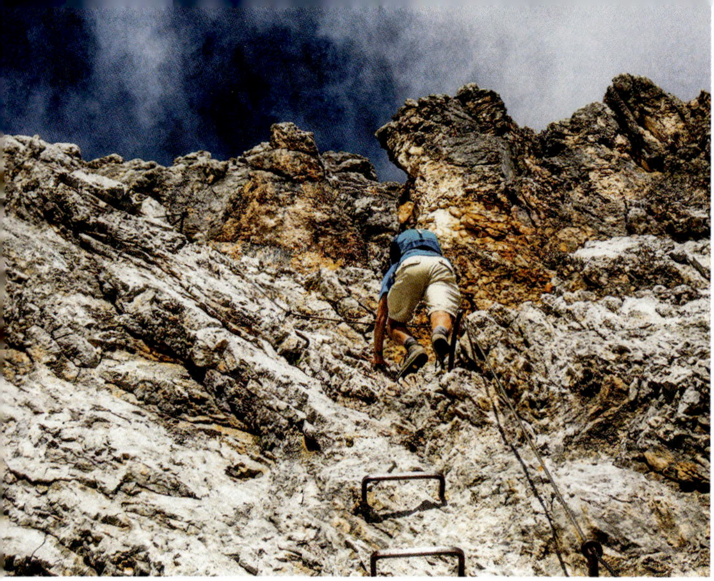

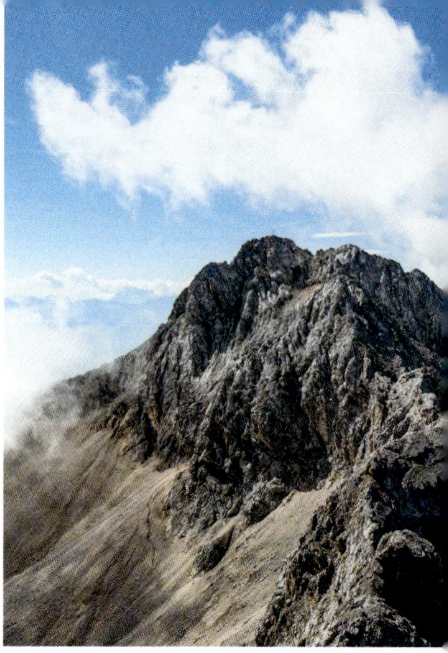

Am Hermann-von-Barth-Weg zur Garmischer Dreitorspitze

Mitte: Grat zur Leutascher Dreitorspitze

Kletterei wird der erste Buckel erklommen. Hier wird klar, welche Gefahr das Gelände birgt. Die Kletterpassage ist zwar an sich unschwierig, aber der Untergrund ist extrem lose. Ein Helm und einzelnes Aufsteigen, um nachsteigende Bergsteiger nicht zu gefährden, ist Pflicht. Es ist unmöglich, kein Gestein loszutreten, und immer wieder stürzen kleine Steinlawinen hinab. Am rechten Rand der Rinne haltend, ist aber bald der Grat erreicht, der die Dreitorspitzen verbindet. Kurz etwas ausgesetzter, aber sonst unschwierig geht es zum Gipfelkreuz der 5 **Leutascher Dreitorspitze** (2682 m).

Übergang zur Partenkirchener Dreitorspitze Für den Weiterweg zur Partenkirchener Dreitorspitze sind mehrere Varianten denkbar. Der direkte Weg führt sehr ausgesetzt und mit Kletterschwierigkeiten im III. Grad in leichtem Auf und Ab über den Grat. Die einfachere Variante führt über die Aufstiegsrinne wieder nach unten. Das geht auf Grund des losen Gesteins nur langsam und wieder gilt, Vorsicht walten zu lassen. Unten angekommen, wird das Kar oberhalb der Steigspuren vom Zustieg gequert und auf den Einstieg in den Hermann-von-Barth-Weg zugehalten. Der nach dem Bergsteiger-Pionier benannte Klettersteig führt durchaus luftig, aber stets gut versichert einfach bis mäßig schwer (A/B) über schmale Felsbänder und Rinnen zum Grat der Dreitorspitzen. Die Steinschlaggefahr ist nicht so hoch wie an der Leutascher Dreitorspitze, durch die höhere Frequentierung aber nicht zu unterschätzen.

Der Gipfel der Westlichen Dreitorspitze (2633 m) wirkt beinahe etwas verloren. Wenige Meter entlang des sehr ausgesetzten Grates weiter wird der Gipfel der 6 **Partenkirchener Dreitorspitze** (2626 m) mitsamt Gipfelkreuz erreicht.

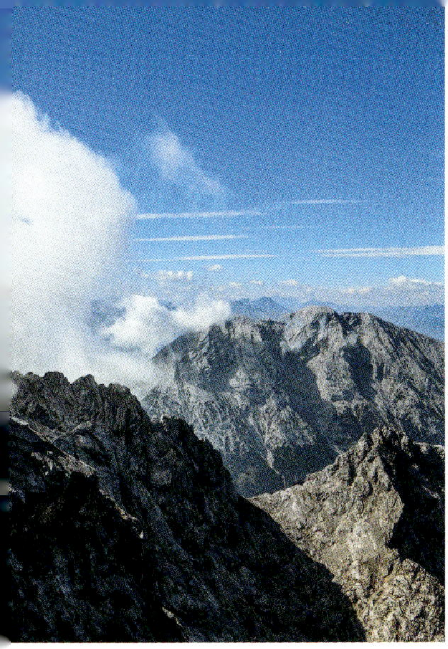

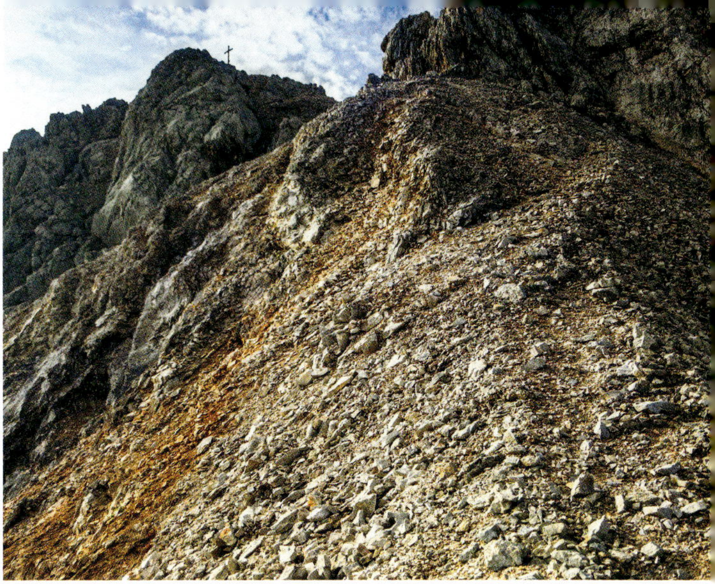

Abstieg zur Meilerhütte Über den bekannten Aufstiegsweg geht es zurück zur 4 **Meilerhütte**. Alternativ ist eine direkte Überschreitung über die Partenkirchener Dreitorspitze und den Signalgipfel (2487 m) möglich (III. Grad UIAA).

Ausstieg aus der steilen Rinne

Abstieg durchs Angerloch Eine schwierigere Alternative zum Abstieg über das Schachenhaus bietet der durchs Angerloch. Nach dem ersten steilen Abschwung von der Hütte geht es im 3 **Sattel der Frauenalpspitze** rechter Hand weiter. Der Steig ist nicht markiert, aber doch nie zu verfehlen. Gerade in der zweiten Hälfte wird es anspruchsvoll und über ausgesetztes und felsdurchsetztes Gelände muss abgeklettert werden. Eine Leiter entschärft die Schlüsselstelle.
Später trifft der Steig unterhalb des Schachentors wieder auf den Aufstiegsweg von E **Schloss Elmau**.

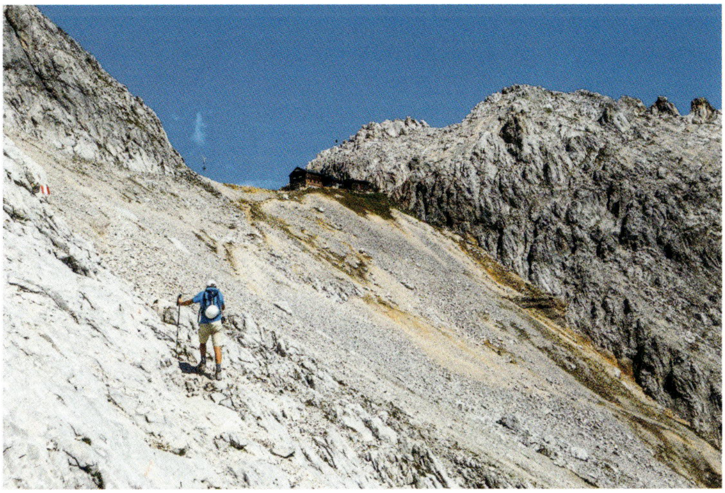

Im Anstieg zur Meilerhütte

13 Gehrenspitze

Im Schwitzkasten der Ostrinne

Schwer | 6–7 h | 1265 m | 11,3 km

Tourencharakter
Finden des Einstiegs schwierig; Wegfindung bis zum Einstieg in die Rinne teils sehr mühsam; Durchstieg der Rinne mit leichter Kletterei (I. Grad nach UIAA); immer wieder leicht ausgesetzte Stellen; Trittsicherheit und Schwindelfreiheit nötig.

Ausgangs-/Endpunkt
Leutasch, Ortsteil Gasse, 1115 m

Höchster Punkt
Gehrenspitze, 2367 m

Anfahrt
ÖPNV Bus bis Leutasch, Haltestelle Gasthaus Weißes Rössl.
Auto Von München kommend bis Garmisch-Partenkirchen und weiter über Mittenwald nach Leutasch bis zum Ortsteil Gasse; kostenpflichtiger Parkplatz am Sportplatz.

Gehzeiten
Leutasch-Gasse – Einstieg Ostrinne (1 Std.) – Ausstieg Ostrinne (1,5 Std.) – Gehrenspitze (1 Std.) – Scharnitzjoch (1 Std.) – Leutasch-Gasse (1,5 Std.)

Einkehr
Unterwegs keine; Gasthaus Weißes Rössl am Ausgangs-/Endpunkt

Karten
Kompass WK 5, 1:50 000; AV-Karte Nr. 4/3, 1:25 000

Information
Touristeninformation Leutasch, www.seefeld.com

Viele Wege führen nach Rom und auf die Gehrenspitze im Wetterstein. Besonders reizvoll ist der aufgelassene Steig durch die Ostrinne, die an warmen Tagen allerdings schnell zum Brutofen werden kann.

Alle Normalwege auf die Gehrenspitze starten in oder bei Leutasch. Deren 2367 Meter hoher Gipfel bildet den südöstlichen Eckpunkt des Wettersteingebirges und ist der berühmtberüchtigten Wettersteinwand südlich vorgelagert.

Start in Leutasch Startpunkt der Tour durch die Ostrinne auf die Gehrenspitze ist im Leutascher Ortsteil Ⓐ **Gasse**. Zunächst geht es nach Norden bis auf den Weg im Wald, der die Leutascher Ortsteile miteinander verbindet. Man folgt diesem Weg in nordöstlicher Richtung und passiert eine Bank samt Treppenstufen, die nicht den Einstieg in die Tour markiert, was sich

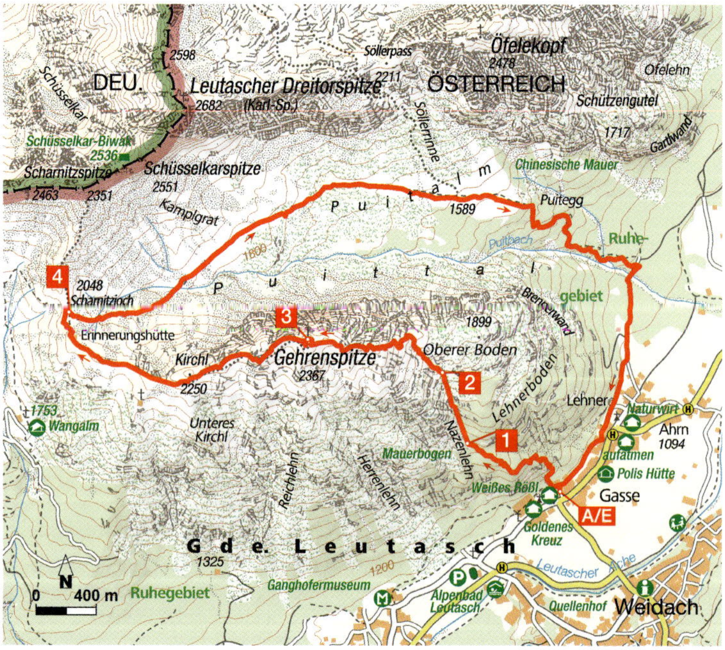

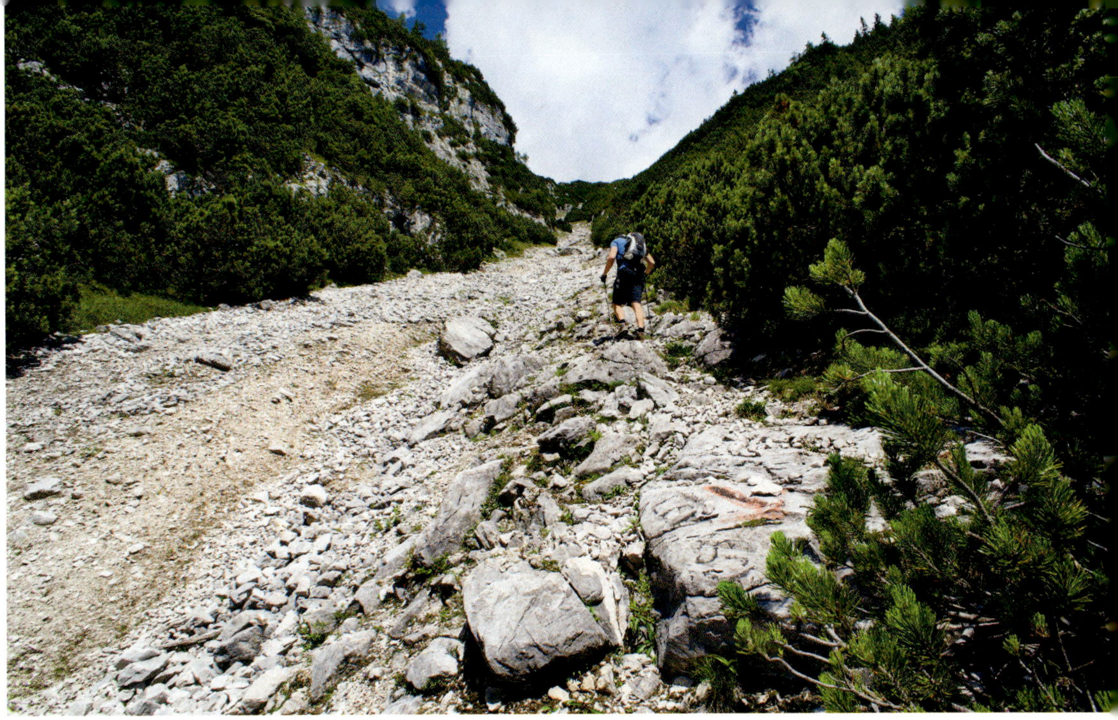

In der Ostrinne

aber leicht verwechseln lässt. Der richtige Einstieg findet sich kurz darauf direkt hinter einer Bäckerei. Hier führen wieder Treppenstufen zu einer Aussichtsbank, hinter der kaum zu erahnende Steigspuren in den Wald hineinführen.

Wo ist der Weg? Und hier gehen die ersten Schwierigkeiten los. Die liegen weniger in der Steilheit des Geländes (auch wenn es richtig steil hinauf geht), sondern vielmehr im Verlieren, Finden, Wiederverlieren und Wiederfinden des oft kaum erkennbaren Steigs. Immer wieder lassen sich alte Markierungen, nur noch in Nuancen als solche erkennbar, entdecken. Mindestens genauso oft ist es aber pure Raterei, ob der Weg noch stimmt oder ein Moosgeflecht, das als verblasster Wegweiser gedeutet wird. Ein gutes Wegfindungsgespür ist Pflicht, zumal das Gelände teils auch ausgesetzt ist und Absturzpotenzial bietet. Noch besser: Mit einem GPS-Track findet man sich beim Verlieren des Weges dann doch relativ bald zurecht. Der Steig verläuft erst relativ gerade, später links haltend immer ziemlich steil nach oben.

Mehr und mehr Steinmänner säumen und kennzeichnen nun den Weg, sodass die Wegfindung im oberen Waldteil einfacher wird. Ziemlich unmittelbar ist nach etwas über einer Stunde der 1 **Nazenlehn**, die (Süd-)Ostrinne, erreicht. Wer im Hochsommer bis hierhin schon Schweiß vergossen hat, wird nach den nun folgenden 500 Höhenmetern den Begriff Schwitzen neu definieren.

Steinmandl sind nützlich, aber rar

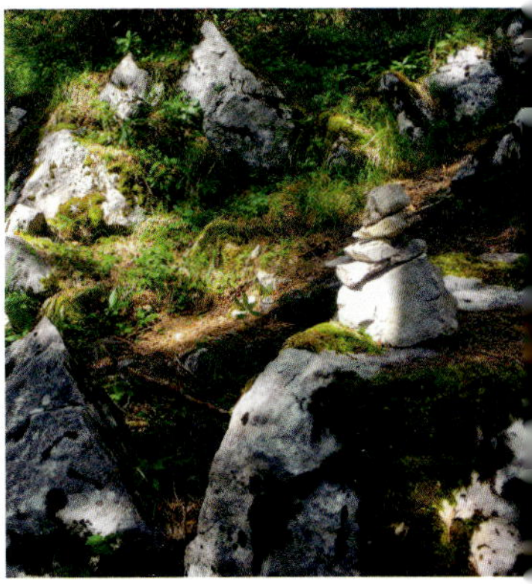

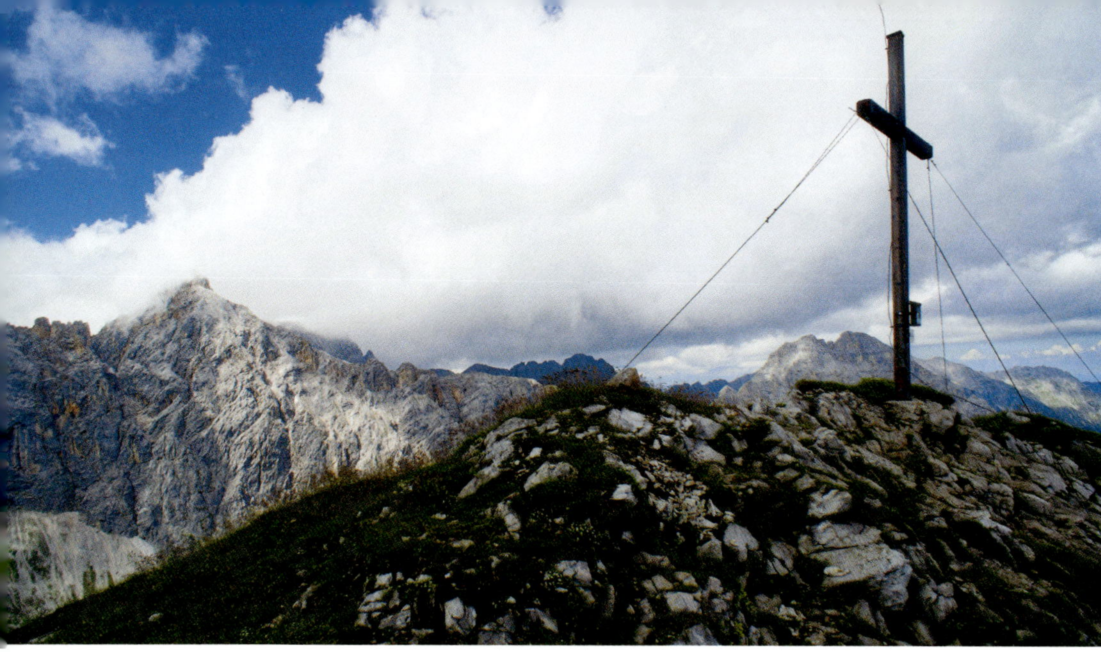

Das Gipfelkreuz der Gehrenspitze

Durch die Ostrinne Immerhin: Die Wegfindungsschwierigkeiten sind vorbei. Immer am rechten Rand geht es die nicht übermäßig steile Ostrinne hinauf. Eine leichte Kletterstelle (Schwierigkeit I auf der UIAA-Skala) wird problemlos überwunden. Die Rinne möchte aber trotzdem noch nicht so schnell aufhören und windet sich in leichten langgezogenen Kurven nach oben. Gerade im Sommer wird es hier heiß, die Sonne knallt förmlich hinein und heizt Luft und Gestein richtig auf. Während zunächst noch ein laues Lüftchen für eine leichte Erfrischung sorgt, lässt auch das bald nach.

Im letzten Drittel der Ostrinne heißt es aufpassen: Der lose Schotter neigt schnell dazu abzurutschen und immer wieder schießen auch größere Steine unweigerlich mit hinab. Bei höherer Frequentierung ist ein Helm sehr von Vorteil. Um dem ein wenig auszuweichen, empfiehlt es sich, kurz die Rinne zu verlassen und auf ihrer rechten Seite zwischen den Latschen aufzusteigen. Die letzten Meter geht es nun wieder direkt in der mittlerweile recht breiten Ostrinne und deutlich einfacher bis zu einem großen Steinmandl, welches das Ende der markanten ❷ **Schuttreiße** markiert.

Über den Ostkamm auf die Gehrenspitze Der Gipfel ist damit allerdings noch nicht erreicht. Noch warten etwa 350 Höhenmeter bis zum höchsten Punkt der Gehrenspitze, die es über den breiten Kamm zurückzulegen gilt. Die Wegfindung ist nicht weiter schwierig und über Schrofen und Geröll vorbei an einer kleinen Jagdhütte geht es in einer knappen Stunde hinauf auf den Gipfel der ❸ **Gehrenspitze**, wo sich ein herrliches

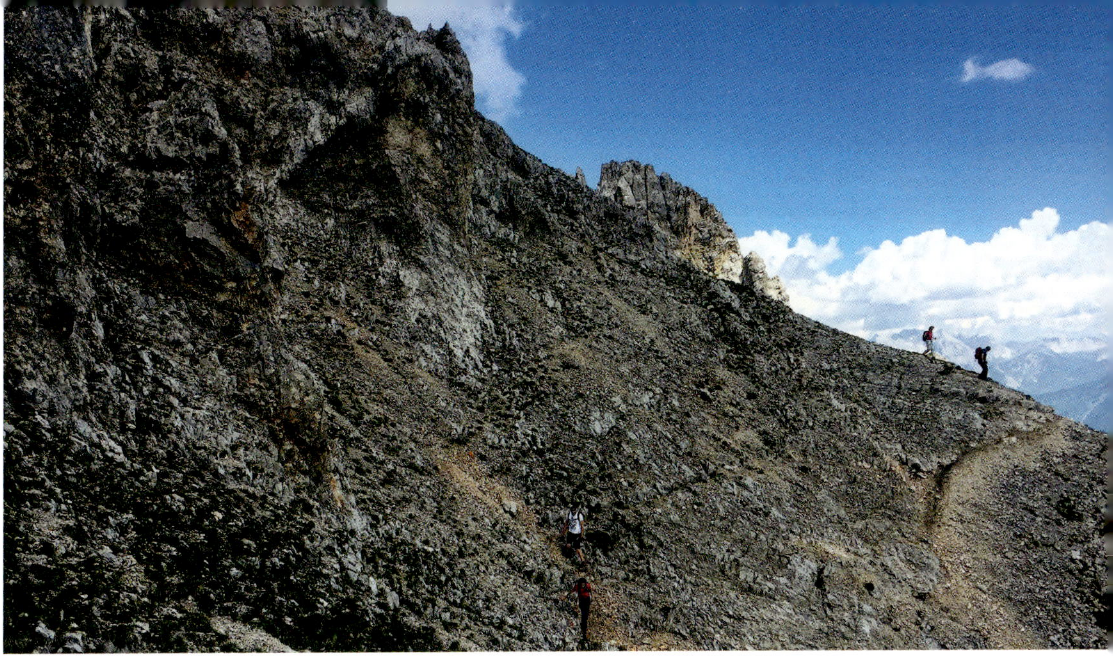

Panorama in alle vier Himmelsrichtungen offenbart: Im Norden die abweisenden Felsmauern der Wettersteinwand; im Osten die Ahrnspitzgruppe und das Karwendel, in dem sich deren höchster Gipfel, die Birkkarspitze, dominant hervortut; im Westen die Mieminger Kette; und im Süden ist der Blick frei bis zum Alpenhauptkamm.

Abstieg zum Scharnitzjoch

Abstieg durchs Puittal Für den Abstieg bieten sich mehrere Optionen, wobei sich der Aufstiegsweg aber überhaupt nicht empfiehlt. Der Steig folgt nun dem Normalweg auf die Gehrenspitze in Richtung 4 Scharnitzjoch. Durch das weite und atemberaubend schöne Puittal mit seinen mächtigen Felswänden zu beiden Seiten führt der breite Pfad an zahllosen Kühen und Schafen vorbei, zurück nach Leutasch und umrundet die Gehrenspitze auf der Ostseite. Alternativ ist ab dem Scharnitzjoch auch der Abstieg über die Wangalm und durch die Oberleutascher Klamm möglich, die allerdings weitaus unspektakulärer als die nahe Geisterklamm oder die Garmischer Partnachklamm ist. Schnellen Schrittes ist nach etwa zwei bis zweieinhalb Stunden der Ausgangspunkt in E Leutasch-Gasse erreicht.

Auf dem Abstiegsweg im Puittal

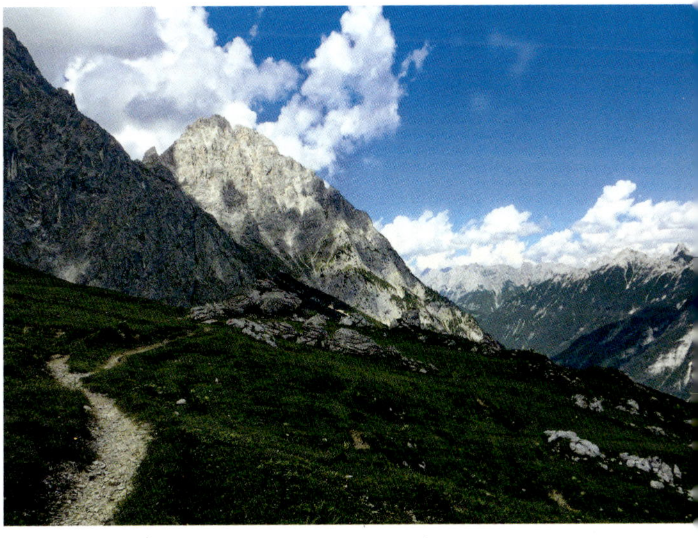

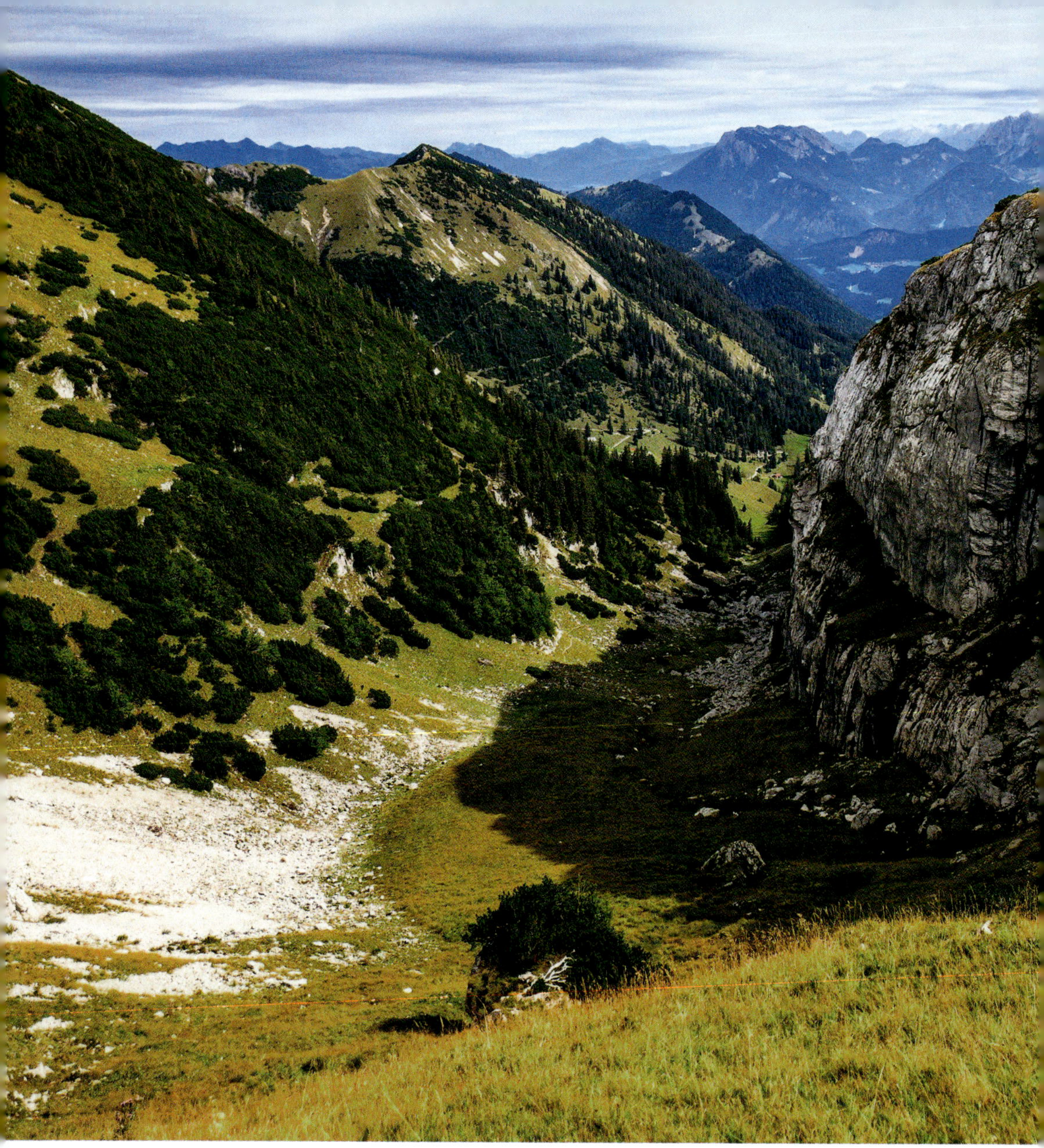

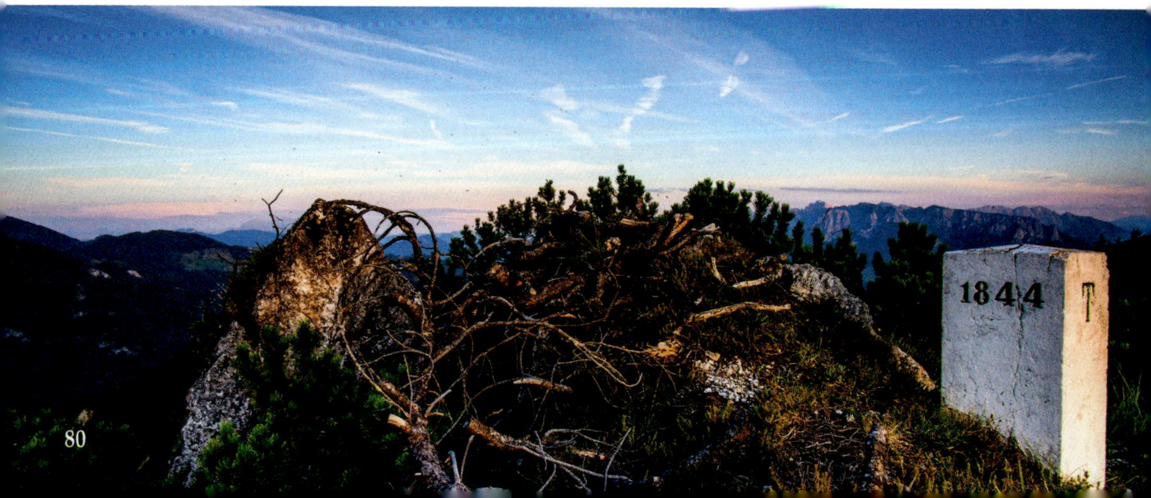
1844
T

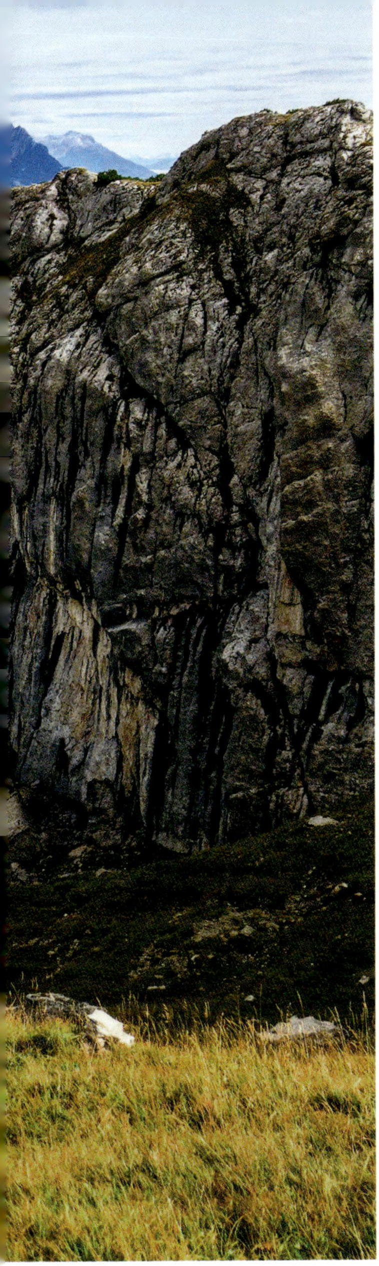

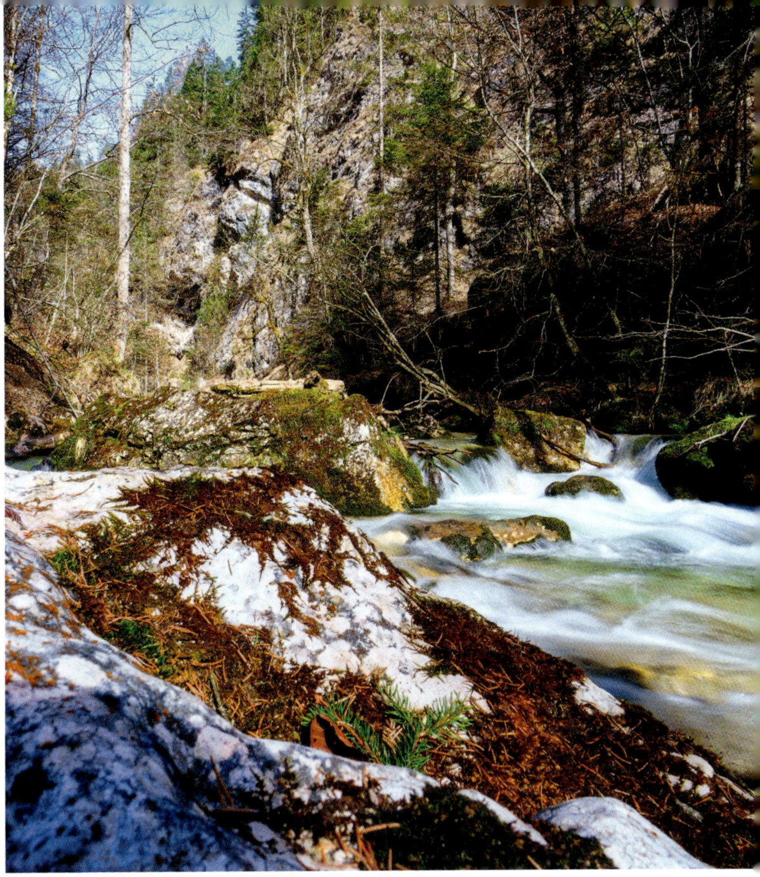

Mangfallgebirge, Chiemgauer Alpen

Beim Abstieg vom Sonnwendkamm in den Schnittlauchgraben (TOUR 15) (o. li.). In der wilden Glemmbachklamm (TOUR 14) (o. re.). Der Jägerkamp im Spitzingseegebiet (TOUR 17) (u. re.). Grenzstein zwischen Bayern und Tirol (TOUR 22) (u. li.).

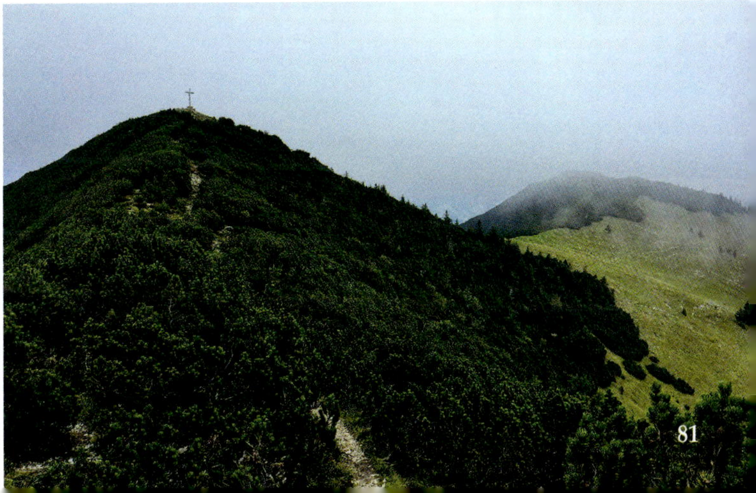

14 Glemmbachklamm

Wilde Wege durch wilde Fluten

Mittel | 4–5 h | 300 m | 9,0 km

Tourencharakter
Weitestgehend einfach, einzig Abstieg in die Klamm und Querungen des Baches etwas anspruchsvoller, gerade bei stärkerer Strömung.

Ausgangs-/Endpunkt
Rohrmoos, 836 m, bei Landl im Thierseer Tal

Höchster Punkt
Embachwies, 961 m

Anfahrt
ÖPNV Bus bis Landl.
Auto Von Kufstein oder Bayrischzell/Ursprungpass ins Thierseer Tal bis Landl; Abzweig Richtung Riedenberg/Jochberg; gleich danach links Richtung Jochberg bis Rohrmoos.

Gehzeiten
Rohrmoos – Abzweig Klamm (1 Std.) – Glemmbachklamm (2,5–3 Std.) – Rohrmoos (30 Min.)

Einkehr
Keine Möglichkeit

Karte
Kompass WK 8, 1:50 000

Information
Tourist-Infobüro Thiersee, www.kufstein.com

Die Glemmbachklamm ist ein naturbelassenes Juwel und deren Begehung ein echtes kleines Abenteuer. Beinahe gänzlich unerschlossen geht es nicht nur am Ufer des Gebirgsbachs entlang, sondern auch mitten hindurch. Ein wichtiges Utensil darf dabei nicht fehlen.

Tausend kleine Nadeln bohren sich erst langsam in die Zehen, piksen sich in die Fußsohlen, dann in die Fersen, wandern langsam nach oben, bis die Waden kurz zusammenzucken. Ein ums andere Mal schmerzen die Füße und schlottern die Beine. Aber es hilft nichts: Da muss man durch.
Im wahrsten Sinne des Wortes. Denn die Wanderung durch die Glemmbachklamm führt mehrere Male mitten durch sie hindurch. Wo andere Schluchten komplett erschlossen sind, die Wege, wie bei der berühmten Partnachklamm bei Garmisch-Partenkirchen, sogar freigesprengt wurden oder komplett über Stahlbrücken hoch über dem Abgrund führen, wie etwa in der Geisterklamm bei Leutasch, ist in der Glemmbachklamm das Gegenteil der Fall. Lediglich ein schmaler Pfad führt am Wasser

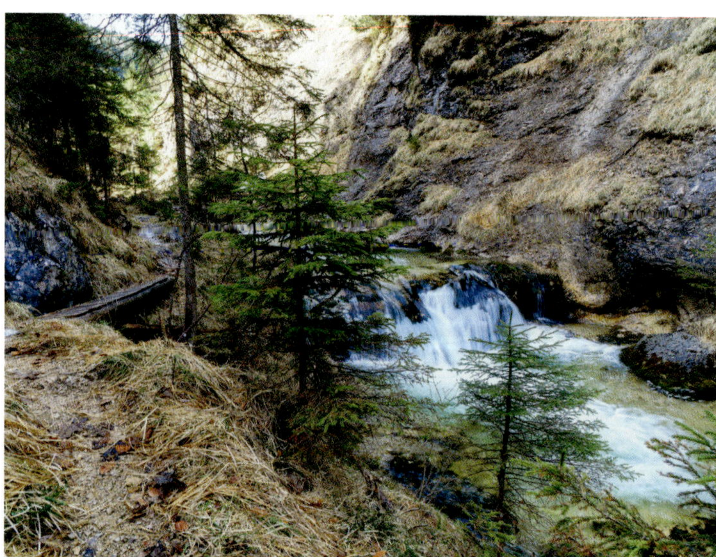

Rechte Seite: Ein Wasserfall auf halbem Weg

Die Schlucht verengt sich

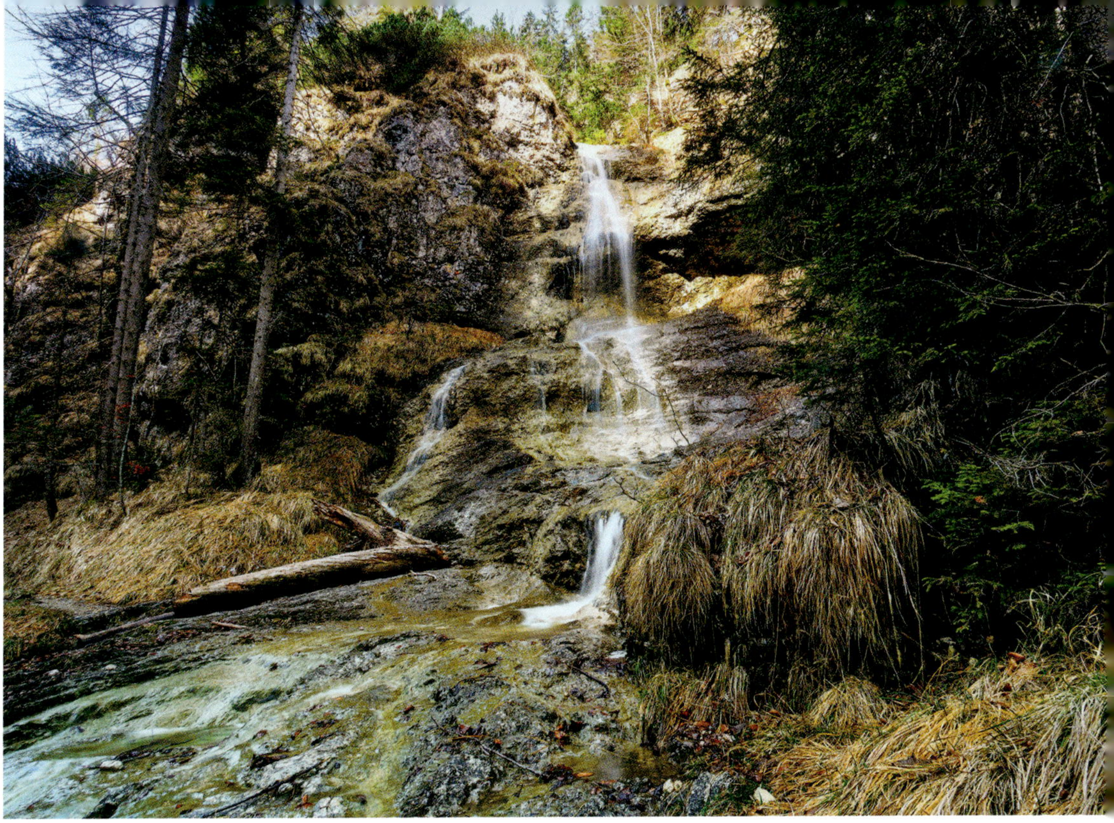

entlang, spärlich eingesetzte Drahtseile helfen an wenigen Stellen und Brücken sucht man (fast) vergebens. So muss man das ein oder andere Mal mitten durch den eiskalten Gebirgsbach waten, um den Weg durch die Glemmbachklamm fortzusetzen.

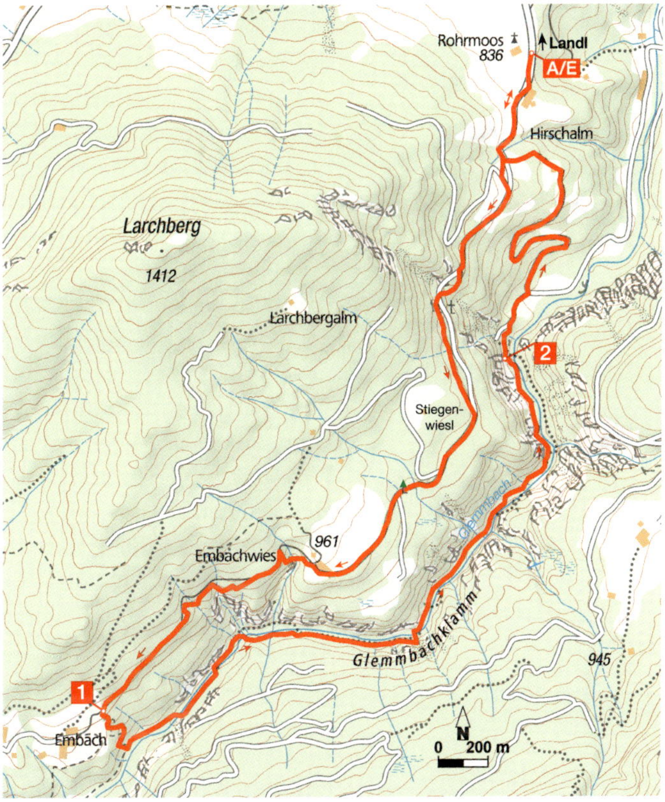

Von Rohrmoos nach Riedenberg Aus Richtung Bayrischzell oder Kufstein kommend gilt es, den kleinen Abzweig in Landl in Richtung Riedenberg nicht zu verpassen. Am ersten Abzweig links haltend, geht es hinauf in den Weiler **Ⓐ Rohrmoos**, wo nur wenige Parkmöglichkeiten warten, der Blick auf das Hintere Sonnwendjoch und den Sonnwendkamm aber gigantisch ist.

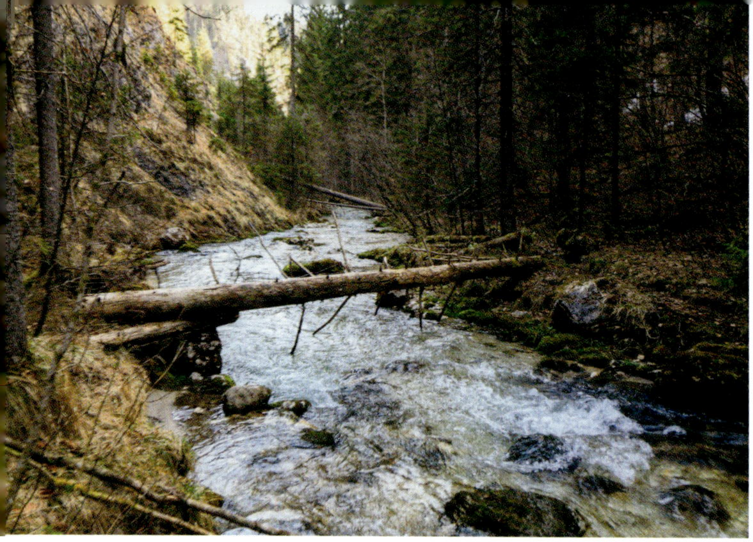

Balancieren ist gefragt: ein Baum als Brücke

Damit sich der Spannungsbogen auf der Wanderung durch die Glemmbachklamm langsam steigert und die Highlights eher gegen Ende kommen, empfiehlt es sich, zunächst der zum Forstweg auslaufenden Straße in Richtung Riedenberg zu folgen. Der führt ein paar Hundert Meter über der laut rauschenden Klamm durch den Wald, endet an der großen Embachwies mit seinem einsamen Bauernhof und geht in einen einfachen Bergpfad über. So geht es in leichtem Auf und Ab dahin, bis ein ❶ **Abzweig** unweit vor Riedenberg steil nach unten weist.

Abstieg in die Klamm Die Markierungen beim Abstieg in die Klamm sind rar gesät und der Pfad verliert sich an manchen Stellen, sodass es heißt aufpassen. Ein umgestürzter Baum blockiert den Abstieg und muss umklettert werden. Das Rauschen des Bachs wird lauter und verrät so, dass er nicht weit entfernt sein kann, und schließlich schimmert er durch die Bäume und das frische Grün.

Frisch ist es auch beim Ankommen in der Glemmbachklamm, die hier noch als breiter Bach fließt und noch nichts von ihrer späteren Wildheit offenbart. Aber es wird noch frischer.

Durch die Glemmbachklamm Der Pfad führt auf der linken Seite dem Bachlauf folgend tiefer in die Schlucht hinein. Völlig unschwierig stellt sich schon bald das erste Hindernis in den Weg. Auf der anderen Bachseite geht der Pfad weiter. Ein ausreichend vertrauenerweckender Baumstamm hilft hier, die Füße trocken zu halten.

Doch dabei bleibt es nicht lang. Bald steht die erste Querung an, bei der die Füße garantiert nass werden. Schuhe aus, hinein ins sehr erfrischende Nass, und auf der anderen Seite feiert das wichtigste Utensil des Tages seine Einsatzpremiere: Ein Handtuch. Zwar ist der Weiterweg selten eine Herausforderung, sodass auch Badeschuhe zum Einsatz kommen könnten. Allerdings sind die doch nur selten darauf ausgelegt, mehrere Kilometer am Stück in ihnen zu laufen. Insgesamt gilt es, sieben Mal durch die eiskalten Fluten zu laufen.

Je weiter der Steig neben, über und durch die Klamm verläuft, desto schmaler wird sie. Das Skelett eines Tieres lässt einen Absturz von oben im schneereichen Winter vermuten. Zwei Wasserfälle, die sich von beiden Seiten kommend den Weg in die Schlucht bahnen, markieren so etwas wie einen Wendepunkt auf der Wanderung durch die Klamm. Der eine zart, beinahe gebrechlich wirkend. Der andere wild und voll tosender Wassermassen. Das Fotografenherz hüpft schneller und höher.

Die Highlights zum Schluss Bald windet sich auch der Pfad steiler über dem Rauschen der Glemmbachklamm. Eine Seilsicherung hier, ein paar wenige Steigbügel dort. Der Charakter der Schlucht wird mit dem weiteren Fortgehen immer wilder, immer ruppiger, aber zugleich auch spannender. Zwei weitere Durchquerungen sind nicht ganz ohne und nur bei Niedrigwasser – oder mit zusätzlicher Sicherung von einem Bergführer oder zumindest einem versierten Begleiter – passierbar. Für Kinder und Leichtgewichte kann die Wildbachquerung auch schnell gefährlich werden.

Aus der Klamm Kurz bevor ein Mini-Kraftwerk erreicht wird, dessen Brummen fortwährend durch die sich immer weiter verengende Glemmbachklamm röhrt, wird die einzige Brücke auf der Tour passiert. Bald darauf öffnet sich die Schlucht wieder, wird breiter und eine letzte Überquerung markiert den 2 **Klamm-Ausgang**. Der Ausstieg führt zu einem Forstweg, der den Klammwanderer an der Hirschalm vorbei zurück nach E **Rohrmoos** bringt.

Die einzige echte Brücke der Glemmbachklamm

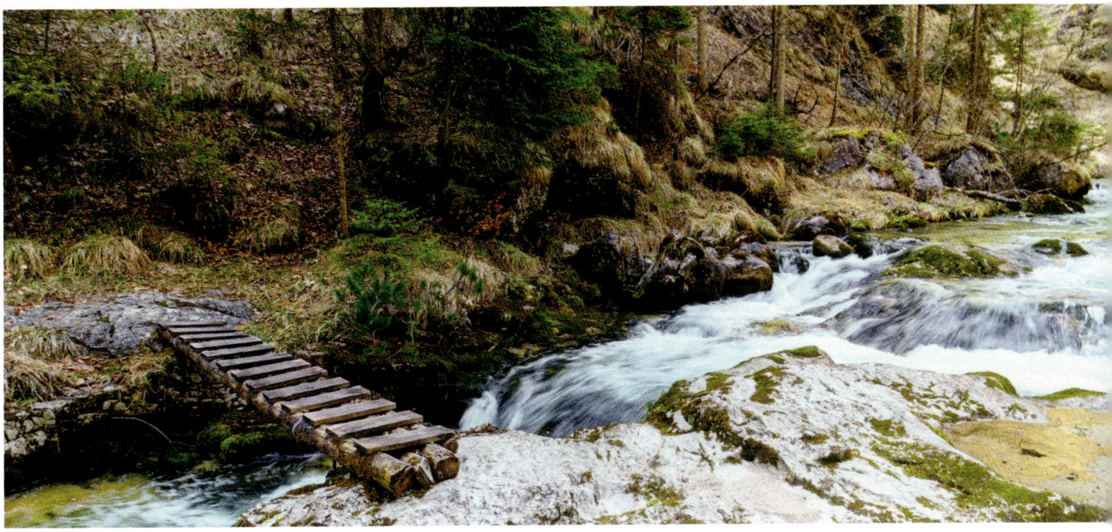

15

Sonnwendkamm

Gipfelsammeln im Mangfallgebirge

Mittel | 5–6 h | 1075 m | 14,2 km

Tourencharakter
Insgesamt mittelschwere Wanderung mit kurzen, teils sehr exponierten Abschnitten. Trittsicherheit und Schwindelfreiheit erforderlich. Kletterei bis max. II. Grad nach UIAA.

Ausgangs-/Endpunkt
Stallenbachtal, unterhalb Ackernalm, 1210 m

Höchster Punkt
Hinteres Sonnwendjoch, 1986 m

Anfahrt
ÖPNV Bus bis Landl (langer Zustieg zur Ackernalm).
Auto Von Kufstein oder von Bayrischzell/Ursprungpass ins Thierseer Tal bis Abzweig Mautstraße; unterhalb der Ackernalm beim Abzweig parken.

Gehzeiten
Parkplatz – Schönfeldalm (1,5 Std.) – Schönfeldjoch (15 Min.) – Wildenkarjoch (1 Std.) – Gipfel 1854 m (1 Std.) – Krenspitze (30 Min.) – Hinteres Sonnwendjoch (15 Min.) – Schnittlauchgraben (30 Min.) – Parkplatz (30 Min.)

Einkehr
Unterwegs keine; Ackernalm knapp 1 km westlich des Ausgangs-/Endpunkts

Karten
Kompass WK 8, 1:50 000; AV-Karten Nr. BY15 & Nr. BY16, 1:25 000

Information
Tourist-Infobüro Thiersee, www.kufstein.com

Vor die eine oder andere Herausforderung stellt die Überschreitung des Sonnwendkamms im Mangfallgebirge. Das Hintere Sonnwendjoch markiert den Höhepunkt der Gratwanderung.

Die gesamte Tour über den Sonnwendkamm im Mangfallgebirge mit spektakulär zu beschreiben, trifft es am ehesten. Zwar auf der österreichischen Seite gelegen, zählt der Sonnwendkamm doch noch zu den Bayerischen Voralpen. Bis zum höchsten Punkt, dem Hinteren Sonnwendjoch, führt eine zwischendrin anspruchsvolle und insgesamt sehr abwechslungsreiche Bergtour über einige aussichtsreiche Gipfel und schmale Grate.

Start unterhalb der Ackernalm Die Ackernalm wird vom Thierseer Tal oder vom Ursprungpass über eine Mautstraße (4 €/PKW, dank Schranke auch zu unchristlichen Uhrzeiten passierbar) erreicht. Trotzdem ist das Hintere Sonnwendjoch

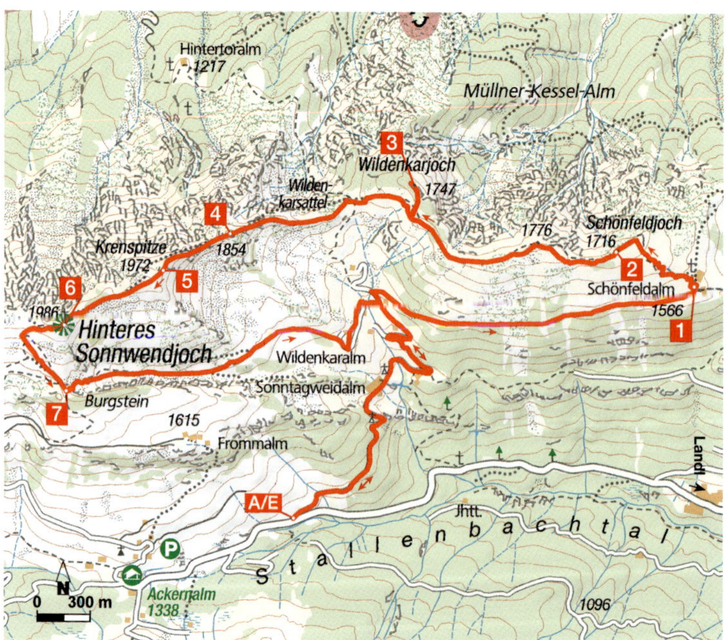

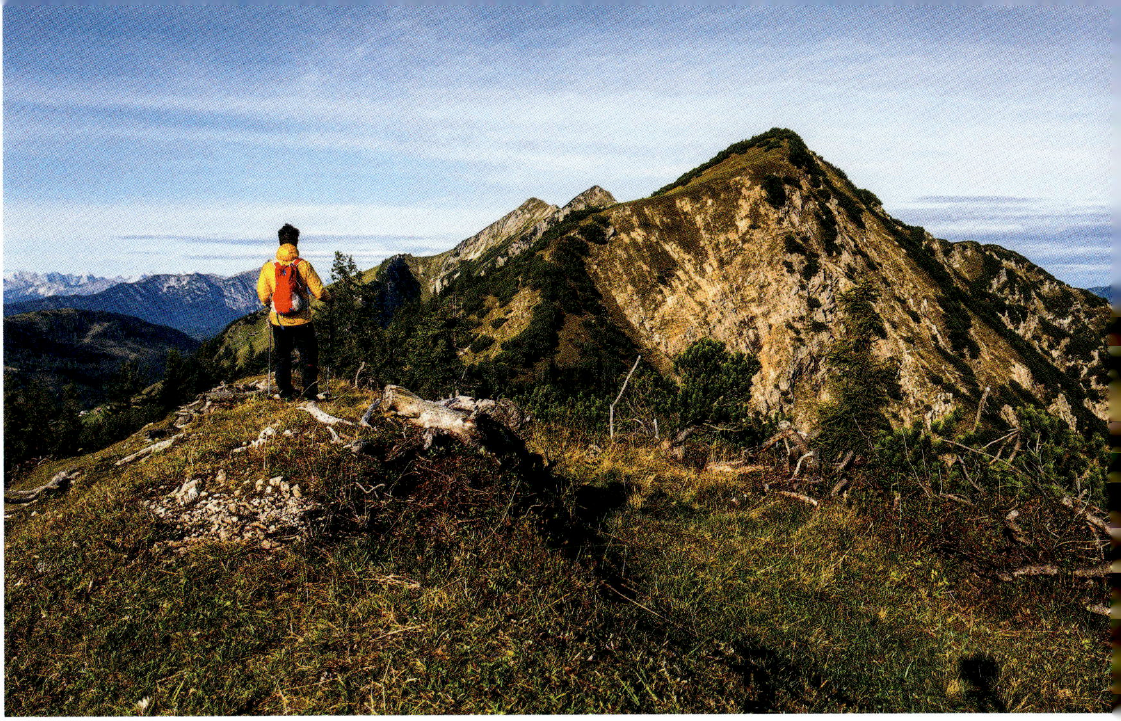

ziemlich gut besucht. Die wenigen Höhenmeter, die es auf dem Normalweg von der Ackernalm zu überwinden gilt, machen den Berg selbst unter der Woche recht beliebt. Für die Überschreitung gilt das nicht. Bis zum höchsten Punkt der Tour dürfte man nur ganz vereinzelt auf andere Wanderer treffen. Der Ausgangspunkt dieser Tour befindet sich 800 Meter östlich der Ackernalm im Ⓐ **Stallenbachtal**.

Den Sonnwendkamm vor Augen

Über die Wildenkaralm zur Schönfeldalm Aus dem Stallenbachtal zweigt eine Fahrstraße recht steil hinauf ab und passiert die Sonntagweidalm. Die Wildenkaralm wird ignoriert, und bevor im direkten Zustieg der Wildenkarsattel erreicht wird, geht es rechts weiter. Ohne groß Höhe zu gewinnen oder zu verlieren, führt der schmale Steig sanft durch den lichten Bergwald zur ① **Schönfeldalm**.

Mit dem ② **Schönfeldjoch** (1716 m) ist oberhalb der Alm der erste Gipfel des Tages problemlos erreicht. Im Gegensatz zu seiner Namensverwandten, der imposanten Schönfeldspitze im Steinernen Meer, ist das Schönfeldjoch aber nicht mehr als eine Graskuppe.

Malerische Hütte auf der Schönfeldalm

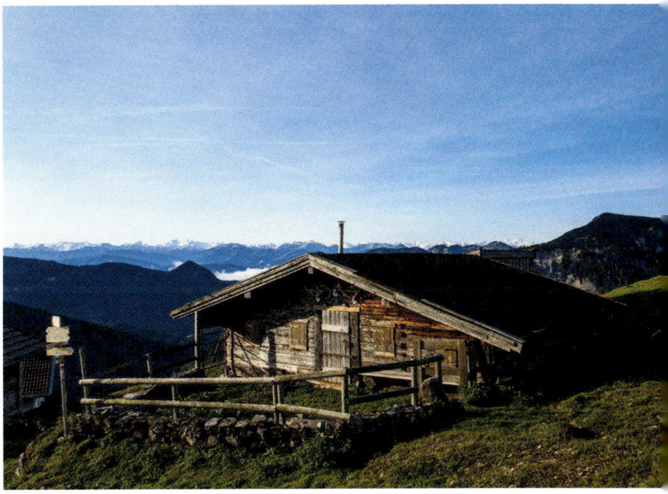

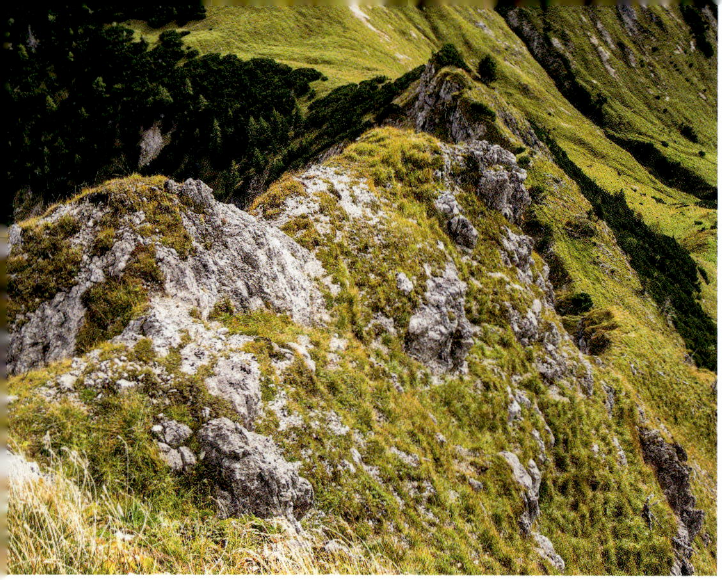

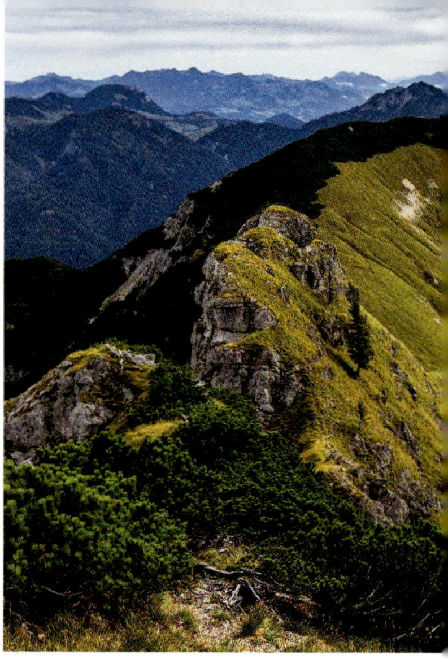

Exponierte Grasnase

Mitte: Der Kammverlauf vor der Kulisse des Kaisergebirges

Gratwanderung zum Wildenkarsattel Nun geht es auf dem Grat weiter, der das Schönfeldjoch mit dem Wildenkarjoch verbindet. Zwischen Latschen windet sich der Steig immer am Kamm entlang, gespickt mit tiefen Blicken in die steile Nordflanke. Trittsicherheit und Schwindelfreiheit sollten vorhanden sein, später müssen sie es.

Auch wenn sich der Pfad nach einem namenlosen Gipfel, einem Gipfelkreuz und einer Kehre direkt zum Wildenkarsattel hinabschwingt, folgt man dem Kamm, wenn man das 3 **Wildenkarjoch** mitnehmen möchte – mit 1747 Metern zwar kein Riese, aber doch ein Gipfel. Anschließend wird wieder zum Sattel abgestiegen.

Anspruchsvoller Übergang Hier beginnt der spannendste Teil der Überschreitung des Sonnwendkamms. Vom Wildenkarsattel auszumachen: Ein kleiner Turm, den es zu überklettern gilt. Der Anstieg erfolgt geradewegs hinauf, ist gut zu finden und auch später geben das Gelände und erkennbare Steigspuren den Weg vor. Ausrutschen oder danebentreten sind aber tabu! In leichter, aber sehr ausgesetzter Kletterei (max. II. Grad) wird der Turm über Schrofen erklommen. Oben angekommen, wird klar, dass der Turm gar keiner ist, sondern wie eine markante Nase aus dem Kamm herausragt.

Immer am Grat geht es zunächst auf schmalem, später breiterem Steig auf einen einfach zu erreichenden, aber 4 **namenlosen Gipfel** (1854 m). Eine Pause zwischen den Latschen tut gut, denn die ein oder andere fordernde Stelle folgt noch.

Nach einem kurzen Abstieg in den Sattel zwischen namenlosem Gipfel und Krenspitze wird die Seite gewechselt. Ein schmaler Durchgang zwischen den Latschen weist den Weg.

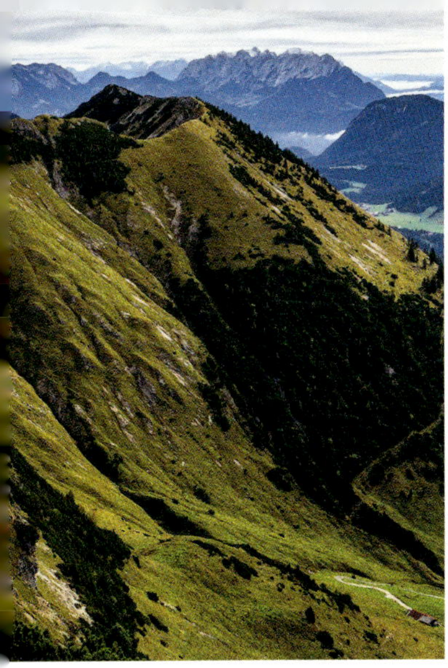

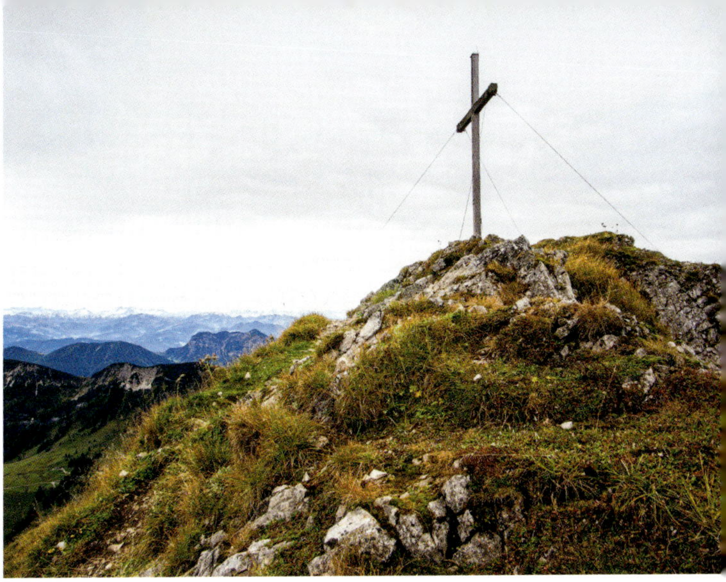

Am Gipfel des Hinteren Sonnwendjochs

Der folgende kurze Abstieg in die Nordseite erfordert konzentrierte Schritte, im Anschluss wartet eine einfache Kletterstelle, der wiederum eine Rinne folgt, die ermüdend wieder zum Grat führt. Das Gipfelkreuz der 5 **Krenspitze** (1972 m) ist dann schnell erreicht.

Übergang zum Hinteren Sonnwendjoch Während sich am Hinteren Sonnwendjoch nebenan schon die Wanderer tummeln, wird beim Blick in das Gipfelbuch klar, dass es nicht viele sind, die den kurzen Weg über den Sattel hinauf auf die Krenspitze auf sich nehmen. Dabei sind es von Gipfel zu Gipfel keine zehn Minuten. Einem kurzen Abstieg schließt sich ein überschaubarer Aufstieg an und der höchste Punkt der Überschreitung des Sonnwendkamms, das 6 **Hintere Sonnwendjoch** (1986 m), ist problemlos erreicht.

Überschreitung zum Bärenjoch oder Abstieg Wer die Überschreitung des Sonnwendkamms komplett machen möchte, ist am Hinteren Sonnwendjoch noch nicht am Ende angekommen. Der weitere Weg bis zum Bärenjoch (1813 m) birgt noch die ein oder andere Kletterstelle. Der Rückweg erfolgt dann über die Bärenbad- und Steinkaseralm.

Wer sich mit dem höchsten Punkt begnügt, steigt vom Gipfel gen Süden in den markanten Sattel ab. Über die Girgalalm und Ackernalm geht es auf direktem Wege zurück zum Ausgangspunkt. Landschaftlich reizvoller ist der Abstieg durch den 7 **Schnittlauchgraben**, der von steil aufragenden Felswänden zur Rechten umschlossen ist. Der Weg trifft an der Wildenkaralm den Aufstiegsweg und bald ist der Startpunkt unterhalb der E **Ackernalm** wieder erreicht.

16

Staffelgraben

Schmale Pfade, rostige Haken und krumme Tritte

Leicht | 3–4 h | 520/490 m | 10,7 km

Tourencharakter
Einfache Wanderung, stellenweise aber etwas ausgesetzt, steil und nur schmaler Weg. Etwas abenteuerliche Querung mit alten Sicherungen. Wegfindung teilweise schwierig.

Ausgangspunkt
Parkplatz am Westende des Sylvensteinstausees an der B307, 760 m; alternativ Vorderriß

Endpunkt
Vorderriß, 782 m

Höchster Punkt
Rißsattel, 1217 m

Anfahrt
ÖPNV Bus von Lenggries Bahnhof bis Fall (zzgl. 2,8 km Fußweg bis zum Ausgangspunkt) bzw. nach Vorderriß; verkehrt nur Ende Mai bis Mitte Okt.
Auto Von Bad Tölz bis Sylvensteinstausee; weiter rechts Richtung Vorder- und Hinterriß, Fall passieren bis Parkplatz am Seeende.

Gehzeiten
Parkplatz Sylvensteinstausee – Einstieg Staffelgraben (45 Min.) – Ausstieg Staffelgraben/Lainer-alm (1–1,5 Std.) – Rißsattel (1 Std.) – Vorderriß (30 Min.)

Einkehr
Luitpolder Alm; Gasthof Post am Endpunkt Vorderriß

Karten
Kompass WK 06, 1:25 000; AV-Karte Nr. BY12, 1:25 000

Information
Tourist-Information Lenggries, www.lenggries.de

Es muss nicht immer hoch hinaus gehen. Hauptsache, es macht Spaß. Unter dem Motto steht die Tour durch den Staffelgraben, die vor allem an heißen Tagen Abkühlung verspricht.

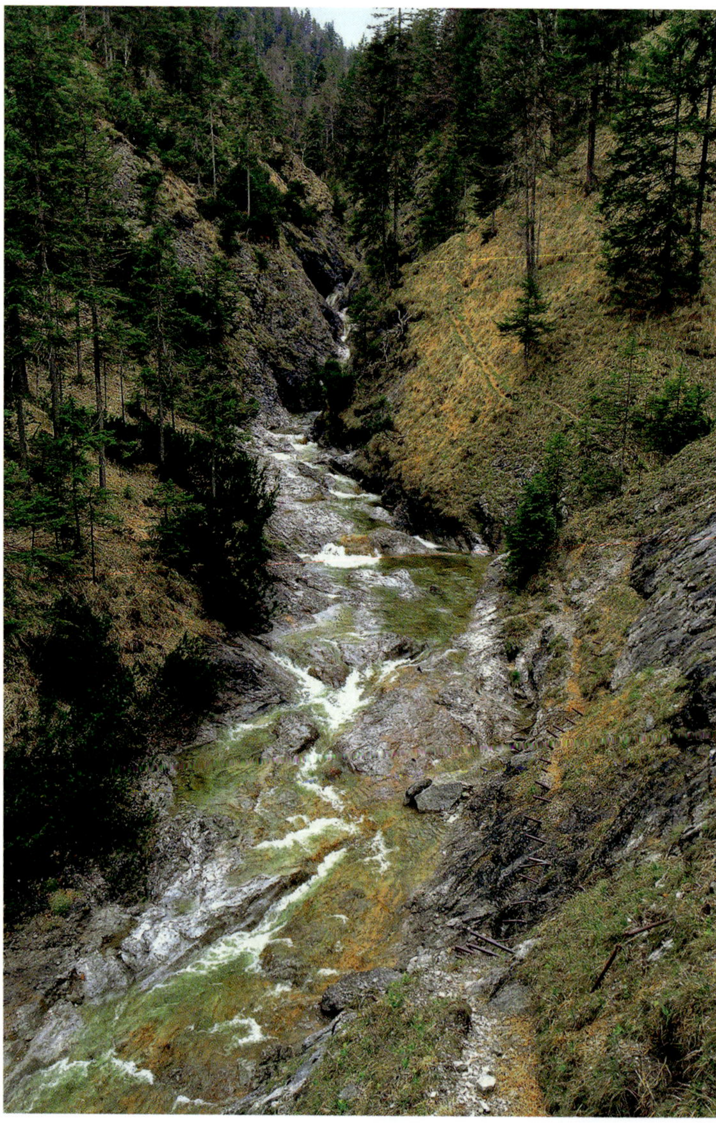

Der wilde Staffelgraben

Der Staffelgraben ist einer der kleinen Zuflüsse des Sylvensteinstausees. Seine Wassermassen sind es nicht, die ihn zum Erlebnis machen, denn die sind gar nicht so gewaltig. An seinen Ufern aber gibt es einen unmarkierten Steig, der richtig Laune macht und zwischendrin gar nicht so unschwierig bis zur Lainer Alm führt.

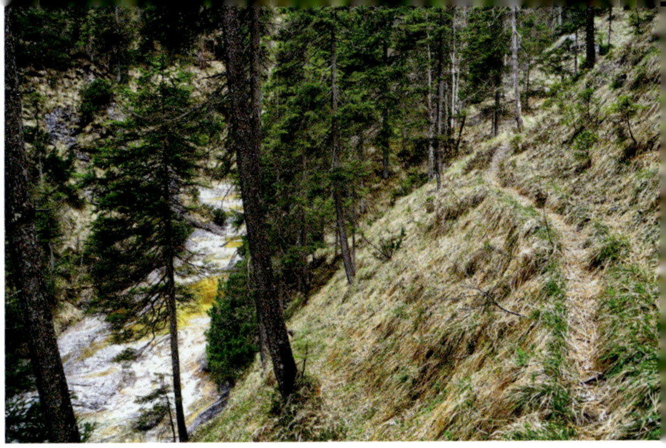

Schmaler Steig über dem Bach

Vom Sylvensteinsee in den Staffelgraben Start ist am westlichen Ende des Ⓐ **Sylvensteinstausees**, wo man die Zuflüsse über einen Vordamm überquert. Alternativ ist es möglich, in Vorderriß zu starten und Kilometer um Kilometer direkt an der noch jungen Isar entlangzuwandern.
Direkt nach der Überquerung der Isar muss man sich die Frage stellen, ob man links oder rechts geht. Rechts geht es auf breiten Forstwegen in einem großen Bogen erst in Richtung Sylvensteinspeicher und schließlich in einem lang gezogenen Linksschwenk bereits am Bach entlang bis zum ❶ **Einstieg** in den alten Steig.
Der alternative Einstieg führt bis zur Friedlalm mit ihrer kleinen Hütte. Anschließend biegt der Weg nach wenigen Metern auf der Forststraße rechts ab. Es wird etwas wilder, bis es rechts über die verfallene Achner Alm geht. Hier wird es schwer, dem

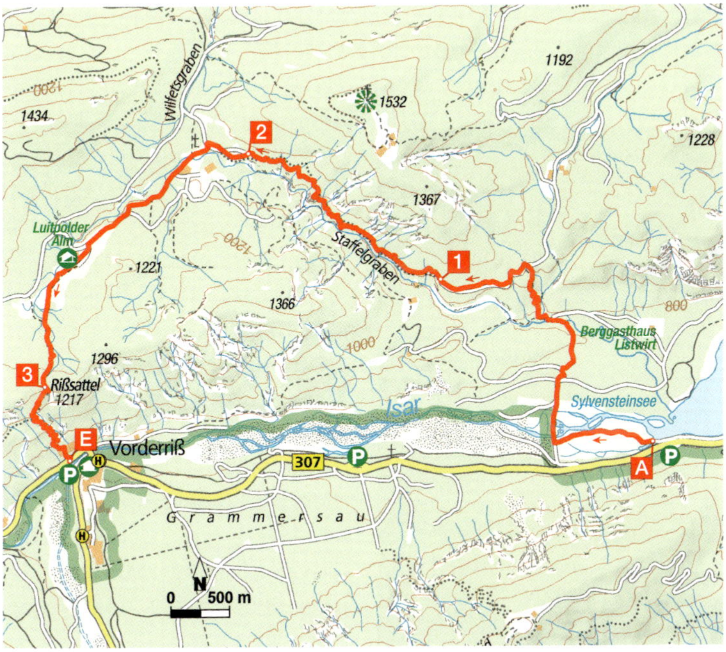

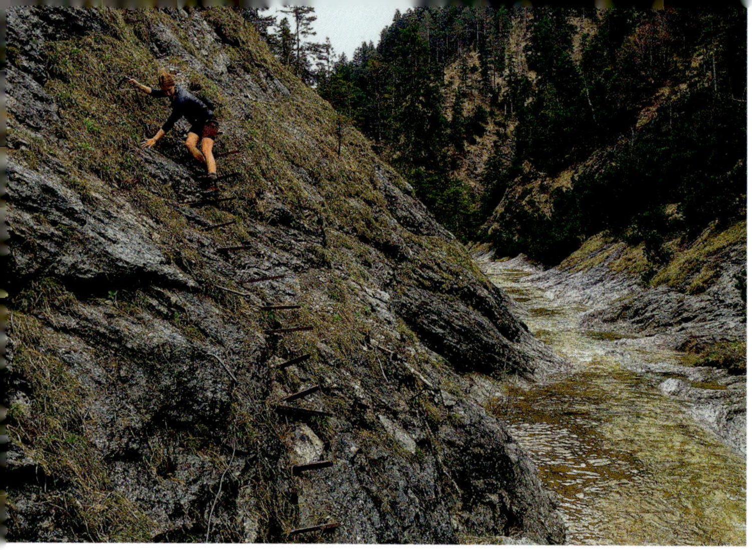

Weg zu folgen und es empfiehlt sich, den GPS-Track dabeizuhaben. Der Steig ist kaum mehr als ein ausgetretener Pfad. Dieser schlängelt sich erst mäßig, später recht steil hinunter in den Staffelgraben. Schon von oben sieht man den Weg auf der anderen Seite der Schlucht. Unten angekommen, muss der Bach überquert werden.

Wenig vertrauenswürdige Tritthilfen

Im Staffelgraben Weiter geht es auf dem sehr schmalen Steig auf der anderen Bachseite in Richtung Nordwesten. Zunächst geht es nur wenig hinauf und bald wieder runter zum Wasser. Aber wie! Hier wurden vor vielen vielen Jahren, eher Jahrzehnten, Eisenhaken in den Fels getrieben, die es auch braucht, um die glitschige Felspassage zu überwinden. Wirklich vertrauenerweckend sehen die Tritte nicht aus; noch weniger das Stahlseil. Aber zumindest die Haken fühlen sich, obwohl sie teilweise arg krumm sind, doch recht sicher an.

Fortan gewinnt der Steig an Höhe und windet sich steil über dem Staffelgraben empor. Trittsicherheit und Schwindelfreiheit sind daher zwingend erforderlich. Ein weiterer sehr steiler Absatz wird erklommen. Allein deswegen ist es nicht empfehlenswert, die Tour andersrum zu gehen. Im Aufstieg sind solche Abschnitte angenehmer – vor allem auch, wenn es, wie im Staffelgraben, feucht ist.

Kurze Abkühlung im Bach

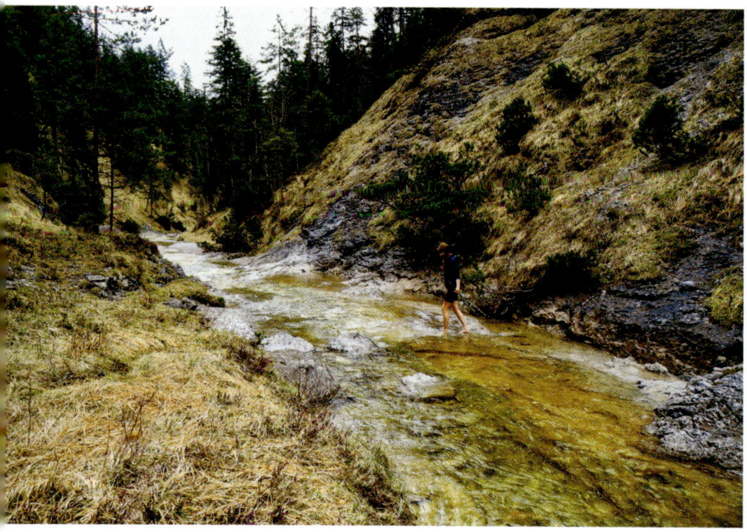

Auf der Kuppe ist der Weg kurz verschwunden. Es sieht aus, als würde er sich nach unten schlängeln. Das tut er aber nicht. Tatsächlich geht es auf dem Kamm nach rechts, und bald ist er wieder deutlicher. Erneut macht es sich bezahlt, den GPS-Track dabeizuhaben. Der Steig verliert jetzt langsam, aber stetig an Höhe, und nach weiteren etwa zwanzig Minuten ist das 2 **Ende des Staffelgrabens** erreicht.

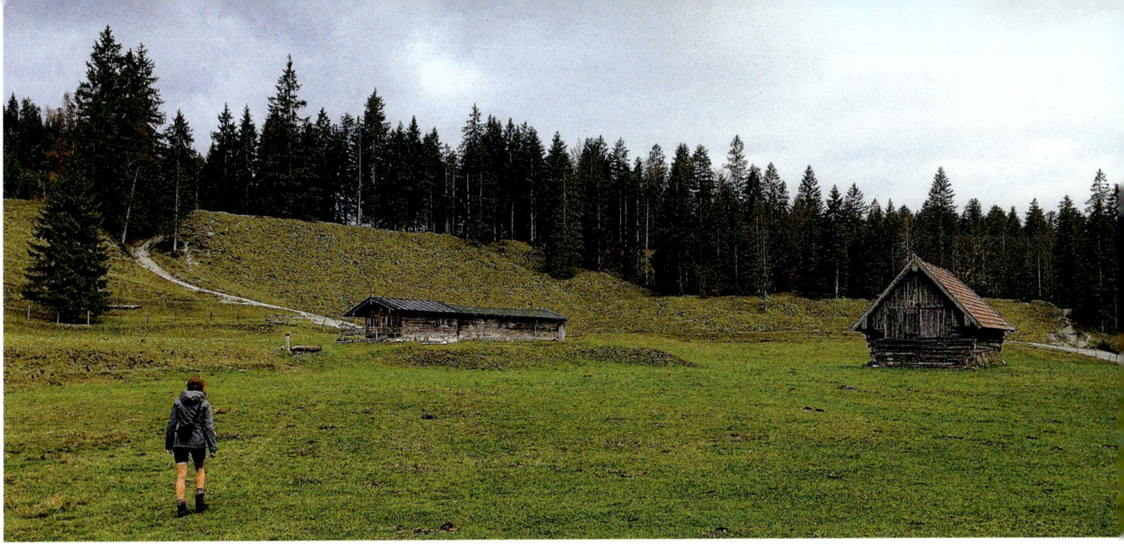

Am Rückweg über die Luitpolder Alm

Alternative Rückwege Für den Rückweg bieten sich nun mehrere Varianten an: So ist es (in der Theorie) möglich, über die Staffelalm und das Hischhörnl weglos in den Rabenwinkelgraben abzusteigen. Das Gelände ist nicht ganz so steil und exponiert wie im Staffelgraben. Die Wegfindung allerdings auch nicht einfach.
Auch ein Abstieg in die Jachenau ist denkbar. Bleibt zu hoffen, dass ein Anhalter ein Einsehen hat. Allerdings: Nur bis Lenggries sind es bereits knapp 13 Kilometer; von dort zurück zum Startpunkt noch einmal genauso viel. In Zeiten, in denen es schwieriger geworden ist, per Daumenexpress zu fahren, ist das eine zumindest optimistische Idee.

Über den Rißsattel nach Vorderriß Am sinnvollsten (und schnellsten) ist die dritte Alternative. Dafür hält man sich am Ausstieg links in Richtung Laineralm, weiter zur Luitpolder Alm und steigt über den Rißsattel steil hinab nach Vorderriß. Recht schnellen Schrittes lassen sich die beiden Almen erreichen. Nun gilt es, noch knapp hundert Höhenmeter zum Sattel aufzusteigen. Am ❸ **Rißsattel** wartet ein sensationeller Ausblick ins Tal, bis nach Hinterriß und ins Karwendel. Eine knappe halbe Stunde wird nun noch benötigt für den steilen Steig hinab nach Ⓔ **Vorderriß** und zur Mautstraße. Hier lassen sich gerade am späteren Nachmittag bisweilen Gämsen blicken.
Bis zum Startpunkt warten jetzt noch knapp fünf Kilometer entlang der Straße oder direkt an der Isar. Alternativ fährt ab Vorderriß auch ein Bus. Um nicht wieder ein knappes Drittel der Strecke zurücklaufen zu müssen, kann man den Busfahrer freundlich fragen, ob ein Ausstieg am Start mittendrin möglich ist. Oder eben doch den Daumen raushalten und auf gütige Autofahrer hoffen.

17

Wilde Fräulein

Über den Jägerkamp zum vergessenen Gipfel

Leicht | 3–4 h | 615 m | 6,5 km

Tourencharakter
Einfache Wanderung mit anfangs im Wald etwas schwierigerer Wegfindung.

Ausgangs-/Endpunkt
Parkplatz am Spitzingsattel, 1127 m

Höchster Punkt
Jägerkamp, 1746 m

Anfahrt
ÖPNV Zug bis Bahnhof Schliersee-Neuhaus; von dort Bus bis Spitzingsattel.
Auto Von A8 vorbei am Schliersee, nach dem Ortsende Schliersee-Neuhaus bis Abzweig Spitzingstraße und weiter zum Spitzingsattel, noch vor Erreichen des Spitzingsees.

Gehzeiten
Spitzingsattel – Abzweig Aufstieg Spitzingstraße (45 Min.) – Jägerbauernalm (30 Min.) – Jägerkamp (30 Min.) – Wilde Fräulein (30 Min.) – Spitzingsattel (45 Min.)

Einkehr
Jägerbauernalm; Schönfeldhütte (kleiner Umweg)

Karten
Kompass WK 8, 1:50 000; AV-Karte Nr. BY15, 1:25 000

Information
Gäste-Information Schliersee, www.schliersee.de

Der Jägerkamp ist ein Klassiker oberhalb des Spitzingsees, dem Gipfel der Wilden Fräulein wird dagegen nur wenig Aufmerksamkeit zuteil. Zu Unrecht, wie sich zeigt.

Die Wilden Fräulein sind die etwas vergessenen Nachbarinnen des weit bekannteren Jägerkamps hoch über dem Spitzingsee. Gerade zwischen den Jahreszeiten lohnt sich eine Besteigung.

Vom Spitzingsattel auf alten Steigen Die Wanderung startet am Ⓐ **Spitzingsattel** und folgt deutlich sichtbaren Spuren in nordöstlicher Richtung, die bald im Wald verschwinden. Nun gilt es, nach stark verblassten und verwitterten roten Punkten Ausschau zu halten. Der Pfad ist teilweise nur noch schwach ausgeprägt, sodass er sich immer wieder verliert, mit etwas Wegfindungsgespür und einem Adlerauge (rote Punkte) aber wiederentdecken lässt. Im dichten Wald ist das gar nicht so einfach. So geht es eine Zeit lang, bis schmalere Passagen zwischen Lawinenverbauungen hindurchführen. Bald lässt sich auch der direkte ❶ **Aufstiegsweg** von der Spitzingstraße ausmachen, und der vergessene Steig trifft auf eben diesen. Auf besagtem Weg geht es nun, schnell an Höhe gewinnend, bis hinauf in den Kessel unter dem Gipfelaufbau des Jägerkamps.

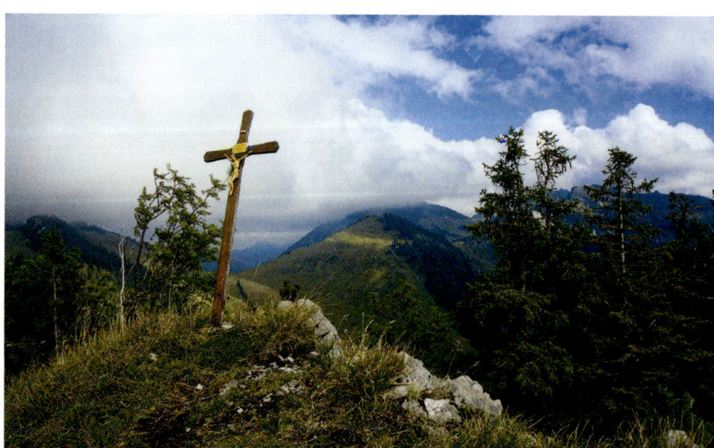

Windschiefes Gipfelkreuz der Wilden Fräulein

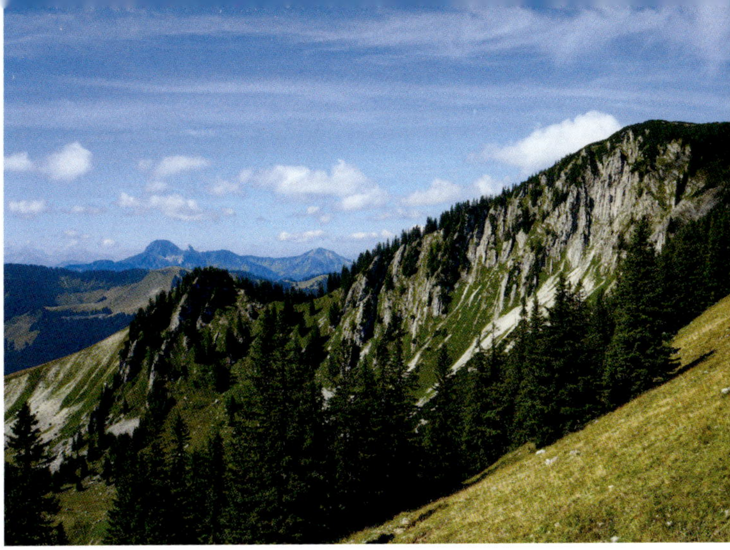

Mit oder ohne dem Jägerkamp? Hier hat man die Qual der Wahl: Rechts über einen Bergkamm und unmarkierten Steig direkt zu den Wilden Fräulein, oder links erst zur Hütte der ❷ **Jägerbauernalm**? Dort wartet die nächste Wahlmöglichkeit: Wieder ohne den Jägerkamp oder mit ihm zum Gipfel der Wilden Fräulein? Gipfelsammler werden sich für die letzte Variante entscheiden und dem oft überlaufenen Jägerkamp einen Besuch abstatten. Über den Nordrücken führt der Aufstieg in knapp 20 bis 30 Minuten durch Latschenkiefern und über seifigen Fels, zwischendrin mal etwas steiler, bis zum höchsten Punkt der Tour, dem ❸ **Jägerkamp-Gipfel** (1746 m).

Wilde Fräulein und Jägerkamp

Übergang zu den Wilden Fräulein In südlicher Richtung wird nun dem Gratverlauf gefolgt. Nach wenigen Minuten zweigt links ein unmarkierter, aber gut erkennbarer Steig ab. Der windet sich recht steil hinab und gibt immer wieder Tiefblicke zur Oberen Schönfeldalm preis. In der Scharte angekommen, geht es kurz nochmal steil hinauf zum windschiefen Gipfelkreuz der ❹ **Wilden Fräulein** (1615 m).

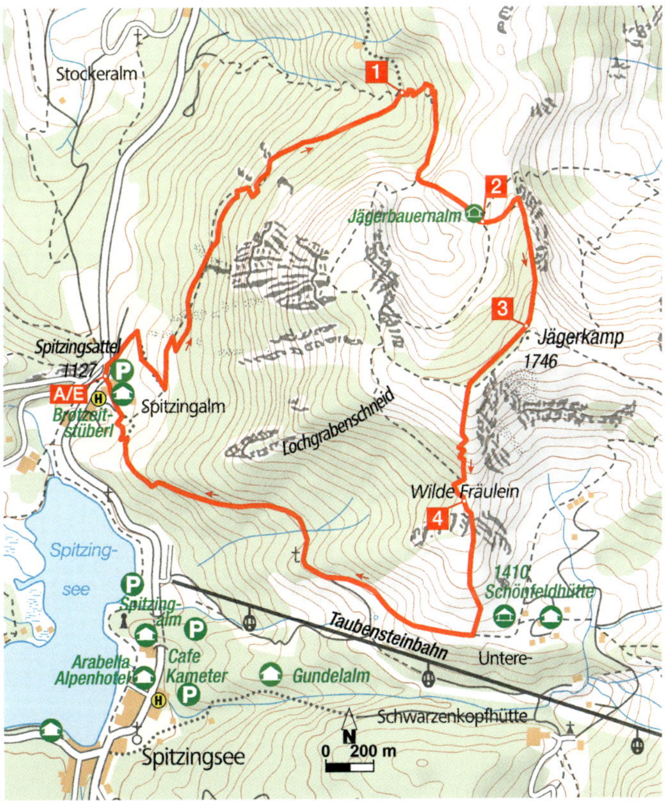

Abstieg zum Spitzingsee Der Abstieg vom Gipfel erfolgt anfangs weglos in südlicher Richtung. Am besten ist es, sich an den Weidezäunen zu orientieren. Nach kurzer Zeit ist dann bereits der Wanderweg erreicht, auf dem es, den Schildern zum Ⓔ **Spitzingsattel** folgend, weiter Richtung Spitzingsee geht.

18 Zundereck und Zunderkopf

Irrwege am Rand des Estergebirges

Mittel | 4,5–5,5 h | 1030 m | 10,3 km

Tourencharakter
Anspruchsvolle Querung von teils ausgesetzten Rinnen. Wegfindung vom Weg bis zum namenlosen Gipfel schwierig.

Ausgangs-/Endpunkt
Eschenlohe, Parkplatz am Sportplatz, 685 m

Höchster Punkt
Namenloser Gipfel, ca. 1520 m

Anfahrt
ÖPNV Zug bis Bahnhof Eschenlohe (zzgl. 1,8 km Fußweg bis zum Ausgangspunkt).
Auto Von München über A95 bis Eschenlohe; im Ort bis zum Sportplatz am südöstlichen Ende von Eschenlohe, vor dem Eingang des Archtals.

Gehzeiten
Eschenlohe Sportplatz – erste Rinne (1,5 Std.) – Abzweig Zunderkopf (30 Min.) – namenloser Gipfel (30 Min.) – Zunderkopf (10 Min.) – Zundereck (10 Min.) – Wanderweg (20 Min.) – Jagdhütte (20 Min.) – Eschenlohe Sportplatz (1,5 Std.)

Einkehr
Keine Möglichkeit

Karten
Kompass WK 06, 1:25 000; AV-Karte Nr. BY9, 1:25 000

Information
Tourist-Info Eschenlohe, www.zugspitzland.de

Südöstlich von Murnau am Staffelsee erhebt sich das Estergebirge. Von Eschenlohe führt das Archtal mitten hinein in die zerklüfteten und steilen Nordwestabbrüche. Dort befinden sich die beiden Gipfel Zundereck und Zunderkopf, die offenbar kaum begangen werden.

Dass es sich bei der zwischendrin recht anspruchsvollen Tour um eine selten begangene Route handelt, fällt gleich zu Beginn auf. Der eigentliche Einstieg ist nur schwer zu finden. Teilweise ist der Weg später so wenig ausgetreten, dass man die wöchentlichen Begeher wohl an einer Hand abzählen kann. Wegweiser Richtung Zundereck und Zunderkopf sind auch Fehlanzeige, abgewaschene Markierungen das höchste der Gefühle.

Start in Eschenlohe In **Eschenlohe** startet die Wanderung bei dem ausgeschilderten **A Sportplatz**. Von dort geht es über einen etwas breiteren Forstweg los, entweder einmal um den Sportplatz herum oder geradewegs dem Bachlauf folgend an ihm vorbei.

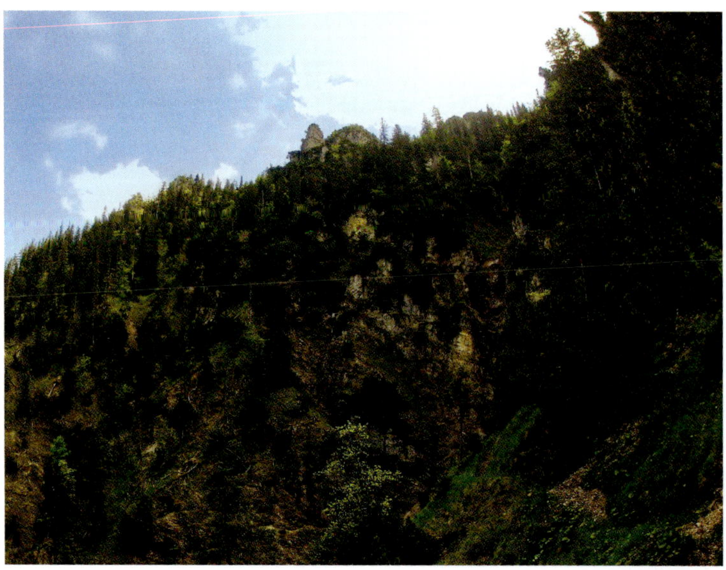

Eine der zu querenden Rinnen

Der Forstweg endet kurz darauf und geht rechter Hand in einen Steig über, der sich im Wald steil nach oben windet. An manchen Stellen ist es schwierig, ihm zu folgen, aber dennoch lässt er sich meist gut finden. An einer Stelle bereitet der Weiterweg dann doch Schwierigkeiten. Links führt der Weg weiter – allerdings leicht abfallend – in Richtung Archtal. Rechts geht er kaum erkennbar weiter bergan.

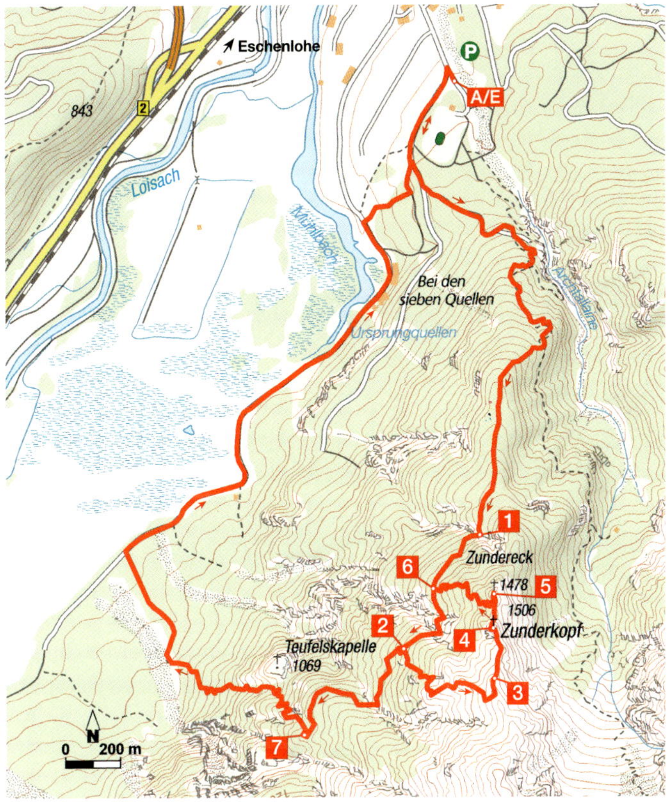

Bergaufwärts ist immer richtig

Eine wichtige Faustregel bei der Tour: Der Weg bergauf ist immer richtig. Bald schon ist der Steig nicht mehr so steil, hält sich meist am Kamm und führt südlich an den Gipfeln von Zundereck und Zunderkopf vorbei. Bald stößt man nun auf eine (1) **Rinne** – der Weg gewinnt nun kaum noch an Höhe – welche mit ein paar Drahtseilen gesichert ist und nur von trittsicheren Gehern begangen werden sollte.

Kurz darauf wird eine weitere Rinne gekreuzt. Auch hier heißt es sich konzentrieren, denn der Weg ist schmal und von der fortschreitenden Erosion auf Grund der fehlenden Instandhaltung gezeichnet. Der Untergrund ist teilweise sehr brüchig.

Da ist der Weg! Oder doch nicht? Vor der dritten Rinne führt schon ein »Weg«, den man von dem gekennzeichneten Steig als solchen eigentlich kaum erkennen kann, direkt hoch zum Zundereck. Es gibt aber noch einen zweiten Weg, der einen noch abenteuerlicheren Charakter hat.

Die dritte Rinne weist die exponiertesten Stellen auf. Die Querung der Rinne ist der schwierigste Abschnitt der gesamten Tour. Ein mittlerweile reichlich lockeres (aber wohl noch fest verankertes) Stahlseil hilft bei der Durchquerung.

Kurz danach fällt der Weg leicht ab. Nun heißt es die Augen offenhalten und den Abzweig zu entdecken, der links hinaufführt. Bei Erreichen eines offenen Grashangs bleiben die ersten

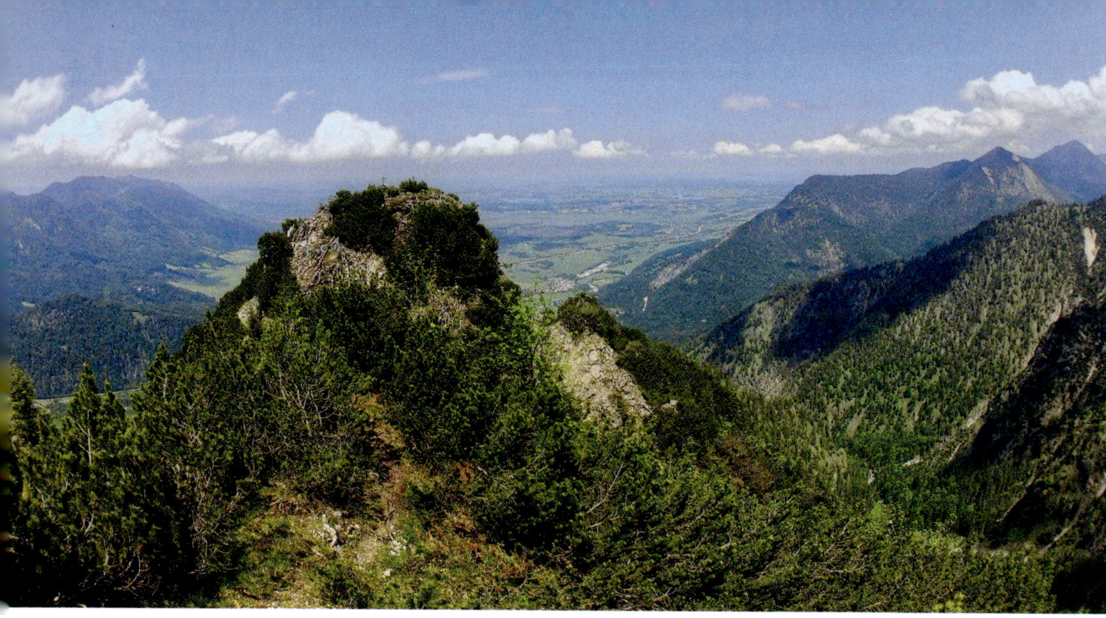

Aussichtsreich geht es am Kamm entlang.

Pfadspuren noch links liegen. Etwa 50 Meter weiter zweigt ein zweiter 2 **Jägersteig** ab. Ab sofort ist höchste Aufmerksamkeit gefragt, denn so schnell wie der Weg gefunden ist, ist er wieder verloren. Zunächst ist der Steig nicht sehr steil und durchquert immer wieder ausgesetzt eine Rinne, an deren Ende sich Trittspuren entdecken lassen, die nun durch dichte Latschenkiefern führen (und sich immer mal auch verlieren – dann waren es die falschen). Ein Verlaufen selbst mit GPS-Track ist vorprogrammiert. Nach diversen Fehlversuchen ist schließlich der Kamm erreicht und eine kleine hervorstechende Felszacke mit einem 3 **Behelfsgipfelkreuz** wird erklommen.

Ein Blick auf die Karte verrät, dass der Gipfel gar keinen Namen hat. Die Wegfindung ist aber nun wesentlich einfacher. Es geht bergab und in knapp zehn Minuten auf den 4 **Zunderkopf** (1506 m) und in weiteren zehn Minuten auf das 5 **Zundereck** (1478 m).

Behelfsgipfelkreuz am namenlosen Gipfel

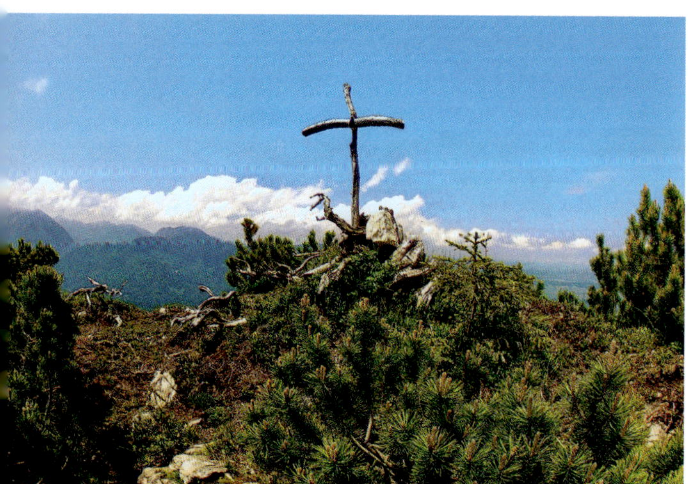

Der Rückweg nach Eschenlohe

Nach einer kleinen Rast geht es vom Gipfel des Zunderecks kurz zurück und schließlich weiter in Richtung Westen, steil bergab. Der Weg ist hier nur schwer erkennbar, rutschig und glitschig, führt aber nach knapp 20 Minuten zurück auf den bekannten 6 **Weg** zwischen der zweiten und dritten Rinne.

Für den Abstieg bieten sich nun zwei Alternativen an: Der Rückweg auf dem Aufstiegsweg oder eine erneute Querung der dritten Rinne und dem Folgen des Weiterwegs, ohne zum Kamm hinauf abzubiegen. Der Steig durchquert eine weitere Rinne und kommt alsbald an einer 7 **Blockhütte** raus, wo sich eine Pause förmlich aufdrängt, weil der Ausblick einfach atemberaubend ist. Von dort folgt man dem Weg unterhalb der Hütte, der sich nun in Serpentinen steil nach unten windet, vorbei an der atemberaubenden Felsformation der Teufelskapelle.

Immer weiter geht es hinab, bis der Radweg zwischen Eschenlohe und Oberau erreicht ist. Diesem fogt man nun nach rechts in Richtung Eschenlohe weiter, vorbei an den Sieben Quellen, die nochmal eine willkommene Erfrischung bieten. Zuletzt, kurz vor Eschenlohe, biegt man noch einmal rechts ab, geht ein kleines Stück bergan und wenig später ist der Ausgangspunkt der Tour am E **Sportplatz des SV Eschenlohe** erreicht.

Archtal

Ein kurzer, lohnenswerter Abstecher gleich zu Beginn der Tour oder an deren Ende führt vom Sportplatz in Eschenlohe südostwärts zum Eingang des Archtals, wo man Einblick in die Schlucht bekommt, die die Archtallaine gegraben hat.

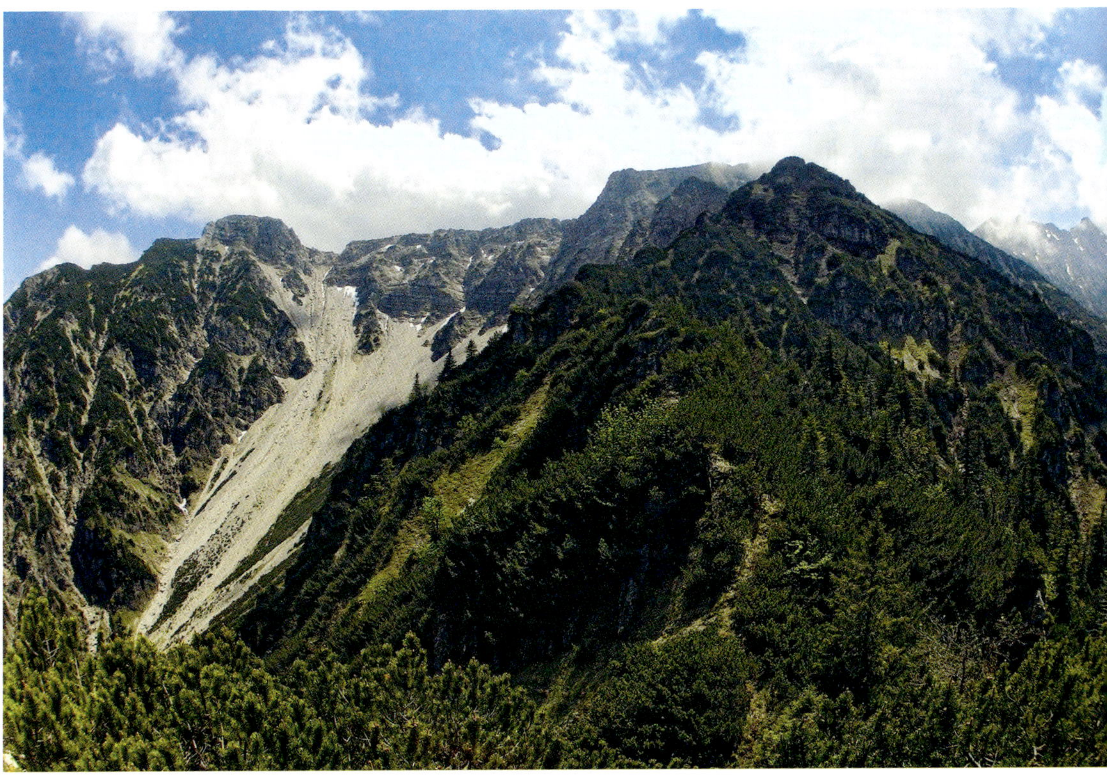

Blick aufs Archtal und Kistenkar

19

Friedenrath

Markante Felsnase über dem Achental

Leicht 4–5,5 h 1115 m 15,4 km

Tourencharakter
Steiler direkter Anstieg zur Staffn-Alm, anschließend mäßig steil bis zur Hochplatte. Wegfindung zum Friedenrath einfach. Ganz leichte Kletterei am Kreuzgipfel.

Ausgangs-/Endpunkt
Marquartstein, Talstation Hochplattenbahn, 615 m

Höchster Punkt
Hochplatte, 1587 m

Anfahrt
ÖPNV Bus bis Marquartstein Rathaus (zzgl. 2,5 km Fußweg bis Hochplattenbahn).
Auto A8 Ausfahrt Bernau am Chiemsee oder Übersee; bis Marquartstein und Beschilderung Hochplattenbahn folgend.

Gehzeiten
Talstation Hochplattenbahn – Staffn-Alm (1–1,5 Std.) – Sattel (1 Std.) – Hochplatte (30 Min.) – Sattel (30 Min.) – Friedenrath (30 Min.) – Staffn-Alm (30 Min.–1 Std.) – Talstation Hochplattenbahn (30 Min.–1 Std.)

Einkehr
Staffn-Alm, Rachlalm (kleiner Umweg)

Karten
Kompass WK 10, 1:50 000; AV-Karte Nr. BY17, 1:25 000

Information
Tourist-Info Marquartstein, www.marquartstein.de

Die zwei Gipfel von Hochplatte und Friedenrath werden bei einer schönen Rundtour über Grassau und dem Eingang des Achentals erklommen. Auf einen der beiden führt nur noch ein alter vergessener Steig, der in den meisten Karten gar nicht eingezeichnet ist.

Wie heißt eigentlich dieser markante Gipfel, der da so herrschaftlich über dem Achental thront? Imposant sind sein felsiger Gipfelaufbau und das weithin sichtbare Kreuz. Doch welcher ist es nun?
Die Karte gibt Auskunft und doch irgendwie nicht. Der Friedenrath, gerade 1423 Meter hoch, müsste es sein. Aber Wege scheinen auf ihn keine zu führen. Ganz anders die Hochplatte, wo ein Forstweg beinahe bis ganz nach oben zu gehen scheint. Aber wo ein Gipfelkreuz steht, muss auch ein Weg hinführen. Eine Entdeckungstour in den Chiemgauer Alpen.

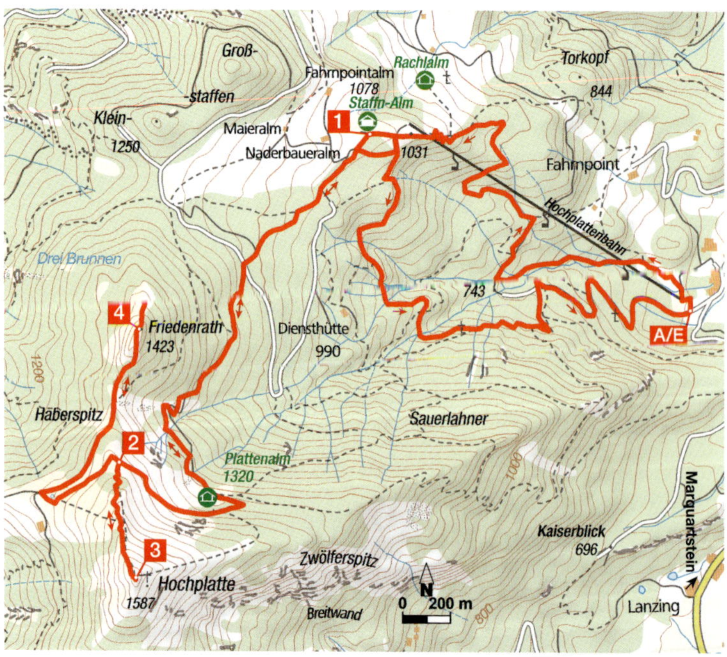

Mit dem Mountainbike zur Staffn-Alm Am Ⓐ **Parkplatz der Hochplattenbahn** beginnt der Aufstieg, der mit den gemütlich nach oben schwebenden Doppelsesseln erheblich verkürzt werden kann. Mit dem Mountainbike geht das genauso gut, sofern die richtige Route gewählt wird. Denn viel zu steil sind einzelne Passagen, um die ohne elektrische Unterstützung bewältigen zu können. Daher empfiehlt sich für die Auffahrt mit dem Fahrrad weniger der möglichst direkte Weg zur Staffn-Alm, als vielmehr ein großes Ausholen über die Rachlalm, inklusive kurzer Abfahrt und erneutem Gegenanstieg, oder die Forststraße, die im Winter auch als Rodelstrecke genutzt wird. Am Ende kommen anstrengende und weniger anstrengende Varianten an der Bergstation der Hochplattenbahn zusammen.

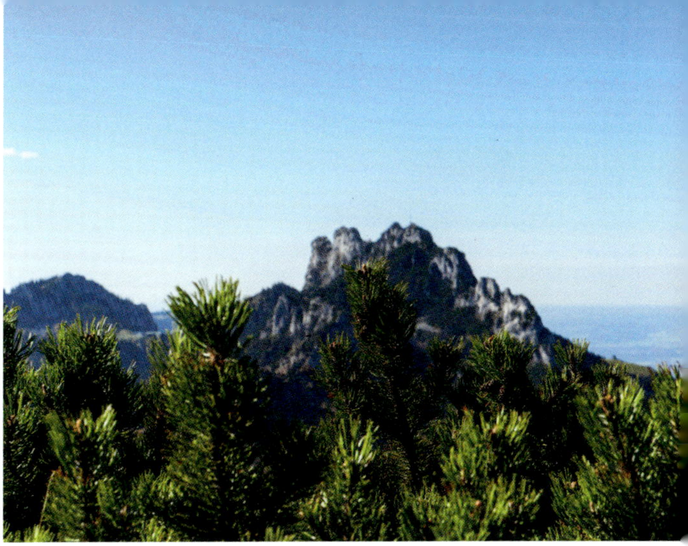

Die Kampenwand aus ungewohnter Perspektive

Durch bunte Herbstwälder In deren Nähe lockt die ① **Staffn-Alm** auch im späten Herbst noch immer die Besucher nach oben und auf ihre Terrasse. Für eine Pause ist es trotz des anstrengenden Tret- oder Schiebeprogramms aber noch zu früh. Die nun besser fahrbare Forststraße schlängelt sich in erst sanfter, später wieder etwas steilerer Steigung durch den bunten Herbstwald. Immer wieder tut sich zwischen den Bäumen eine Lücke hinunter ins Achental und hinüber zum Hochgern auf. Von den beiden anvisierten Gipfeln Hochplatte und Friedenrath ist dagegen noch nichts zu sehen.

Erst mit dem Passieren der Plattenalm ändert sich das. Die liegt in einem Kessel zwischen beiden Bergen, und der weitere Aufstieg zur Hochplatte ist zu erahnen. Im ② **Sattel** angekommen, ist es an der Zeit, das Mountainbike zu deponieren und den Ausblick, der sich nun bietet, sacken zu lassen. Die Kampenwand mit ihrem markanten Antlitz wirkt von Osten gleich gänzlich anders. Die Luft ist klar und die Blicke reichen bis ins nebelverhangene Inntal.

Aufstieg durch bunten Herbstwald

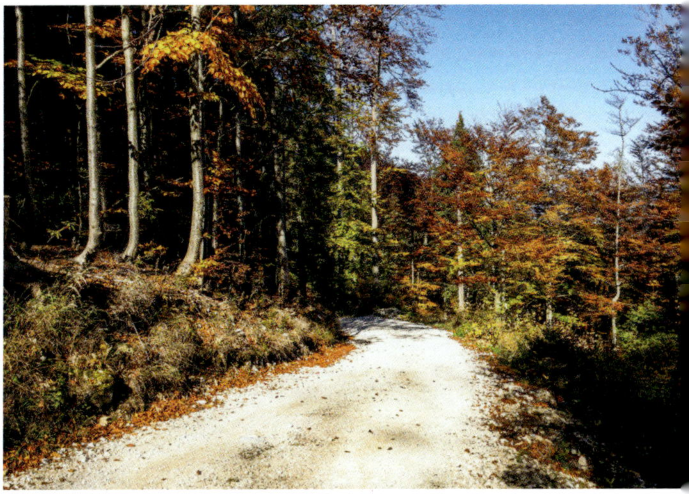

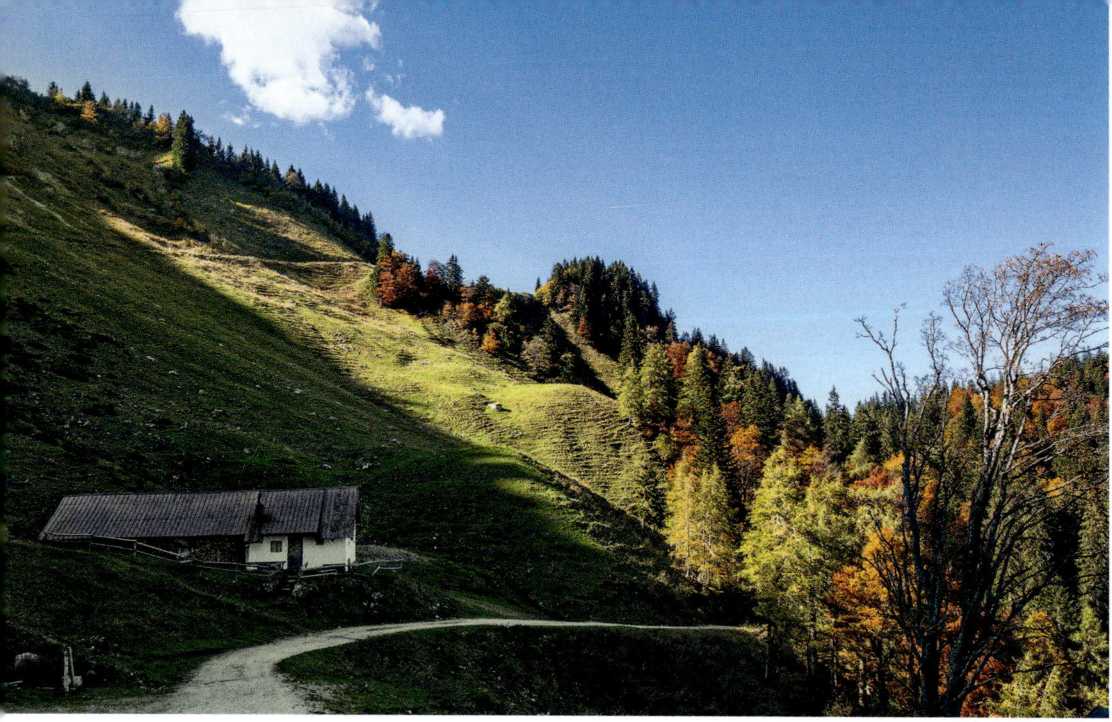

An der Plattenalm vorbei

Aufstieg zur Hochplatte Über einen schmalen Steig, immer wieder glitschigen Fels und allerhand Wurzelwerk wird der Gipfel der ❸ **Hochplatte** in knapp 20 Minuten vom Sattel aus erreicht. So unspektakulär der Weg auf die 1587 Meter hohe Kuppe ist, so spektakulär ist die Aussicht: Vom Watzmann über Leoganger und Loferer Steinberge bis zum Kaisergebirge und weiter reicht der Ausblick.

Vergessener Steig auf den Friedenrath Auf diesen Ausblick muss am benachbarten Friedenrath verzichtet werden. Hier ist es nämlich die Hochplatte, die dem weiten Blick nach Süden entgegensteht. Der Weg auf den Gipfel des Friedenraths will auch erst einmal gefunden werden. In den meisten aktuellen Karten ist er nämlich nicht mehr verzeichnet.

Sonderlich schwer ist das Finden allerdings nicht. Zurück im ❷ **Sattel** wird zunächst den Wegweisern in Richtung Kampenwand gefolgt. Nur wenig später zweigt nach rechts ein Pfad in nördlicher Richtung ab. Der führt im Wald mit dem Verlust einiger Höhenmeter am Haberspitz vorbei. Auf der folgenden Lichtung sind nach links weg deutliche Pfadspuren erkennbar, die sich schnell vom markierten Weg entfernen. Der vergessene Steig führt nun in etwas felsigeres, aber weiter unschwieriges Terrain.

Vom markanten Gipfelaufbau samt imposantem Gipfelkreuz ist immer noch nichts zu sehen, und das bleibt auch so, bis der höchste Punkt des Friedenraths (1423 m) erreicht ist.

Erst hier wird klar, dass das Kreuz dem eigentlichen Gipfel vorgelagert ist, damit es vom Tal seine beeindruckende Wirkung erzielen kann. Der ❹ **Friedenrath-Vorgipfel** mit dem Kreuz ist kurze Zeit später mit etwas Felskontakt und ganz leichter Kraxelei erreicht.
Während der Chiemsee zu Füßen liegt, geht es an schönen Herbsttagen ganz entspannt zu. Der nicht markierte Weg scheint viele Wanderer von diesem aussichtsreichen Gipfel abzuhalten, was den Friedenrath beinahe schon zu einer Art Geheimtipp in den Chiemgauer Alpen macht.

Abfahrt ins Tal Zurück zum Sattel zwischen Hochplatte und Haberspitz geht es über denselben Weg. Nun lohnen sich die Mühen des in die Pedaletretens und/oder des Radlschiebens endlich. Flott geht es an den ❶ **Almen** vorbei und durch den Wald zurück zum Startpunkt am Ⓔ **Parkplatz der Hochplattenbahn**, wo es nach verbranntem Gummi riecht und die Bremsscheiben eine Abkühlung im Bach gut vertragen können.

Am Gipfelkreuz des Friedenraths mit herrlichem Blick über den Chiemgau

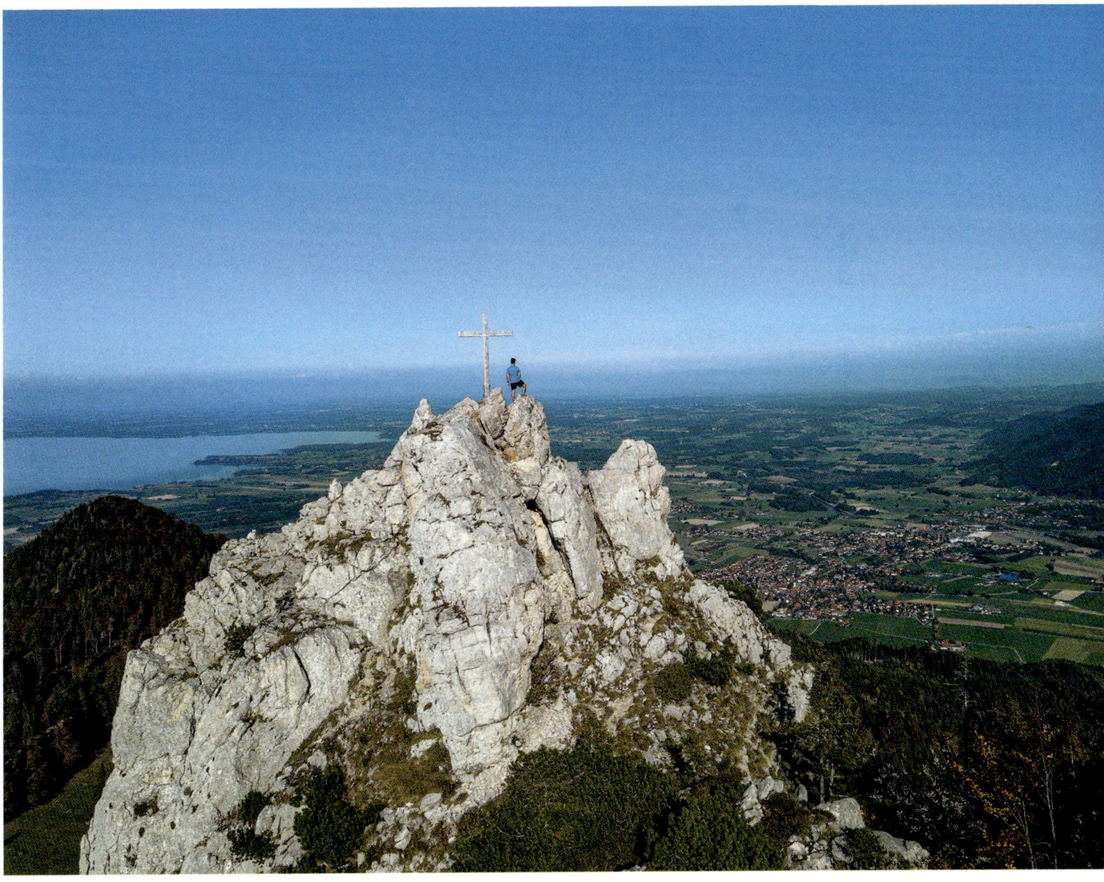

20 Gurnwandkopf und Hörndlwand

Von Gipfelkreuzsammlern und Goldjägern

Leicht | 5–6 h | 985 m | 12,1 km

Tourencharakter
Einfache Wanderung, lediglich das Finden des Einstiegs ist etwas komplizierter.

Ausgangs-/Endpunkt
Parkplatz Weitsee, 765 m

Höchster Punkt
Gurnwandkopf, 1691 m

Anfahrt
ÖPNV Bus bis Ruhpolding, Haltestelle Weitsee Badeplatz.
Auto A8 Ausfahrt Ruhpolding, weiter Richtung Reit im Winkl bis Parkplatz zwischen Mittersee und Weitsee.

Gehzeiten
Weitsee – Hochkienbergalm (2 Std.) – Gurnwandkopf (45 Min.) – Hörndlwand (30 Min.) – Röthelmoosalm (1 Std.) – Weitsee (1 Std.)

Einkehr
Keine Möglichkeit

Karten
Kompass WK 10, 1:50 000; AV-Karte Nr. BY18, 1:25 000

Information
Tourist-Info Reit im Winkl, www.reitimwinkl.de

Gipfelkreuze sammeln heißt es auf dem Seehauser Hochkienberg südwestlich von Ruhpolding in den Chiemgauer Alpen. Auf den Gurnwandkopf und die Hörndlwand führt ein nur noch spärlich erkennbarer Pfad, fernab von vielen Wanderern.

Wer über die Normalwege einmal den Gurnwandkopf und die Hörndlwand erklommen hat, dem wird schnell klar: Wirklich einsam geht es hier nur selten zu. Das Massiv mit seinen vielen Wanderwegen ist von vielen Seiten schnell erreichbar, die Zustiege sind nicht lang und in der Regel nicht sonderlich schwierig. Dazu gibt es mit der Brandelalm am Fuß der Hörndlwand und dem Seehaus willkommene Einkehrmöglichkeiten. Im Sommer locken dann noch drei, eigentlich sogar vier schöne Seen zur Abkühlung. Aber wer Ruhe sucht, wird auch hier mit einem alten Steig belohnt, der nur noch selten begangen wird.

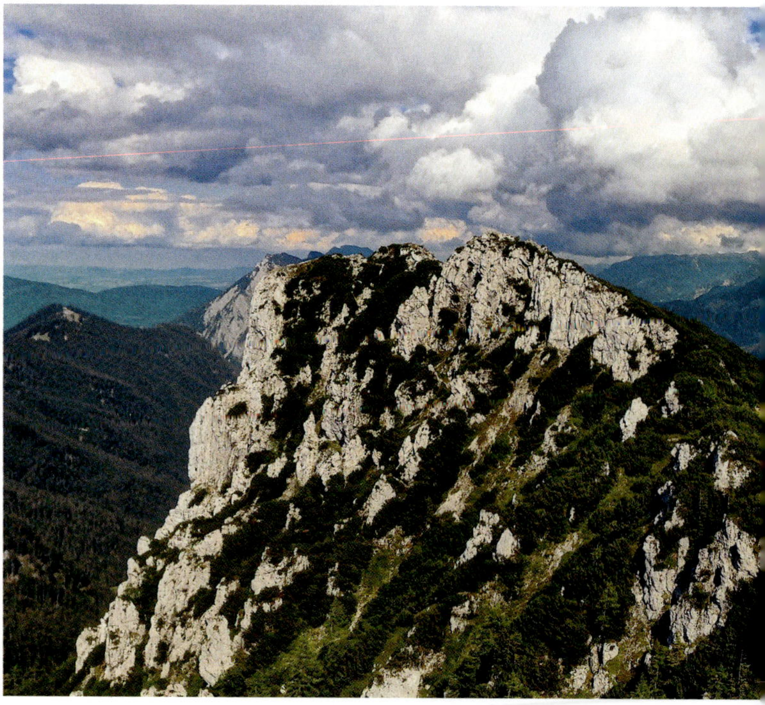

Rechte Seite: Aufstieg im Wald

Blick über die Hörndlwand

Startpunkt zwischen Weitsee und Mittersee Von Ruhpolding kommend werden die drei Seen Förchen-, Löden- und Mittersee an der Deutschen Alpenstraße passiert. Kurz vor Beginn des **Weitsees** findet sich dann auf der Nordseite ein Ⓐ **Parkplatz**.

Den richtigen Einstieg in den Steig zu finden, ist nicht ganz einfach und ein GPS-Track erweist sich als hilfreich. Denn Beschilderungen zum Gurnwandkopf und zur Hörndlwand sucht man vergebens. Auch der Forstweg, der direkt am Parkplatz startet, ist nicht der richtige Weg. Vielmehr startet der Steig am hinteren Ende des Parkplatzes (von der Einfahrt aus gesehen) am Rand eines kleinen Baches.

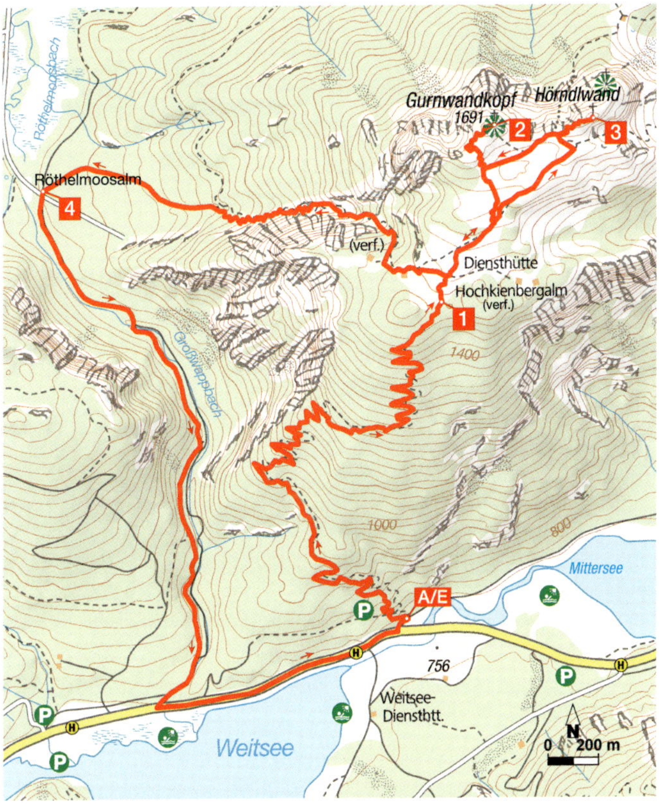

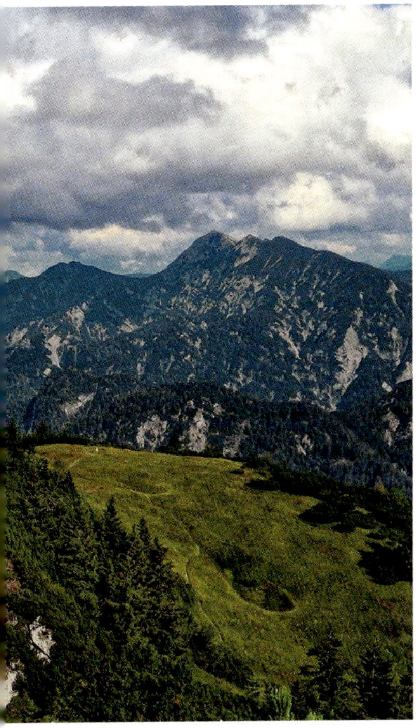

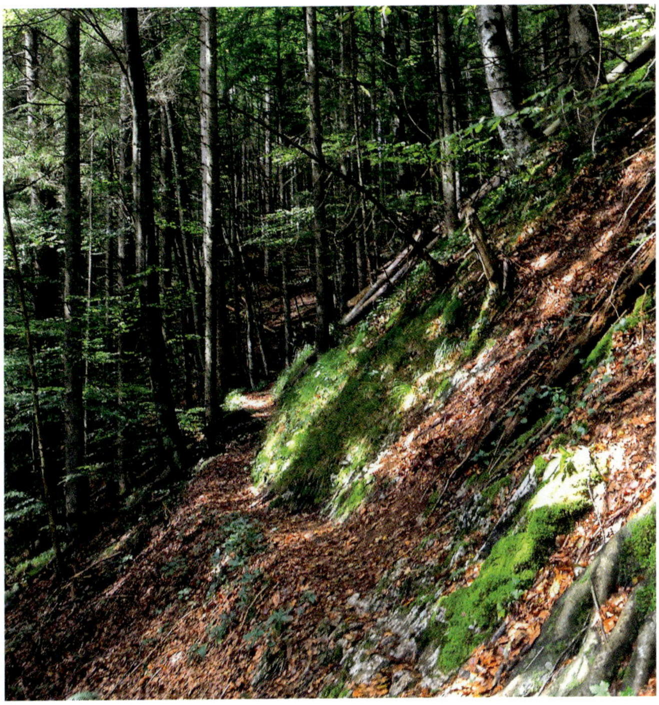

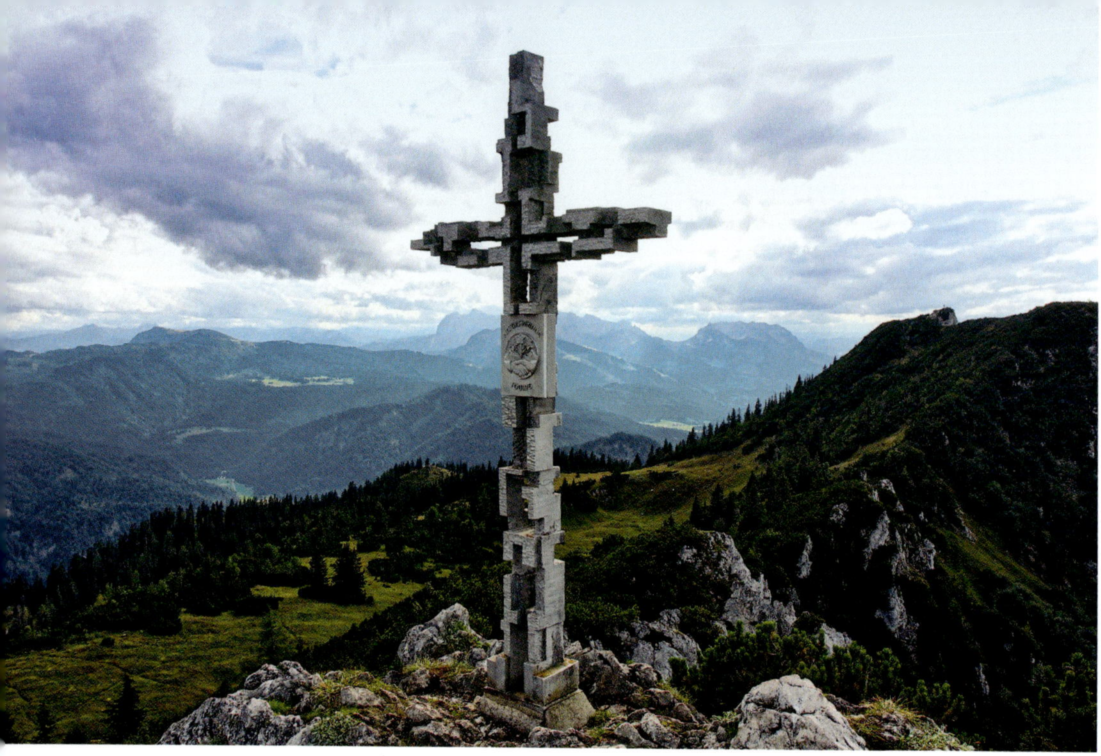

Ein etwas anderes Gipfelkreuz auf der Hörndlwand

Der vergessene Steig zur Hochkienbergalm Von hier windet er sich zunächst recht steil, später angenehmer und den Hang querend bergauf. An den Bäumen lassen sich hier regelmäßig Markierungen entdecken.

Der Steig teilt sich nach einer Weile. Hier gilt es, sich weiter rechts zu halten. Gleiches gilt bei der nächsten Abzweigung, wobei auch ein Abstecher nach links möglich ist, der allerdings wesentlich anspruchsvoller ist. Der Abstecher führt zu einem alten Stollen, dem Goldloch. Das wurde schon im 18. Jahrhundert in den Berg getrieben, aber es fand sich kein Gold, lediglich Pyrit, das sogenannte Katzengold. Wer bis zum Goldloch gelangt, dem steht die Tür in den Kienberg hinein offen.

Aber weiter in Richtung der verfallenen Hochkienbergalm und dem Gurnwandkopf: Ab dem Abzweig wird der Steig geradezu wild. Er ist in dem Hang kaum mehr erkennbar. Hüfthohe Gräser machen es im Sommer nicht leichter, Markierungen sucht man nun vergebens. Nach Zecken sollte man dafür später umso gründlicher suchen.

Der Wald wird lichter und nach einer Weile wird der Fuß der alten ❶ **Hochkienbergalm** erreicht, die von unzähligen Heidelbeerbüschen gesäumt ist.

Gurnwandkopf und Obinger Kreuz Kurze Zeit später trifft man nun auf den Steig, der von der Röthelmoosalm kommt; hier nach rechts und anschließend gleich wieder nach links.

Die Hörndlwand ist ausgeschildert, aber noch nicht das Ziel. Es geht leicht, aber stetig bergan. An einem auffälligen Steinmandl links haltend folgt man dem Pfad auf den Gurnwandkopf. Dabei muss im letzten Bereich kurz vor dem Gipfel ein klein wenig gekraxelt werden. Am Gipfel des 2 **Gurnwandkopfs** (1691 m) angekommen, ist man vollständig von den Chiemgauer Alpen umgeben. Darüber hinaus reicht das Panorama bis zu den Loferer und Leoganger Steinbergen, Zahmem und Wildem Kaiser, Reiteralpe und Watzmann.
Vom Gipfel geht es durch Latschen weiter zum Obinger Kreuz, der aber kaum als eigener Gipfel durchgeht.

Gipfelkreuzsammeln an der Hörndlwand Die nächsten Gipfelkreuze warten schon. Den Gurnwandkopf zu verlassen, stellt sich als gar nicht so einfach dar. die Latschenkiefern machen den Weg schwer. Irgendwann ist der Weg wieder erreicht, führt nach Osten weiter zur **Hörndlwand** und weiter bis zu ihrem 3 **ersten Gipfelkreuz** (1684 m). Ein paar Meter weiter, nur eine winzige Scharte kreuzend, wartet ein weiteres Gipfelkreuz. Hier fällt der Gipfelaufbau steil ab, nicht umsonst sind die Nordost-Wände der Hörndlwand das wohl beliebteste Kletterrevier in den Chiemgauern, mit Routen in vielen Schwierigkeitsgraden. Den Ausstieg aus den Kletterrouten ziert dann das dritte Gipfelkreuz der Hörndlwand.

Steiler Abstieg zur Röthelmoosalm

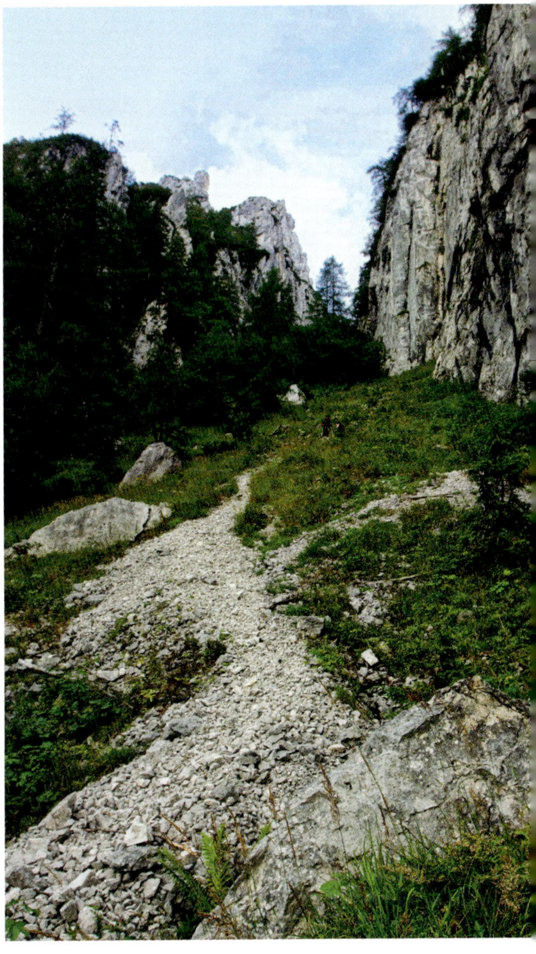

Steiler Abstieg über die Röthelmoosalm Zurück geht es erst auf dem Aufstiegsweg, später aber nicht nach links auf dem unmarkierten Aufstiegsweg zum Weitsee, sondern weiter geradeaus, der Beschilderung zur Röthelmoosalm folgend. Der Steig wird nach kurzer Zeit sehr steil, oft auch ziemlich matschig und so ein wenig unangenehm. Schnell geht es nach unten und etwa eine Stunde nach dem Gipfel sind die weiten Ausläufer der 4 **Röthelmoosalm** erreicht. Links haltend führt der Weg nun deutlich einfacher am Bachlauf in etwa 45 Minuten in Richtung Weitsee. Anschließend geht es noch zehn Minuten auf dem Weg direkt neben der Straße zurück zum Ausgangspunkt am E **Parkplatz Weitsee**.

21

Sonnenwendwand

Dem Trubel so nah und doch so fern

Leicht | 4–5 h | 815 m | 10,2 km

Tourencharakter
Einfache Wanderung, richtige Wegfindung zwischenzeitlich etwas komplizierter.

Ausgangs-/Endpunkt
Parkplatz Hainbach, 665 m

Höchster Punkt
Sonnenwendwand, 1512 m

Anfahrt
ÖPNV Bus bis Aschau im Chiemgau, Haltestelle Hainbach.
Auto A8 Ausfahrt Aschau im Chiemgau, weiter Richtung Sachrang; Wanderparkplatz Hainbach nach der Brücke.

Gehzeiten
Hainbach – Aipl-Diensthütte (1 Std.) – Sonnenwendwand (1,5 Std.) – Hofbauernalm (30 Min.) – Klausgraben (45 Min.) – Hainbach (1 Std.)

Einkehr
Hofbauernalm

Karten
Kompass WK 10, 1:50 000; AV-Karte Nr. BY17, 1:25 000

Information
Tourist-Info Aschau im Chiemgau, www.aschau.de

Die steilen Felsabbrüche der Sonnenwendwand nach Norden hin stehen der Kampenwand in nichts nach. Doch vom Trubel der berühmten Nachbarin ist nichts zu merken.

»Wann i mit meina Wampn kannt, gangad i gern auf d' Kampenwand.« Wohl jeder südlich des berühmt-berüchtigten Weißwurstäquators kennt diesen Spruch, und etliche werden schon selber am größten Gipfelkreuz Bayerns gestanden haben. Ob mit Seilbahnunterstützung inklusive nostalgischem Flair oder ohne. Die formschöne Kampenwand ist eine Attraktion, und entsprechend geht es auf den Almen und Wegen rund um ihre bekannte Silhouette zu.

Nur einen Steinwurf entfernt fristet die Sonnenwendwand ein Dasein im Schatten ihrer berühmten Schwester. Und das nicht nur bei Sonnenaufgang, wenn im Frühsommer die Sonne genau hinter dem Gipfel der Kampenwand aufgeht. Dabei sieht

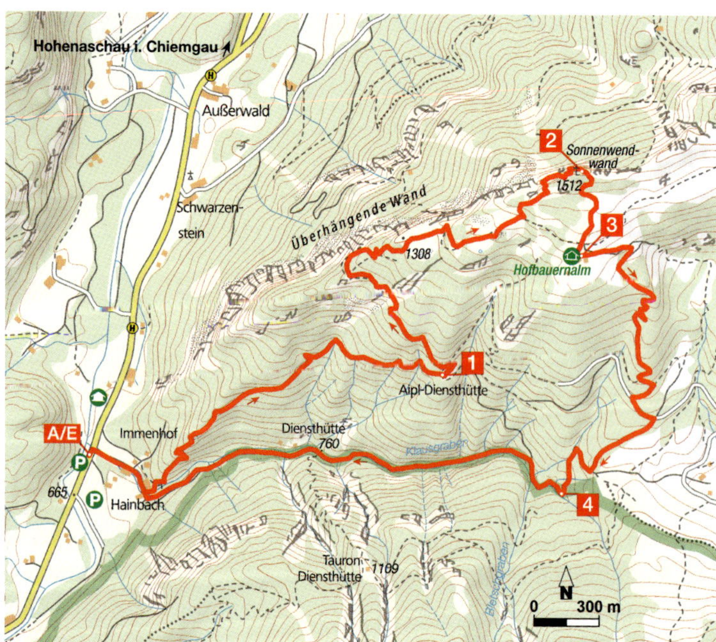

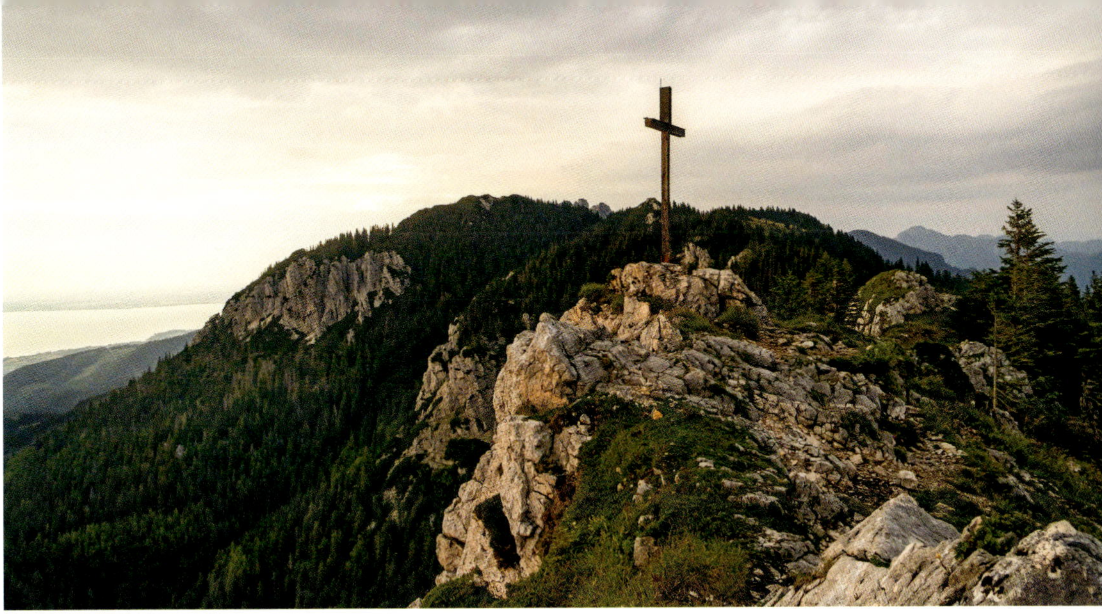

sie vom Tal aus vielleicht nicht ganz so eindrucksvoll und markant wie die Kampenwand aus. Ihre abweisende Nordseite aber ist der Nachbarin gar nicht so unähnlich. Die Südseite hingegen ist freundlicher und bis zum höchsten Punkt der Sonnenwendwand führen mehrere unmarkierte Steige, die sich bei einer reizvollen Rundtour kombinieren lassen.

Die Spitzen der Kampenwand hinter dem Gipfelkreuz

Vom Priental in den Klausgraben Ausgangspunkt der Tour ist das kleine Örtchen Ⓐ **Hainbach** im Priental, nur wenige Minuten hinter Aschau im Chiemgau. Von der Straße geht es in östlicher Richtung weg in den eigentlichen Ortsteil. Die wenigen Häuser Hainbachs sind schnell passiert und die Forststraße führt immer am Klausgraben entlang bis zu den Dalsenalmen.

Versteckter Einstieg Schon am Ende des Ortes gilt es, nicht den Einstieg in den Steig zu verpassen, der im dichten Wald kaum auszumachen ist und sich auf der anderen Seite des Baches, direkt hinter dem letzten Haus, verbirgt. Über große Steine geht es trockenen Fußes ans andere Ufer, wo sich Pfadspuren ausmachen lassen, die in den Wald hineinführen.
Denen zu folgen, ist aber gar nicht so einfach. Weder Markierungen noch Steinmänner weisen den Weg. Gerade zu Beginn geht er scheinbar immer wieder verloren. Grob orientiert sich der Steig direkt am Kamm, der im dichten Wald schnell ansteilt. Ein Baumstamm scheint den Weg zu blockieren, doch weist er den Weg, denn es geht scharf nach links; am nächsten Abzweig hält man sich rechts. Recht steil folgt der nun besser erkennbare Pfad in etwa dem Kammverlauf, entfernt sich aber später und flacht etwas ab.

Der einzige Wegweiser

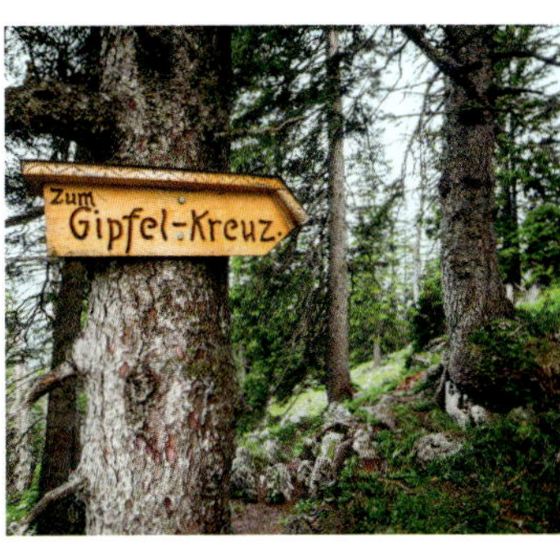

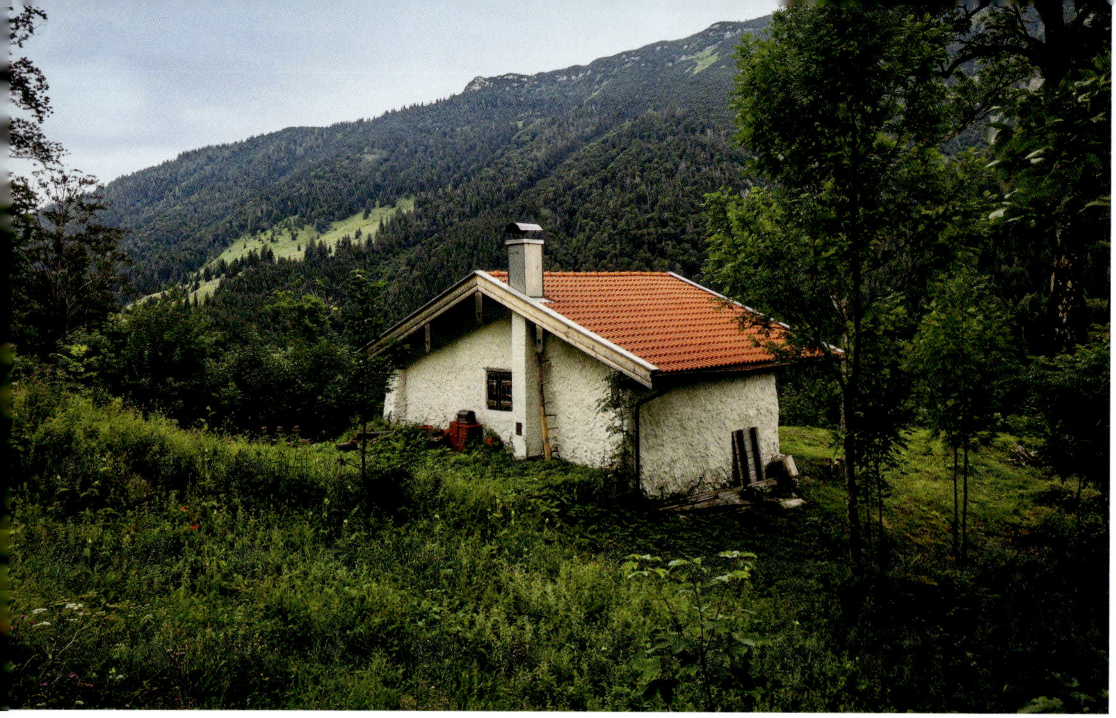

Die Aipl-Diensthütte

Ein folgender Abzweig im dichten Wald lockt nach rechts – und ist doch falsch. Links entlang und um eine spitze Kehre herum werden in kurzen Abständen ein paar kleine Wasserläufe passiert. Unvermittelt wird der Wald verlassen, der Blick öffnet sich bis zu den Dalsenalmen und die kleine **1 Aipl-Diensthütte** wird erreicht.

Unterwegs mit Hund unterhalb der Sonnenwendwand

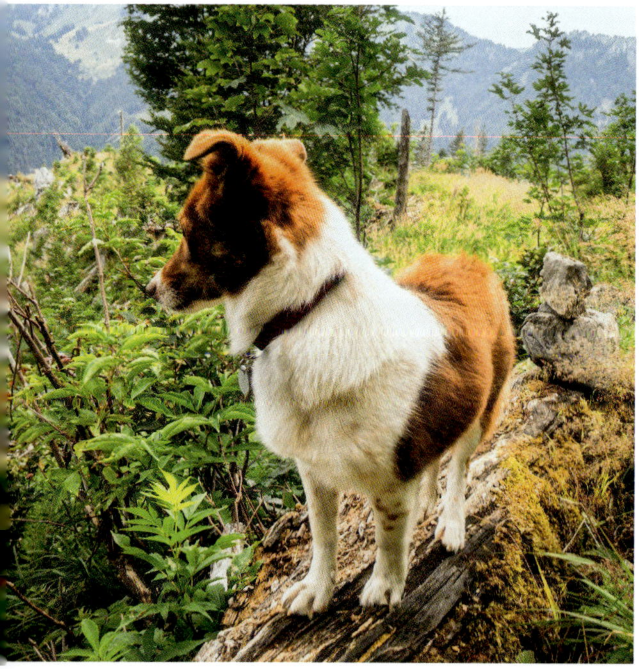

Forstwege und versteckte Abzweige

Der weitere Aufstieg folgt nun dem Forstweg hinter der Hütte nach links. Während sich die Bäume lichten, wird der Straße bis fast zu ihrem Ende gefolgt. Kurz bevor das erreicht ist, zweigt ein kurzer Einschnitt rechts ab. An dessen Ende, in der vermeintlichen Sackgasse, sind es linker Hand unscheinbare Pfadspuren, die erst in den Wald und schließlich auf eine freie Almfläche führen.

Nah am Grat, auf der Rückseite der vom Tal so bedrohlich aussehenden Felswände, geht es nun mal weglos, mal gut erkennbar weiter nach oben. Wieder wird eine große freie Fläche passiert, die nun auch Ausblicke nach Westen in Richtung Hochries bietet.

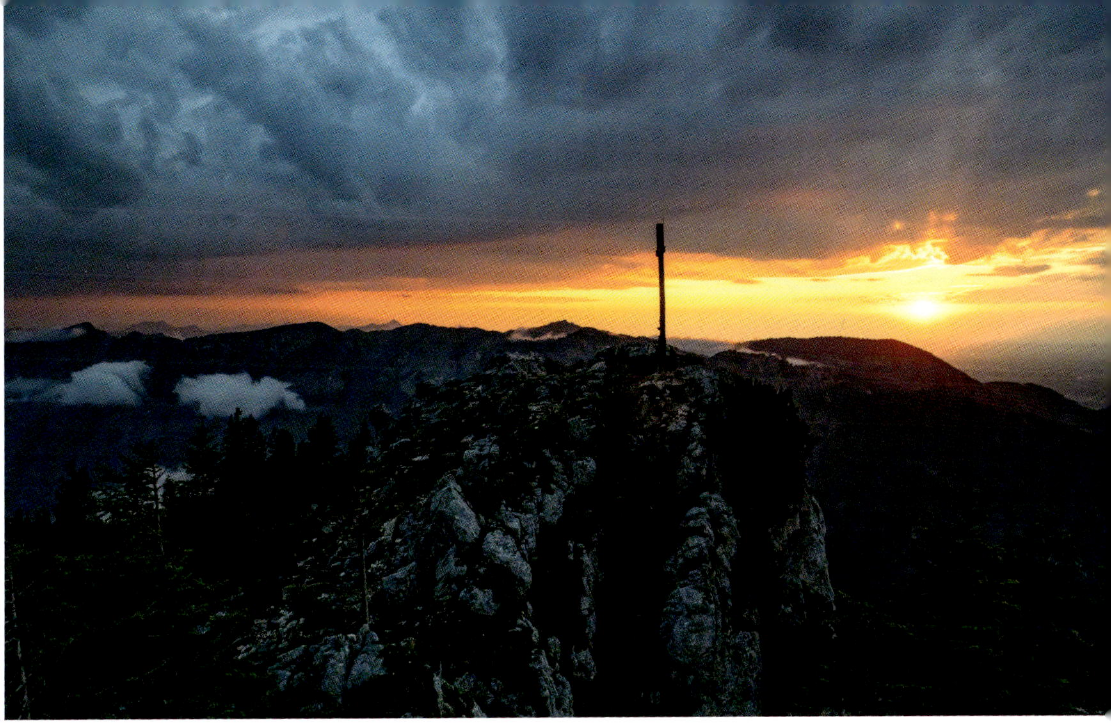

Dramatischer Sonnenuntergang

Nach einem erneuten Waldstück kommt man in eine markante Scharte. Hier nach rechts wird im steilen Gelände ein sich in den Weg stellender Felsen umgangen. Eine kleine Almwiese später ist der Gipfelaufbau erreicht. Über einfache Felsstufen geht es zum Gipfelkreuz der ❷ **Sonnenwendwand** (1512 m).

Abstieg über die Hofbauernalm Vom Gipfel der Sonnenwendwand führt ein erkennbarer Steig nach Süden hinab. Nach wenigen Metern wird der einzige Hinweis zum Gipfel passiert. Über Wurzeln und Fels geht es bis an den Rand einer Almwiese. Auf den im Sommer üppigen Wiesen ist der Steig schnell wieder verloren, zieht aber relativ gerade unschwierig bis zur ❸ **Hofbauernalm** hinab, neben der ein kleines Marterl samt weitem Ausblick über das Prien- bis zum Inntal nochmal ein gutes Fotomotiv abgibt.
Ab der Alm geht es kurz auf dem Forstweg in Richtung Dalsen-Diensthütte weiter. Ein Abzweig nach rechts führt schnell und steil hinab in den Klausgraben, während die Dalsenalmen links liegen gelassen werden. Am ❹ **Klausgraben**, der immer wieder in kleinen Kaskaden das Wasser ins Tal schießen lässt, geht es nun weniger steil knapp drei Kilometer bis zum Ausgangspunkt in Ⓔ **Hainbach** entlang.

Schoßrinn

Vor der Heimfahrt lohnt auf der gegenüberliegenden Talseite noch ein Abstecher zur Schoßrinn, einem knapp 90 Meter hohen Wasserfall, der gerade zur Schneeschmelze oder nach Regentagen sehr viel Wasser führt (siehe Bild S. 159).

22

Spitzstein-Nordseite

Vergessene Steige wiederbelebt

Leicht | 4–5 h | 920 m | 10,0 km

Tourencharakter
Einfache Wanderung, mit leichtem und kurzem Klettersteig.

Ausgangs-/Endpunkt
Wanderparkplatz Innerwald, 720 m

Höchster Punkt
Spitzstein, 1598 m

Anfahrt
ÖPNV Bus bis Aschau im Chiemgau, Haltestelle Innerwald.
Auto A8 Ausfahrt Aschau im Chiemgau, weiter Richtung Sachrang; Wanderparkplatz Innerwald.

Gehzeiten
Innerwald – Brandlbergalm (1 Std.) – Einstieg Klettersteig (1 Std.) – Spitzstein (15 Min.) – Spitzsteinhaus (45 Min.) – Innerwald (1,5 Std.)

Einkehr
Spitzsteinhaus, Altkaseralm

Karten
Kompass WK 10, 1:50 000; AV-Karte Nr. BY17, 1:25 000

Information
Tourist-Info Sachrang, www.aschau.de

Wenn alte vergessene Steige neu entdeckt und wiederbelebt werden: Auf den Spitzstein führt ein solcher Weg, der jahrelang offiziell gesperrt war. Jetzt kehrt mit einem einfachen Klettersteig neues Leben in den Anstieg von Norden.

Der Spitzstein gilt als einer der Hausberge Münchens, auch wenn er eine knappe Stunde von den Stadtgrenzen entfernt inmitten der Chiemgauer Alpen liegt. Über dem gemütlichen Bergsteigerdorf Sachrang am Ende des Prientals ragt er bis auf 1598 Meter auf, bietet ein umwerfendes 360-Grad-Panorama hinüber zum Geigelstein, über das Kaisergebirge oder die Bayerischen Voralpen und ist gerade in der Nebensaison ein lohnenswertes Ziel, wenn in den hohen Lagen schon der erste Schnee liegt, aber das Herz trotzdem hinaus auf die Berge will. Der Normalweg, der über die Südseite und das Spitzsteinhaus relativ einfach auf den Gipfel führt, ist daher recht beliebt und

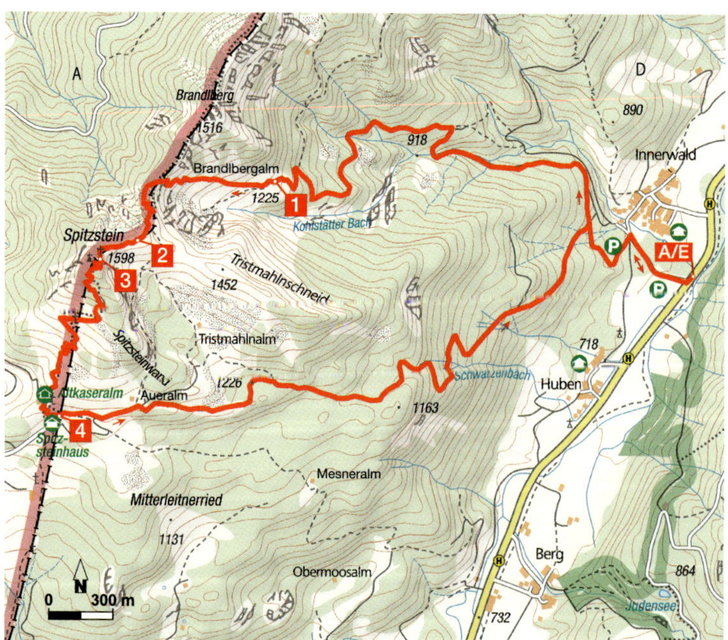

man ist wohl nur zum Sonnenaufgang allein. Manchmal aber nicht einmal dann.

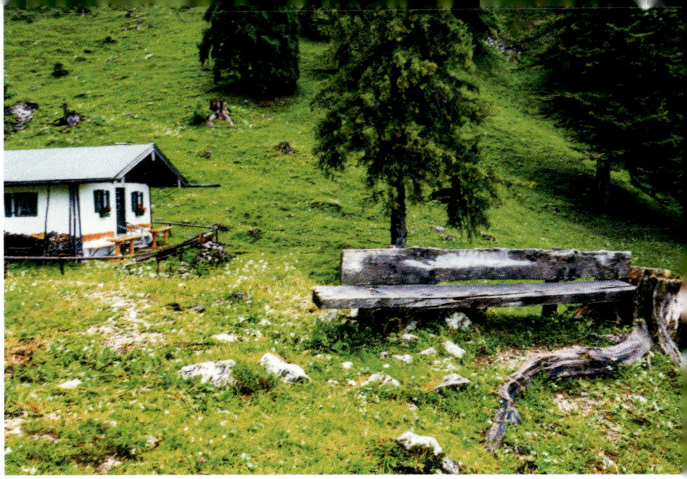

Rastplatz an der Brandlbergalm

Auch über die Spitzstein-Nordseite gab es einen beliebten Aufstiegsweg, der aber im Jahr 2006 offiziell gesperrt wurde. Zu groß war die Gefahr von Ausrutschern auf dem speckigen Gestein, das obendrein extrem brüchig ist und so für eine hohe Steinschlaggefahr sorgte. Im Juli 2017 wurde der Weg verbessert, mit Stahlseilen entschärft und schließlich wieder freigegeben.

Von Innerwald zur Brandlbergalm Die idyllische Brandlbergalm ist das erste Zwischenziel auf dem wieder neu entdeckten Weg über die Spitzstein-Nordseite. Bis diese erreicht wird, heißt es aber mühsam im Wald aufsteigen. Los geht es am Ⓐ **Wanderparkplatz von Innerwald**, einem winzigen Örtchen etwa zwei Kilometer vor Sachrang von Aschau kommend (mit dem Bus: Ausstieg Innerwald). Während erst weiter unten der Kohlstätter Bach brodelt, steigt man später parallel zum Bach

Die Spitzsteinwand im Morgenlicht

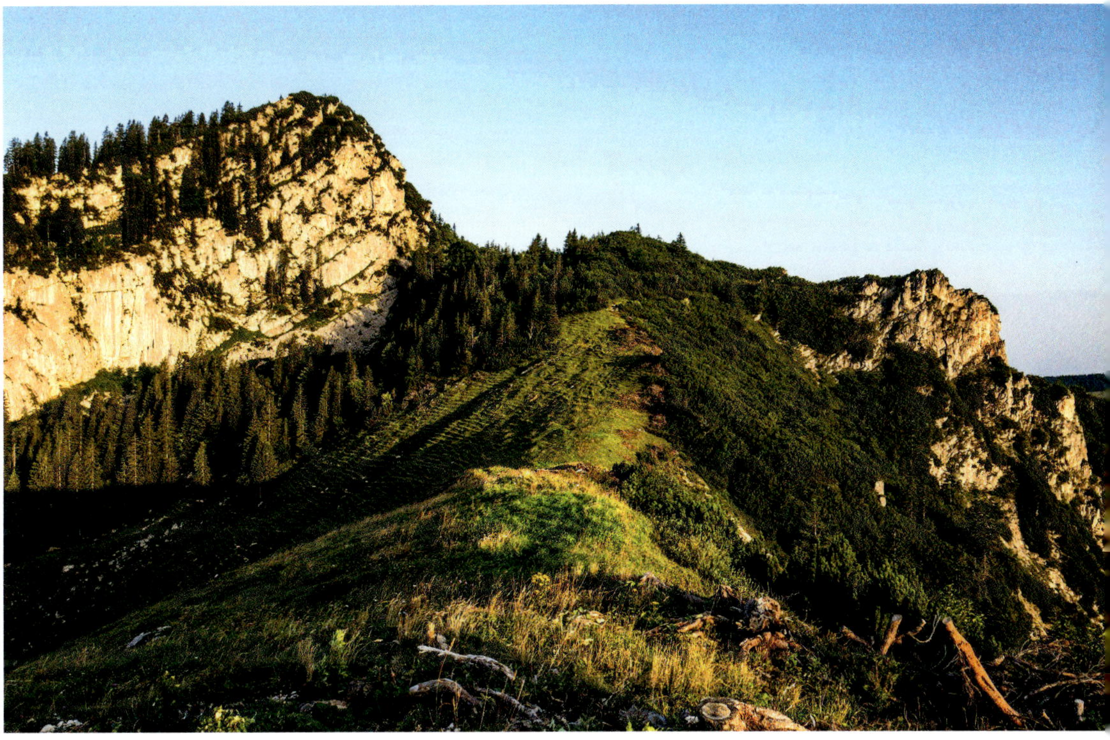

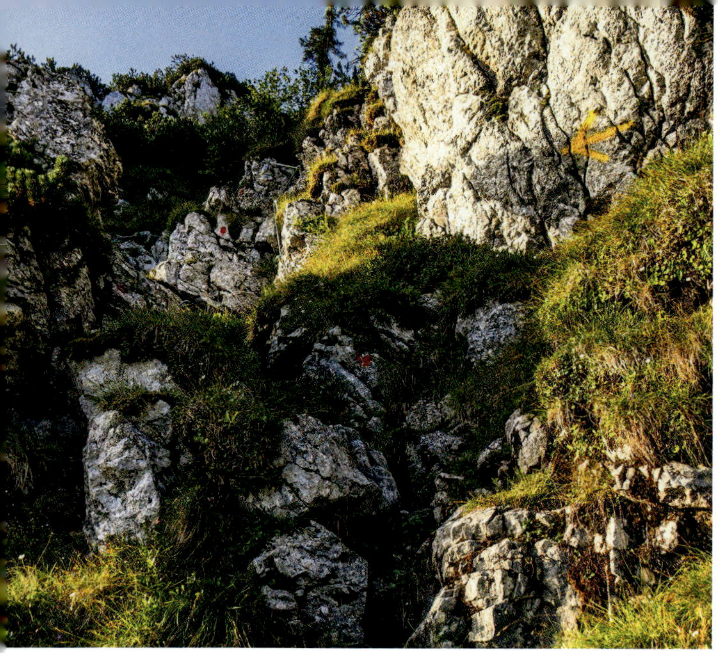

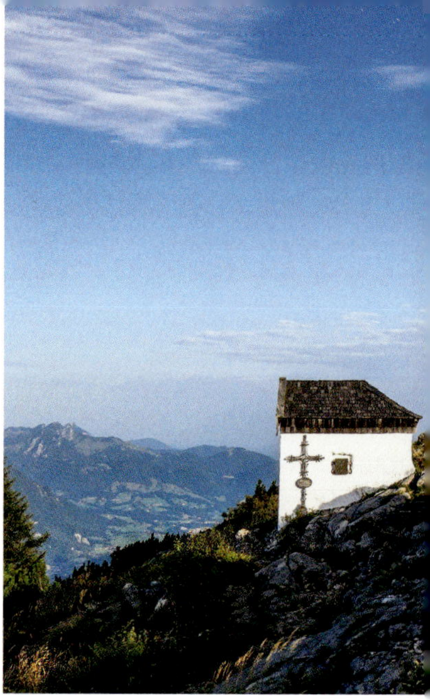

Der Aufstieg führt durch die steile Rinne.

Mitte: Der Spitzstein-Gipfel mit Kreuz und kleiner Kapelle

auf, quert diesen und steigt dann steil im Wald bergan. Wenig spektakulär, aber wer mit offenen Augen geht und früh gestartet ist, wird den pechschwarzen Alpensalamandern und vielleicht sogar den gelbgepunkteten Feuersalamandern begegnen, die sich gerade nach Regentagen hier förmlich tummeln.
Nach einer knappen Stunde öffnet sich das Tal und die kleine urige Hütte der ❶ **Brandlbergalm** markiert das wechselnde Terrain. Ein schmaler Steig führt vorbei an glücklichen Kühen hinauf in den Sattel zwischen Spitzstein zur Linken und Brandlberg zur Rechten.

Zustieg zur Spitzstein-Nordseite Zwischen Latschen windet sich der Weg nun von Norden gen Spitzstein und führt dabei meist knapp unter dem Grat zwischen Felstürmen hindurch weiter nach oben. An einer Wegzweigung wurde bis vor kurzem auf die Sperre hingewiesen.
Wer den direkten Weg über die Nordrinne auf den Spitzstein doch scheut, hält sich an der Gabelung links. Unter der steil abfallenden Ostwand des Spitzsteins, in der es zahlreiche Sportkletterrouten gibt, geht es dann mit einem Höhenverlust von knapp 100 Metern über die Aueralm zum Spitzsteinhaus und von dort über den Normalweg gen Gipfel.
An der Spitzstein-Nordseite ist kurz nach der Wegverzweigung dagegen der Einstieg zur Rinne, die zum Gipfel führt, erreicht. Markierungen weisen den Weg bis hier, auch wenn sie stark verblasst sind. Durch die ❷ **Rinne**, an deren Fuß man nun steht, führte auch der alte Aufstiegsweg, der Anfang des Jahrtausends aufgelassen wurde.

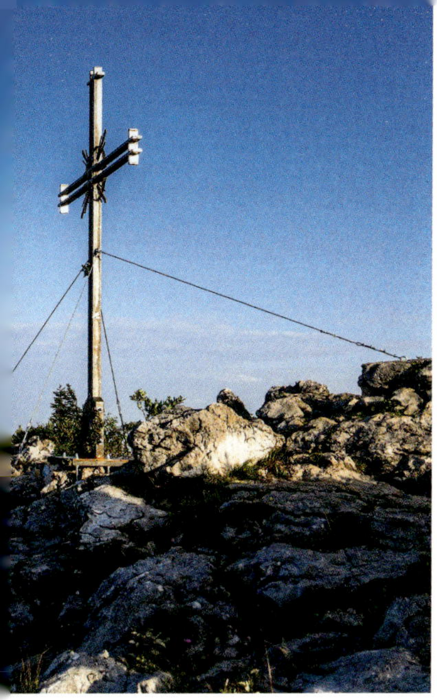

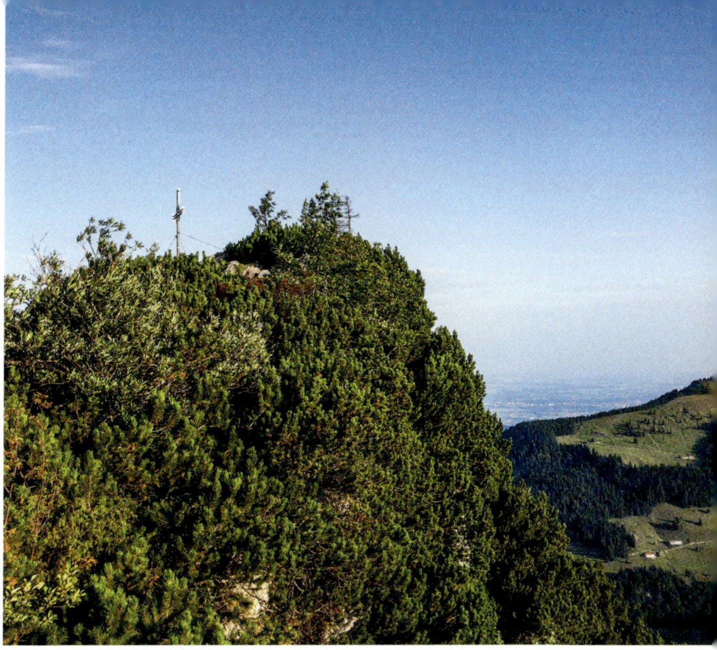

Am Ausstieg des Nordanstiegs

Klettersteig(chen) durch die Spitzstein-Nordseite Im Juli 2017 wurde der Weg nun wieder gangbar gemacht und zur Begehung freigegeben. Und so kommt es, dass der Fels überraschend fest und die Steinschlaggefahr so deutlich gemindert ist. Die Mitnahme eines Helms ist trotzdem empfehlenswert. Wer sicher im I. oder II. Grad klettert, kann zumindest getrost auf das Klettersteigset verzichten.

Ein großer gelber Pfeil markiert den Einstieg. Für ein gutes Durchsteigen der Spitzstein-Nordseite sorgen die frisch verlegten Stahlseile, die die etwas hakeligeren Stellen gekonnt entschärfen. Ein bisschen anspruchsvoller wird es, wenn man auf den Griff zu den Drahthilfen verzichtet, wirklich schwierig aber nie.

Die Klettersteigschwierigkeiten bewegen sich zwischen A und B und sind somit auch für Einsteiger gut machbar. Nach 15 bis 20 Minuten ist auch schon der Ausstieg erreicht. Zwischen Latschenkiefern findet man sich am Ostgrat des Spitzsteins wieder. Dann sind es nur noch wenige Meter zu der kleinen Kapelle und dem im Juni 2017 neu errichteten Gipfelkreuz des 3 **Spitzsteins**.

Abstieg über Spitzsteinhaus und Aueralm Der Abstieg erfolgt über den Normalweg, der durchsetzt von speckigem Stein Zeuge von der Beliebtheit des Spitzsteins ist. An der Altkaseralm und dem 4 **Spitzsteinhaus** angekommen, geht es nun mit kurzem Gegenanstieg ostwärts zur Aueralm, um von dort durch den Bergwald mal steil, mal weniger steil in etwa einer Stunde unschwierig zum Ausgangspunkt in E **Innerwald** abzusteigen.

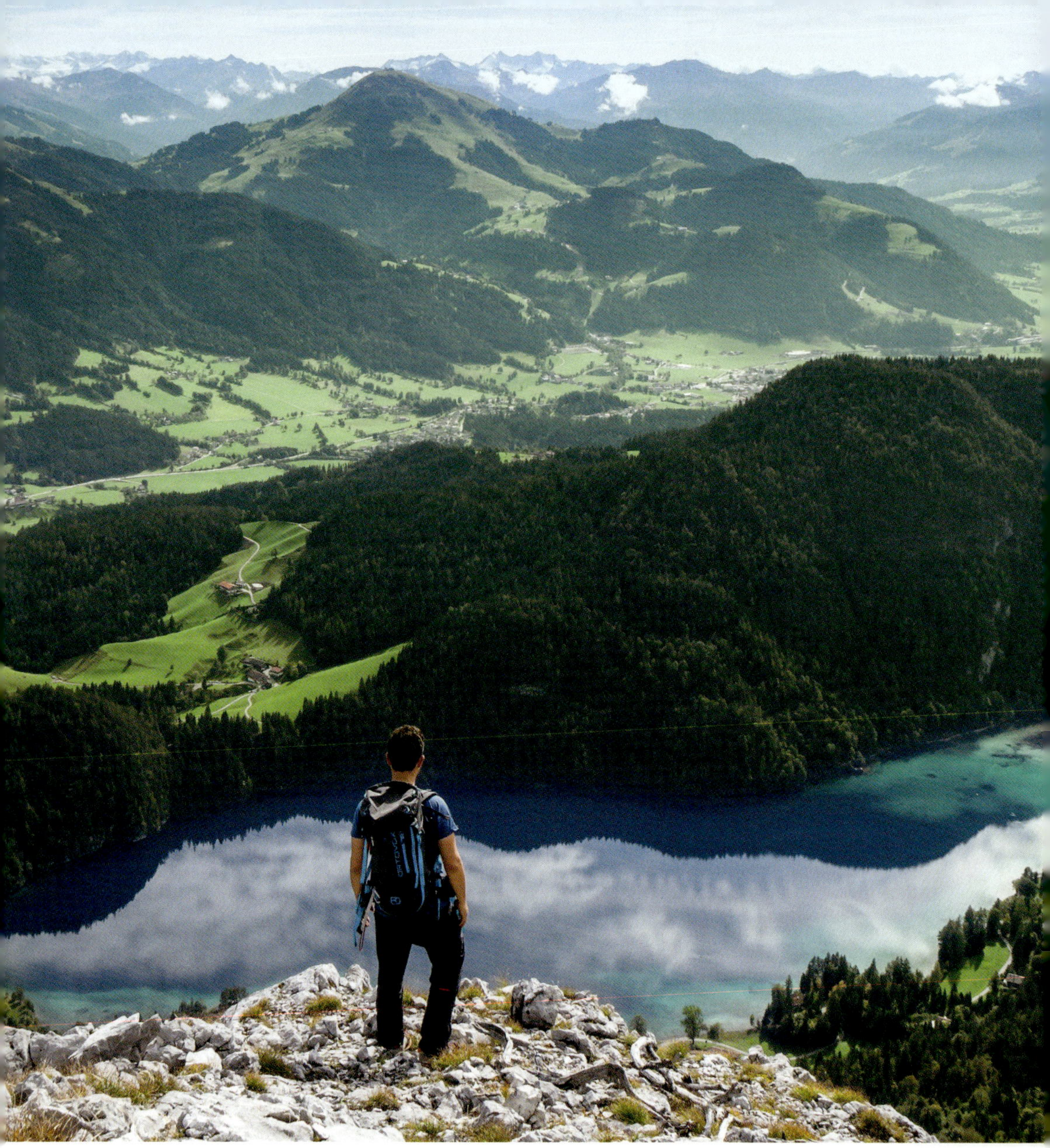

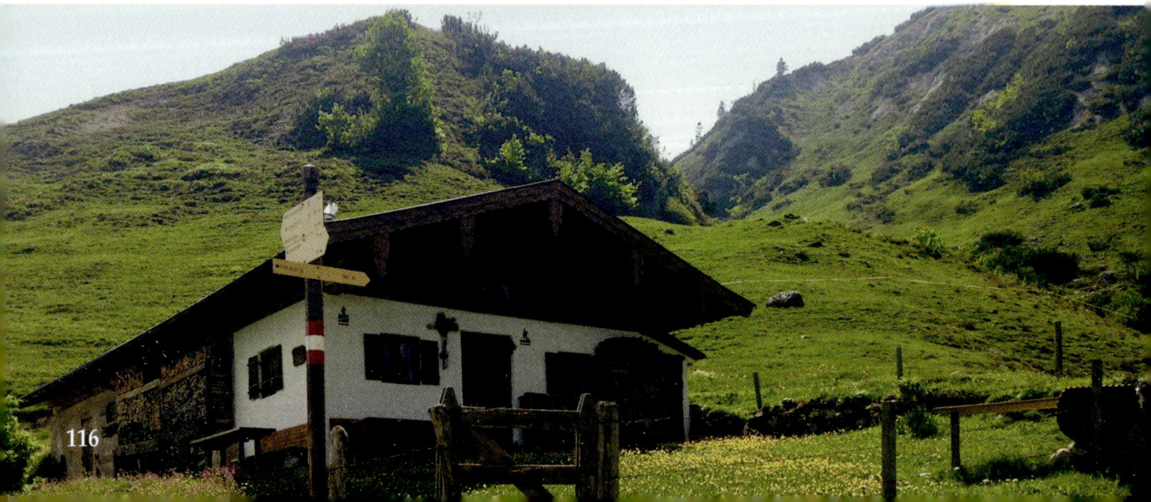

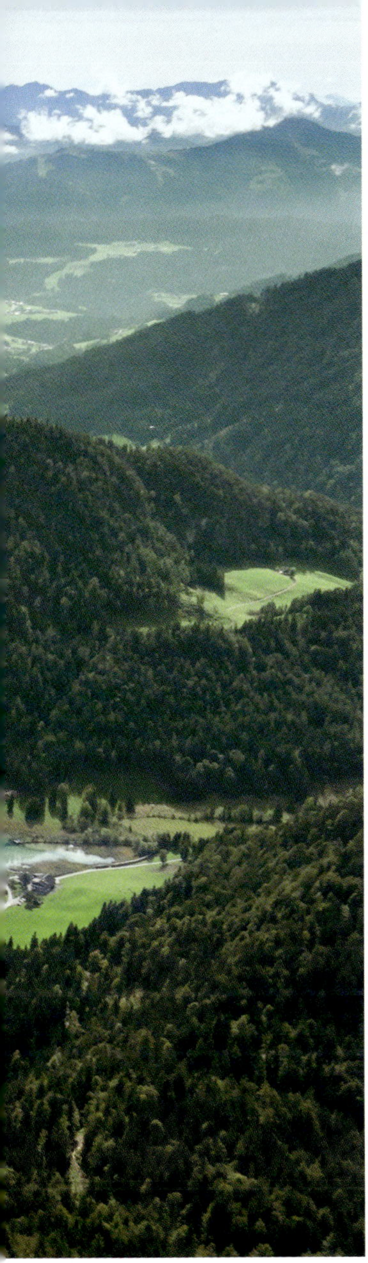

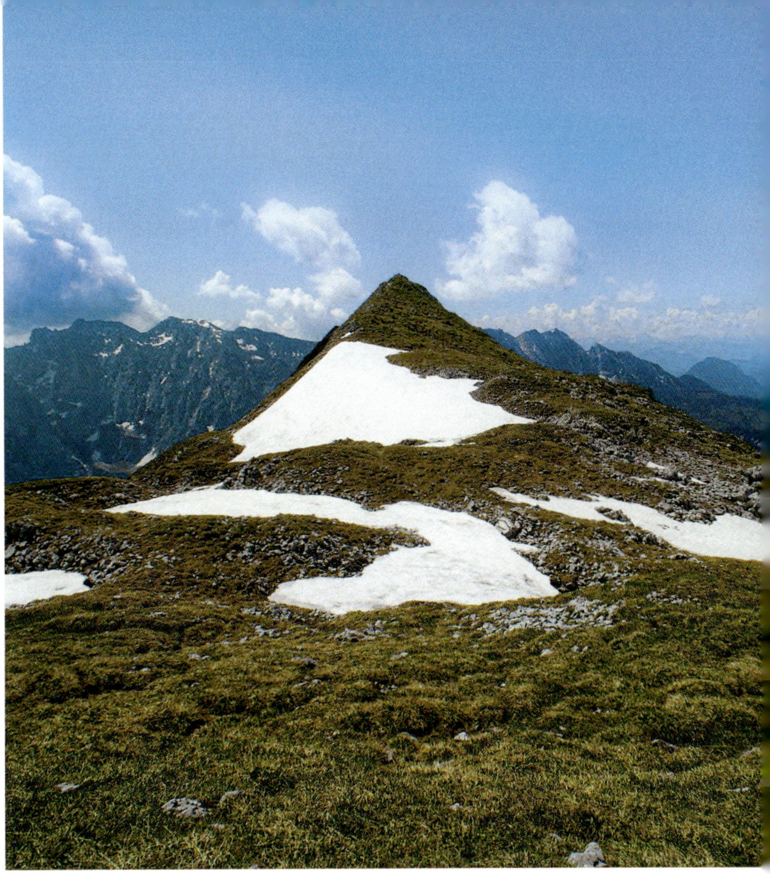

Kaisergebirge

Am Zettenkaiser mit Blick über den Hintersteiner See (TOUR 25) (o. li.). Hintere Kesselschneid vor dem Wilden Kaiser (TOUR 24) (o. re.). Steiler Aufstieg zum Grinnerkopf (TOUR 23) (u. re.). Die Kleinmoosenalm unterhalb des Rosskaisers (TOUR 24) (u. li.).

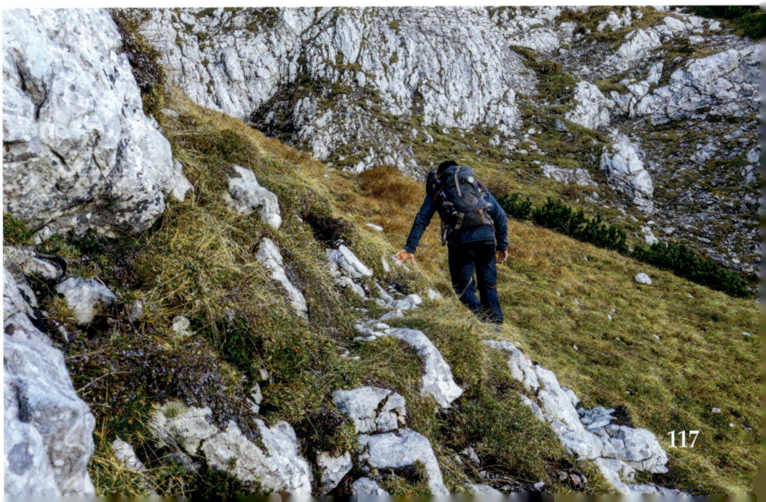

23

Grinnerkopf

Zahmer Kaiser mal ganz wild

Schwer | 5–6 h | 1000 m | 7,9 km

Tourencharakter
Steiler Anstieg durch zerklüftete Nordseite mit teils schwieriger Wegfindung. Exponiertes Gelände. Trittsicherheit und Schwindelfreiheit nötig.

Ausgangs-/Endpunkt
Aschinger Alm, 940 m

Höchster Punkt
Grinnerkopf, 1870 m

Anfahrt
ÖPNV Keine Verbindung.
Auto A93 Richtung Kufstein bis Ausfahrt Oberaudorf; weiter Richtung Walchsee; kurz hinter Sebi rechts in Richtung Asching; alternativ bis Durchholzen und von der Talstation Zahmer-Kaiser-Sessellift zu Fuß in 1 Std.

Gehzeiten
Aschinger Alm – Einstieg (15 Min.) – Grinnerkopf (2,5 Std.) – Vogelbad (45 Min.) – Fuß Egersgrinn (1 Std.) – Aschinger Alm (30 Min.)

Einkehr
Unterwegs keine; Alpengasthof Aschinger Alm am Ausgangs-/Endpunkt

Karten
Kompass WK 09, 1:50 000; AV-Karte Nr. 8, 1:25 000

Information
Tourist-Info Walchsee, www.kaiserwinkl.com

Der Grinnerkopf ist ein relativ unbekannter Gipfel im Zahmen Kaiser, der über einen alten Pfad erklommen wird. Etwas anspruchsvoller, aber dafür umso einsamer.

Ein Blick in die Kompass-Karte verrät: Den Grinnerkopf scheint es gar nicht zu geben. Anstelle einer Bezeichnung ist auf der Karte westlich von der Pyramidenspitze nur ein namenloses Kreuz eingezeichnet, auf das darüber hinaus auch kein Weg zu gehen scheint. Das muss aber nicht unbedingt etwas heißen. Denn wo ein imposantes Gipfelkreuz thront, muss auch ein Weg nach oben führen. Und in der Tat: In den AV-Karten ist nicht nur ein gepunkteter Steig erkennbar, der sich von Norden auf den 1870 Meter hohen Grinnerkopf windet. Sogar der Gipfel selber ist bezeichnet. Der Pfad will aber erst einmal gefunden werden

Start an der Aschinger Alm Die anspruchsvolle Tour auf den Grinnerkopf startet an der Ⓐ Aschinger Alm. Am Fuß der steil abfallenden Nordwände des Zahmen Kaisers heißt es zunächst den Einstieg finden. Der verbirgt sich direkt hinter einem ❶ Starthäuschen am Waldrand an der Piste, etwa 100 Höhenmeter oberhalb der Aschinger Alm, die im Winter ein äußerst beliebtes Rodelziel ist.

Die erste Steilstufe im Wald

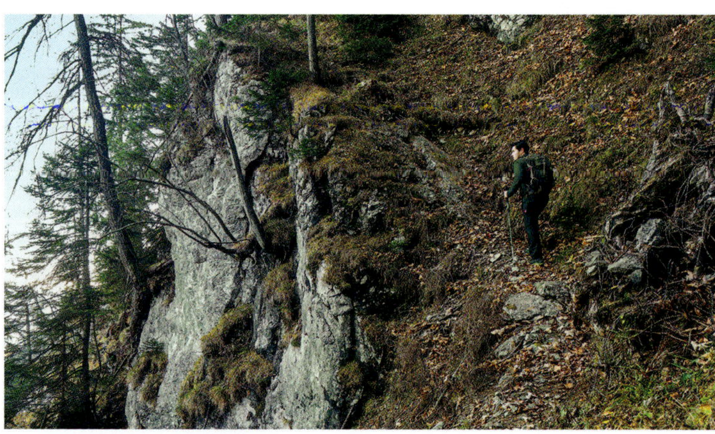

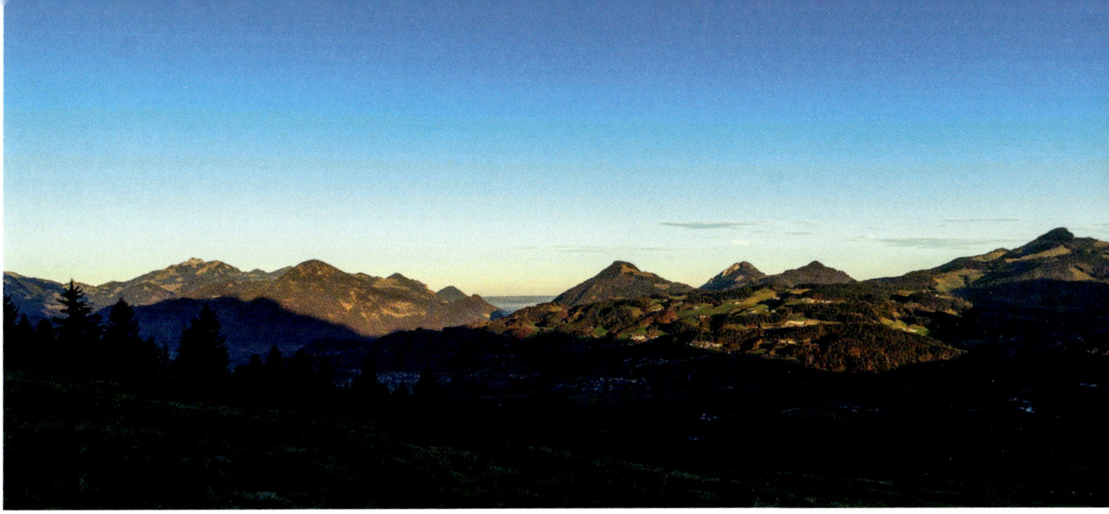

Im Sommer, wenn die Almwiesen üppig blühen und wachsen, kann es schwierig sein, den exakten Einstieg zu entdecken. Mit ein wenig Gespür ist der Steig allerdings schnell entdeckt und im Wald auch erst einmal nicht mehr zu verfehlen. Der alte Pfad zieht im Wald nun über den Kamm stets bergauf und kreuzt zweimal die letzten Ausläufer der Forststraße. Alte verblasste Markierungen weisen immer wieder den Weg, der im lichter werdenden Wald eine sehr steile Stufe überwindet.

Morgenlicht über den benachbarten Chiemgauer Alpen

Im Zweifel rechts Im Anschluss entspannt sich der Steig etwas, strebt durch die Latschenzone aber stetig weiter nach oben. Ein alter Trittbügel zeugt davon, dass die Tour auf den Grinnerkopf offenbar schonmal deutlich frequentierter war. Einer Rinne und einem blauen Pfeil (!) nach rechts folgend geht es wieder steiler bergan, bevor es heißt, aufzupassen.

Am Fuß einer Felsnase zweigt der eigentliche Steig etwas unscheinbar nach rechts ab. Eine verblasste Markierung und ein Steinmann weisen den Weg, werden aber schnell übersehen, sodass man sich kurz darauf in exponiertem Gelände samt Kletterei im II. Grad wiederfindet. Es ist möglich,

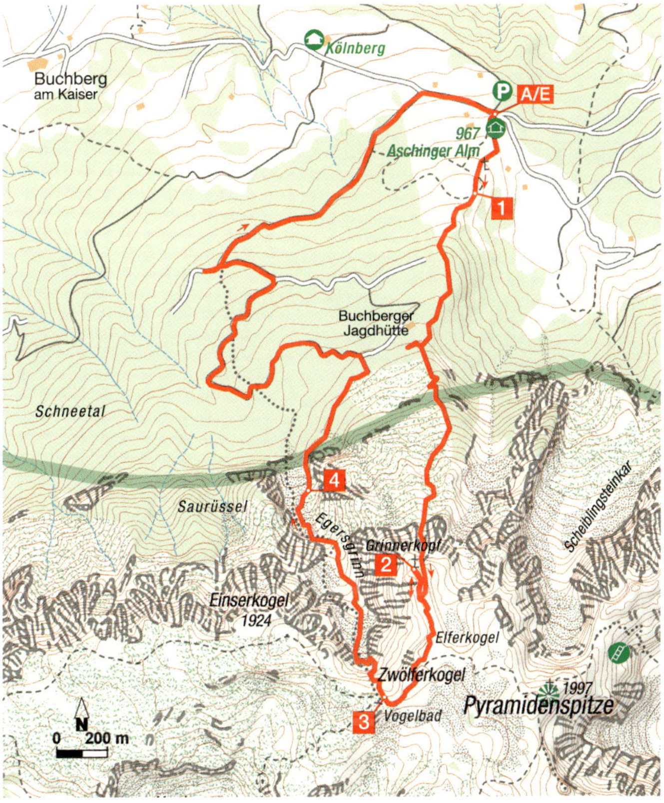

diesem Anstieg zu folgen. Die Schwierigkeit ist aber deutlich höher als auf dem »normalen« Anstieg.
Daher gilt: Im Zweifel immer rechts halten, um auf dem Normalweg zu bleiben. Dieser nutzt geschickt eine zerklüftete Lücke in der Nordwand des Grinnerkopfs. Immer stets nah am Fels geht es den nun deutlicheren Markierungen folgend gen Gipfel, dessen Kreuz bald zu sehen ist.

Zum Grinnerkopf-Gipfel Das prangt auf einem vorgelagerten Gipfel. Der höchste Punkt ist erst später sichtbar. Ein direkter Aufstieg zum Gipfelkreuz im Schrofengelände ist möglich, allerdings sehr steil und ausgesetzt. Gerade bei Restnässe eine Idee, die wohl überlegt werden sollte. Die normale Route führt daher durch eine Lücke im Fels samt einer ganz leichten Klettereinlage. Nun, auf der Ostseite vom Grinnerkopf angekommen, geht es im nicht mehr so steilen Wiesengelände bis auf den Grat, der das Kreuz und den höchsten Punkt des Grinnerkopfs verbindet. Ein richtiger Pfad ist in der Wiese nur mit Fantasie zu erkennen, ein Verlaufen aber kaum mehr möglich. Die letzten Meter zum 2 **Grinnerkopf-Gipfelkreuz** sind nochmal etwas anspruchsvoller und recht ausgesetzt.

Ein Durchschlupf führt nach oben.

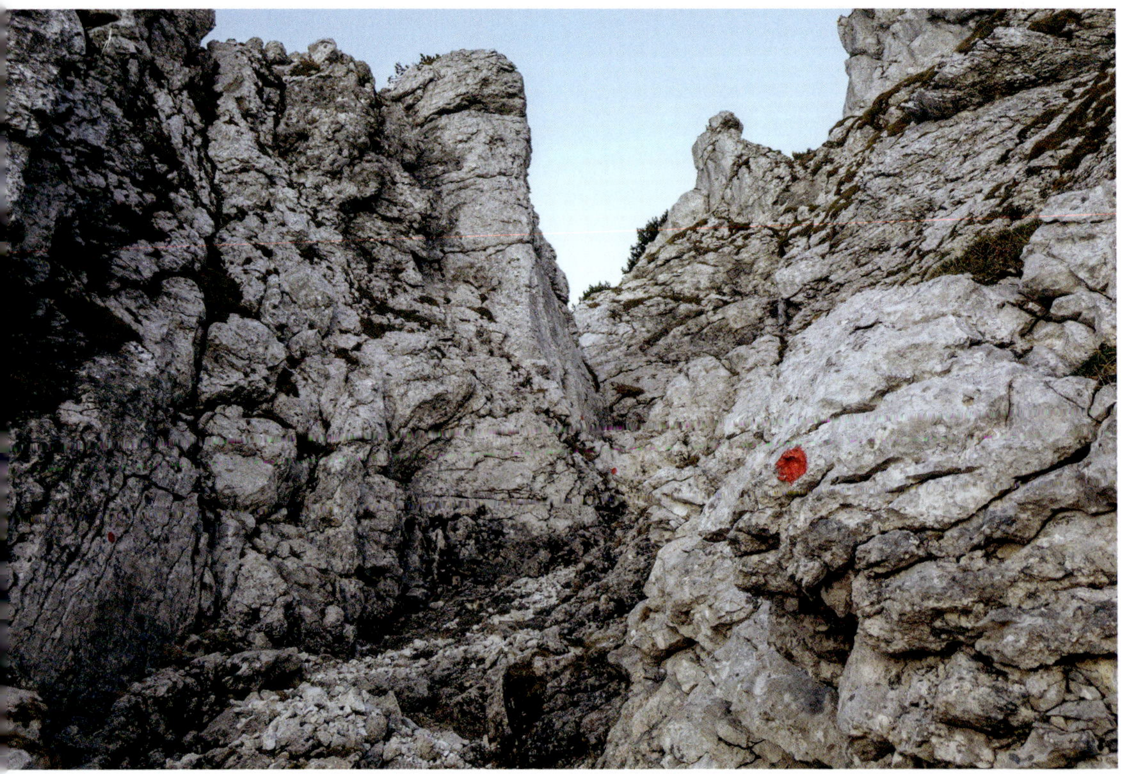

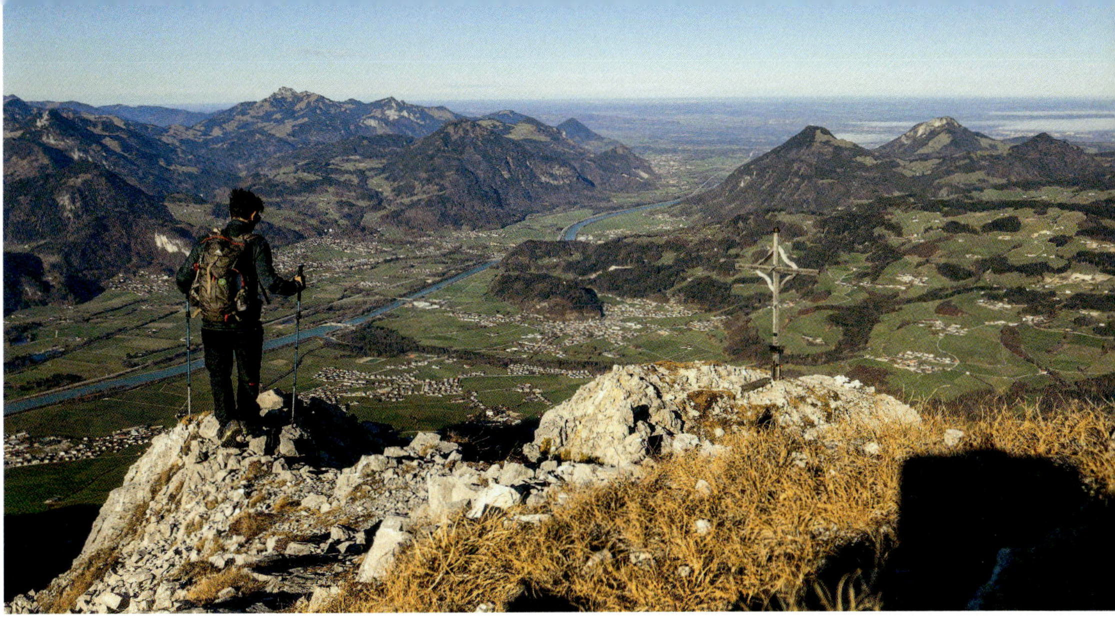

Abstieg durchs Egersgrinn Auf dem Weg zum Hauptkamm des Zahmen Kaisers lässt sich mit einem kleinen Umweg auch dem höchsten Punkt des Grinnerkopfs ein Besuch abstatten. Dafür geht es ein Stück am Grat zurück, bis eine Latsche den Weg versperrt; kurz nach rechts hinab ausweichend steigt man auf der anderen Seite bis zum höchsten Punkt auf. Nach dem Gipfel geht es meist links vom Kamm oft durch dichte Latschengassen bis zum Plateau des Zahmen Kaisers, wo der normale Wanderweg erreicht wird, der von der Vorderkaiserfeldenhütte über Naunspitze und Petersköpfl zur Pyramidenspitze führt.
Rechts haltend wandert man einfach im leichten Auf und Ab bis zum 3 **Vogelbad**, wo der Steig ins Egersgrinn – im Spätwinter eine beliebte Skitour – abzweigt.
»Weg ist aufgelassen«, verlautet ein gelbes Schild, doch auch dieser ist in Pünktchen-Form noch in vielen Karten zu finden. Einer ersten Steilstufe, die unbedingt Trittsicherheit und Schwindelfreiheit erfordert, schließt sich ein langer Abstieg durch das Kar an. Im losen Schutt geht es schnell bergab, während rechter Hand die Westwand vom Grinnerkopf steil aufragt.

Ausgesetzt geht es zum vorgelagerten Gipfelkreuz des Grinnerkopfs.

Zurück auf Los Am 4 **Ende des Kars** gerät die Wegfindung zum Suchspiel. Leicht rechts und bergab haltend ist irgendwann eine Forststraße erreicht, die nach knapp 30 Minuten etwas unterhalb der Aschinger Alm aus dem Wald tritt und den Ausgangspunkt am E **Alpengasthof** wieder erreicht.

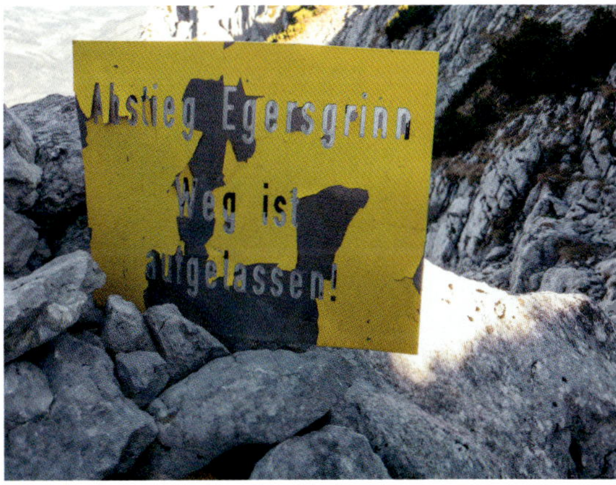

Hinweis vor dem Abstieg ins Egersgrinn

24

Pyramidenspitze und Rosskaiser

Gratwandern mit Nervenkitzel

Schwer | 8–10 h | 1460 m | 16,7 km

Tourencharakter
Sehr lange, konditionell und mental fordernde Tour. Bis Pyramidenspitze mäßig schwer. Grat bis zum Rosskaiser extrem ausgesetzt und weglos, wobei die Orientierung meist einfach ist. Trittsicherheit und Schwindelfreiheit unbedingt erforderlich.

Ausgangs-/Endpunkt
Wanderparkplatz Durchholzen, 740 m

Höchster Punkt
Vordere Kesselschneid, 2001 m

Anfahrt
ÖPNV Bus bis Durchholzen (zzgl. 1 km Fußweg zum Ausgangspunkt).
Auto A93 Richtung Kufstein bis Ausfahrt Oberaudorf; weiter Richtung Walchsee; in Durchholzen macht die Hauptstraße einen Linksschwenk, hier geradeaus bzw. leicht rechts haltend abbiegen bis zum Wanderparkplatz.

Gehzeiten
Durchholzen – Winkelalm (1 Std.) – Einstieg Klettersteig (1 Std.) – Pyramidenspitze (1 Std.) – Vordere Kesselschneid (30 Min.) – Rosskaiser (2,5 Std.) – Hochalm (30 Min.) – Durchholzen (2,5 Std.)

Einkehr
Keine Möglichkeit

Karten
Kompass WK 09, 1:50 000; AV-Karte Nr. 8, 1:25 000

Information
Tourist-Info Walchsee, www.kaiserwinkl.com

Der Zahme Kaiser thront über dem Kaiserwinkl und wirkt, gerade wenn man seine steil abfallenden Nordabbrüche sieht, alles andere als zahm. Der spektakulärste Abschnitt über dem Winkelkar wird bei dieser anspruchsvollen Bergtour zwischen Pyramidenspitze und Rosskaiser überwunden.

Die sehr lange Tour (ca. 10 Stunden) darf nur bei sicheren Wetterbedingungen begangen werden, weswegen sich ein früher Start empfiehlt. So können wenigstens im nördlichen Zustieg zur Pyramidenspitze noch Kräfte gespart werden. Dazu ist ein gehöriges Maß an Kraft und Kondition notwendig sowie absolute Trittsicherheit und Schwindelfreiheit.

Von Durchholzen hinauf ins Winkelkar Dabei ist der Startschuss zu der Gratüberschreitung durchaus zahm. Am **A Wanderparkplatz Durchholzen** unweit der Schmiedereralm startet

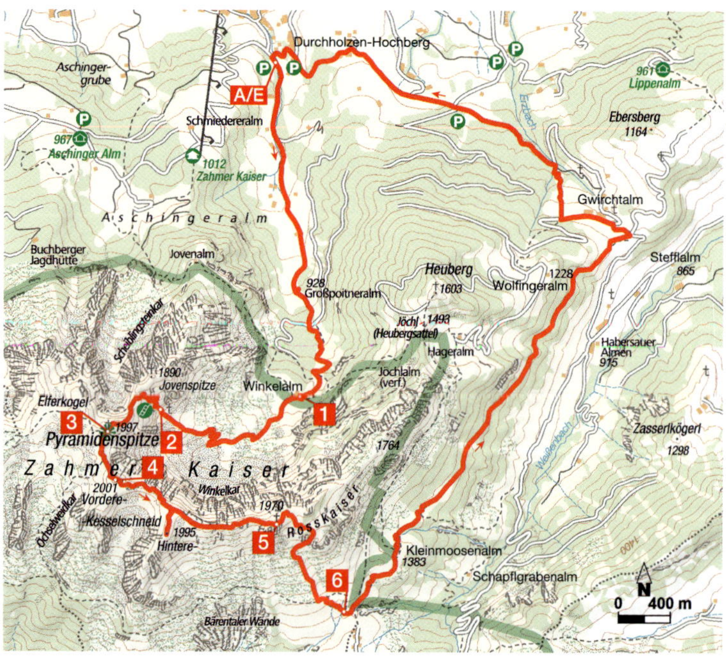

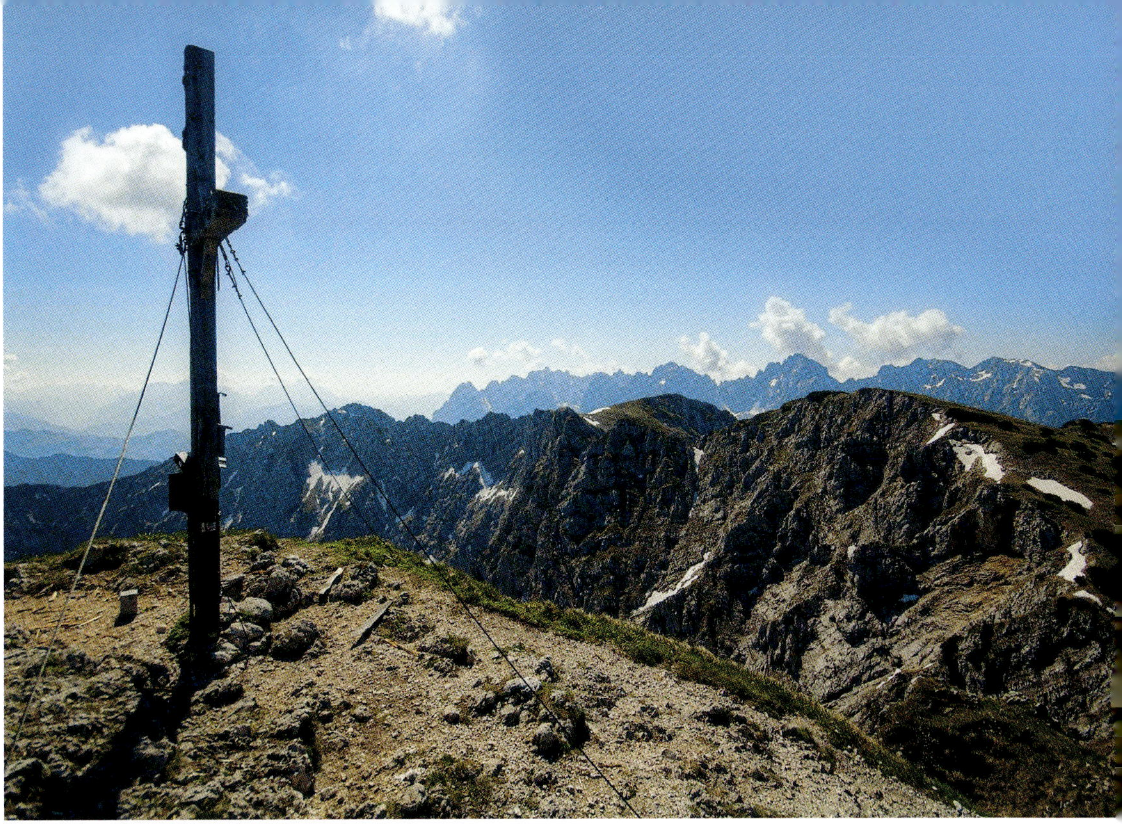

Das alte Gipfelkreuz der Pyramidenspitze

das Unterfangen. Zunächst steht der lange Aufstieg ins Winkelkar an. Langsam ansteigend passiert man die Großpointeralm, und während man sich den senkrecht aufragenden Felswänden nähert, die ❶ **Winkelalm**.
Zunehmend rauer wird das Gelände. Die Vegetation mit jedem Schritt spärlicher. Aus Bäumen werden Latschen, aus Latschen Gräser, aus Gräsern Flechten, aus Flechten Geröll.

Steig zur Pyramidenspitze Der Aufstieg im steilen Schotter ist mühsam, aber irgendwann ist der ❷ **Einstieg in den Klettersteig** erreicht. Trotz seiner Bewertung mit B (leicht) darf der nicht unterschätzt werden. Eine durchgehende Sicherung gibt es nicht, und so müssen im Steig immer wieder Kletterpassagen (I. Grad nach UIAA) ohne Sicherung überwunden werden. Dies und die exponierten Ausblicke nach unten sind ein Vorgeschmack auf das, was später noch kommt. Aufgrund des vielen losen Gesteins ist das Tragen eines Helms obligatorisch.
Bevor die Pyramidenspitze erreicht ist, wartet in einer Scharte ein Abstecher zur Jovenspitze (1890 m). Nach etwa drei Stunden ist die ❸ **Pyramidenspitze** (1997 m) und der vermeintlich höchste Punkt des Zahmen Kaisers erreicht. Der im Tal funkelnde Walchsee lockt mit einem Sprung ins erfrischende Nass, ist aber noch Stunden entfernt.

Der höchste Gipfel des Zahmen Kaisers Vom Gipfel steigt man nun in die Scharte zwischen Pyramidenspitze und Vorderer Kesselschneid ab. Den Wegweiser gen Kaiserbachtal ignoriert man, sondern folgt den losen Steinmännern, die den Weg auf den einzigen 2000er des Zahmen Kaisers weisen: 2001 Meter hoch ist die 4 **Vordere Kesselschneid**, die weglos relativ leicht erreicht ist.

Am Grat über dem Winkelkar Im Anschluss wird es anspruchsvoll. Der Weg folgt dem Gratverlauf, und schon das Abklettern von der Vorderen Kesselschneid zeigt, wo die Messlatte hängt. Das Schrofengelände ist extrem steil und fordert über die nächsten Stunden höchste Konzentration. Wer sich an dieser Stelle nur ein bisschen unwohl fühlt, kehrt besser um, denn das Gelände verzeiht keinerlei Fehltritte.
Der Grat zum Rosskaiser gibt den Weg nun mehr oder weniger vor, Steigspuren sind oft nur mit viel Fantasie erkennbar. Im steten Auf und Ab geht es am Grat entlang, immer mit Blick auf das lose Gestein und in den Abgrund des Winkelkars. Am Ende einer Rinne, die erklettert wird, wartet der spektakulärste Tiefblick. Direkt an der abfallenden Felskante mit ganz viel Luft unter den Füßen muss hinaufgekraxelt werden. Die Kletterschwierigkeiten bewegen sich bis zum II. Grad und sind für Geübte gut machbar. Die mentale Herausforderung ist die größere.

Im Winkelkar zum Klettersteig

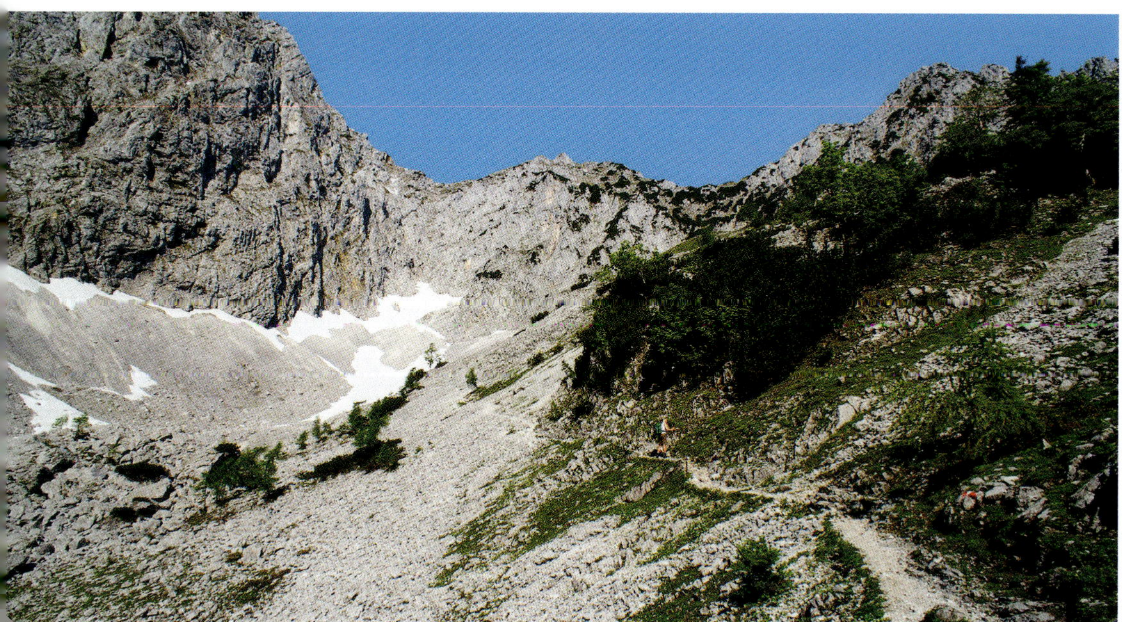

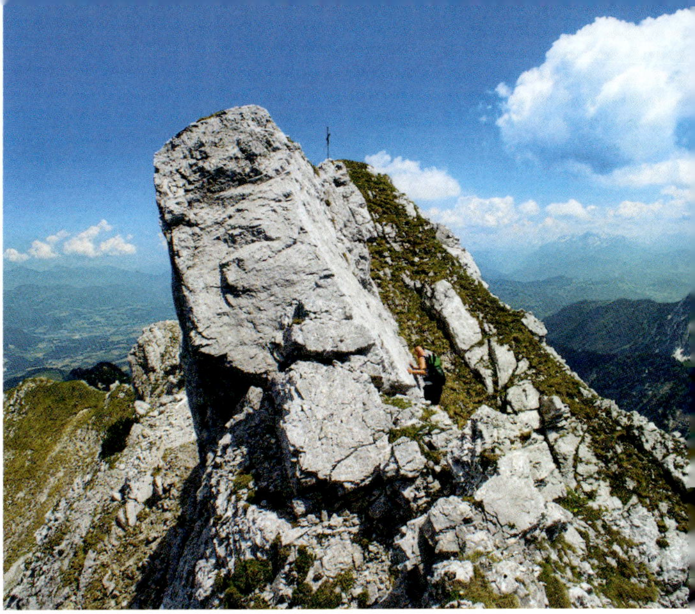

Der Kopf kann vor dem Erreichen der Hinteren Kesselschneid kurz durchatmen. Der Gipfel mit seinen 1995 Metern ist unschwierig erreicht. Dem Gipfelbuch nach zu urteilen, stattet kaum ein Bergsteiger ihm einen Besuch ab.

Aufstieg zum Rosskaiser Fürs Erste wird der Weiterweg nun freundlicher. Meist geht es auf der südlichen Seite des Grates entlang, immer wieder lockt der Blick hinab, zum Bad im See und zur Kugel Eis im Café. Denn vor der Sonne gibt es hier oben kein Entkommen.

Nach Stunden der bedachten Kraxelei rückt der Rosskaiser in greifbare Nähe. Sein finaler Anstieg ist sehr steil, sodass die Hände wieder zum Einsatz kommen. Am 5 Rosskaiser-Gipfel (1970 m) ist Zeit für eine weitere gründliche Verschnaufpause (ca. 3 Stunden ab Pyramidenspitze).

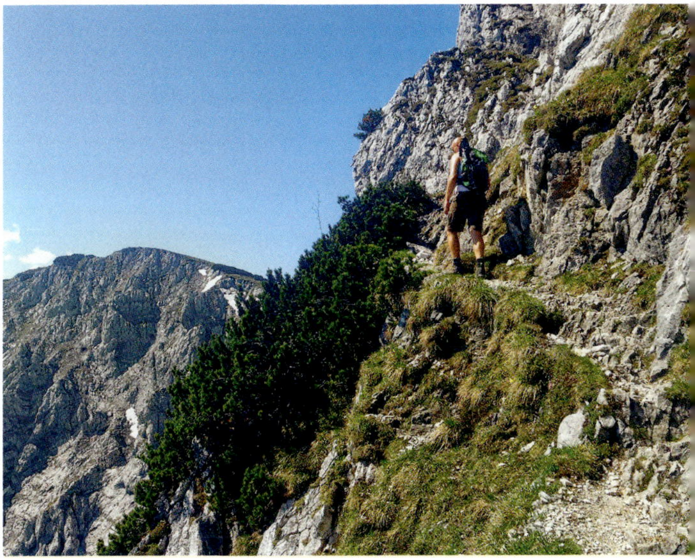

Ausgesetztes Gelände am Grat ohne Sicherungen

Oben: Ein letzter Aufschwung zum Rosskaiser

Weiter am Grat oder Abstieg Für den Weiterweg bieten sich zwei Alternativen an: Der Grat führt in anspruchsvollem Auf und Ab weiter bis zum Heubergsattel. Erschwerend kommt hier hinzu, dass man sich teils durch dichte Latschenkiefern kämpfen muss.

Die einfachere Variante verlässt den Kamm kurz nach dem Gipfel des Rosskaisers, führt im oberen Bereich durch Felstürme und wartet anschließend mit einem sehr steilen Abstieg direkt hinab zur 6 Hochalm auf. Die Oberschenkel brennen beim Ankommen, doch bis man wieder an den Ausgangspunkt gelangt, müssen noch etliche Kilometer abgespult werden. Die Kleinmoosenalm wird passiert und endlich erfordert das Gehen nicht mehr soviel Konzentration. Zuletzt wird der Heuberg umrundet und nach dem Hochberg schließlich wieder der Startpunkt am E Wanderparkplatz Durchholzen erreicht.

25

Zettenkaiserkopf

Wilde Wegsuche im Wilden Kaiser

Mittel | 4–5 h | 690 m | 9,2 km

Tourencharakter
Bis zur Walleralm einfache Wanderung. Finden des Einstiegs schwierig, anschließend steile Passagen durch Rinne und im Wald, die Trittsicherheit erfordern.

Ausgangs-/Endpunkt
Hintersteiner See, am Schiestlhof, 935 m

Höchster Punkt
Zettenkaiserkopf, 1609 m

Anfahrt
ÖPNV Bus bis Scheffau am Wilden Kaiser, Wanderbus bis Hintersteiner See.
Auto A93 Richtung Innsbruck bis Kufstein Süd (mautfrei), weiter bis Scheffau am Wilden Kaiser und Beschilderung bis Hintersteiner See folgend.

Gehzeiten
Hintersteiner See – Walleralm (1 Std.) – Zettenkaiserkopf (1,5–2 Std.) – Walleralm (1 Std.) – Hintersteiner See (45 Min.)

Einkehr
Walleralm, Stöfflhütte, Jausenstation Maier/Schiestlhof am Ausgangs-/Endpunkt

Karten
Kompass WK 09, 1:50 000; AV-Karte Nr. 8, 1:25 000

Information
Tourist-Info Scheffau am Wilden Kaiser, www.scheffau.eu

Der Zettenkaiserkopf ist der westlichste Gipfel im Wilden Kaiser und seine Besteigung entpuppt sich zwischendrin als knifflig und abenteuerlich zugleich.

Von weitem gesehen, fällt der Zettenkaiserkopf kaum auf. Eher wie eine dem Wilden Kaiser vorgelagerte Kuppe wirkt er von Kufstein aus gesehen. Beim Näherkommen ändert sich das nur wenig, denn irgendwie scheint er nicht so recht dazuzugehören. Schließlich ist diese Seite des Kaisergebirges geprägt von markanten Felsformationen. Der schmale Grat zwischen den Törlspitzen, die zahllosen Gipfel, die den Felskletterern vorbehalten bleiben, und nicht zuletzt der riesige Einschnitt zwischendrin – das Ellmauer Tor.
Und doch ist die Besteigung des Zettenkaiserkopfs alles andere als einfach. In den gängigen Karten ist kein Weg verzeichnet, aber es gibt ihn, wenn gleich er neben ausgeprägtem Wegfindungsgespür auch eines trittsicheren Bergsteigers bedarf.

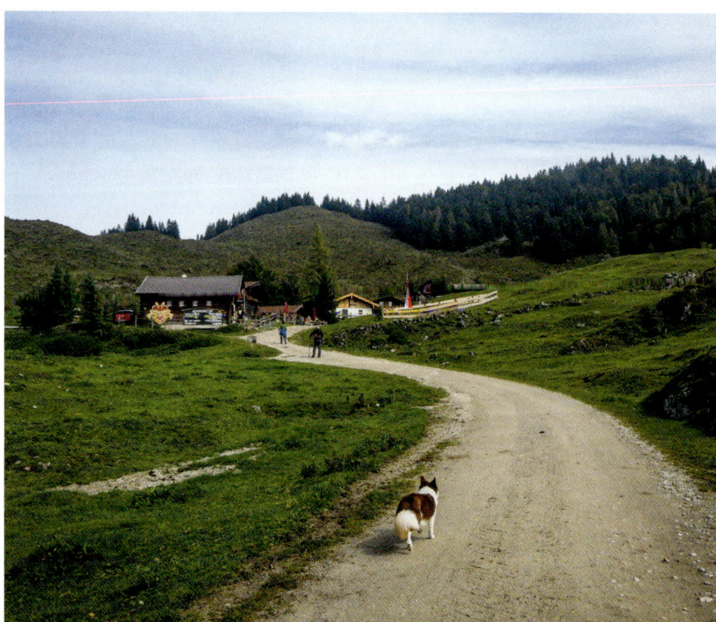

Stöfflhütte und Walleralm

Vom Hintersteiner See zur Walleralm Umso einfacher ist der erste Teil der Tour. Ausgangspunkt ist der Ⓐ **Hintersteiner See** oberhalb von Scheffau am Wilden Kaiser. Wer Ruhe und Einsamkeit sucht, ist auf dem Weg zur Stöfflhütte und zur Walleralm falsch. Selbst unter der Woche herrscht auf der Forststraße rege Betriebsamkeit, die sich aber gut verläuft. Unschwer werden die ❶ **Walleralm** und die beiden Hütten in etwa einer Stunde erreicht. Weiter geht es auf dem Wilder-Kaiser-Steig, der oberhalb der Alm nun in südlicher Richtung um den Wilden Kaiser herumführt, während der Weg nach Osten Wanderer in einer knappen Stunde zur Kaindlhütte bringt.

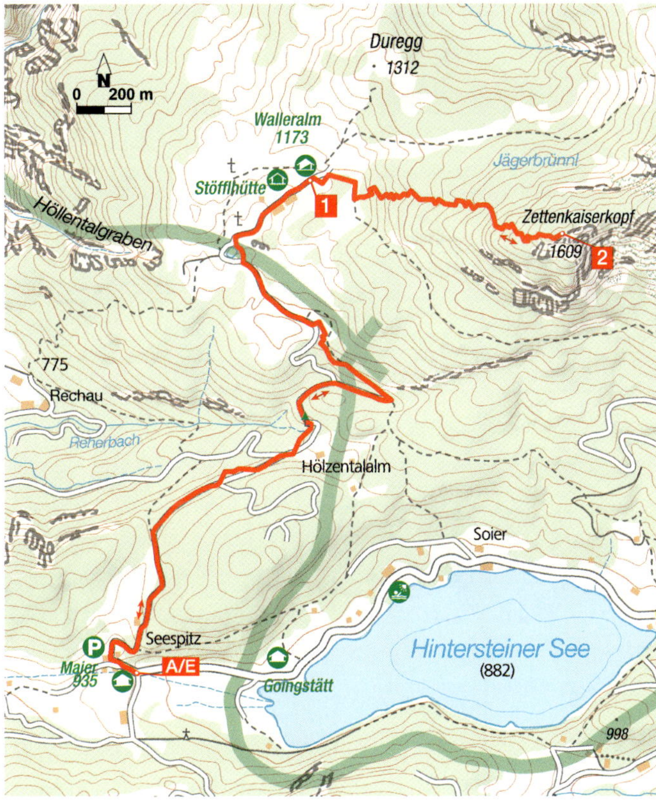

Durch eine Schneise und eine Rinne Der nächste Wegweiser auf dem südlichen Steig ist schon Sicht, als der Trubel der Almen und des beliebten Wanderwegs zurückgelassen wird. Der Einstieg ist allerdings sehr gut versteckt und befindet sich in einer Schneise, die etwa 30 Meter über dem Weg linker Hand gleich nach der Kurve beginnt. Um diese noch ausmachen zu können, muss man schon genau hinschauen, sie lässt sich aber doch erahnen. Sind die ersten Bäume erreicht, lassen sich leichte Pfadspuren erkennen, die zu einem kleinen Brunnen führen. Hinter dem gehen die Spuren tiefer in den Wald und eine rote Markierung lässt sich finden. Kurz darauf geht es steil rechts hinauf. Wieder ein roter Farbtupfer zeugt davon, dass der Weg gefunden ist. Im Anschluss wird es nun ein Stück einfacher, denn der Pfadverlauf folgt grob einer Rinne, die mal steiler und mal weniger steil ist. Großartige Schwierigkeiten gibt es nicht. Regelmäßig ist der Pfad aber auch unter dichtem Gestrüpp verborgen, teilweise muss die Rinne wegen wuchernder Latschenkiefern oder Schneebruch verlassen werden. Das macht den Aufstieg in der ersten Hälfte zwischen Walleralm und Gipfel des Zettenkaiserkopfs sehr mühsam und anstrengend.

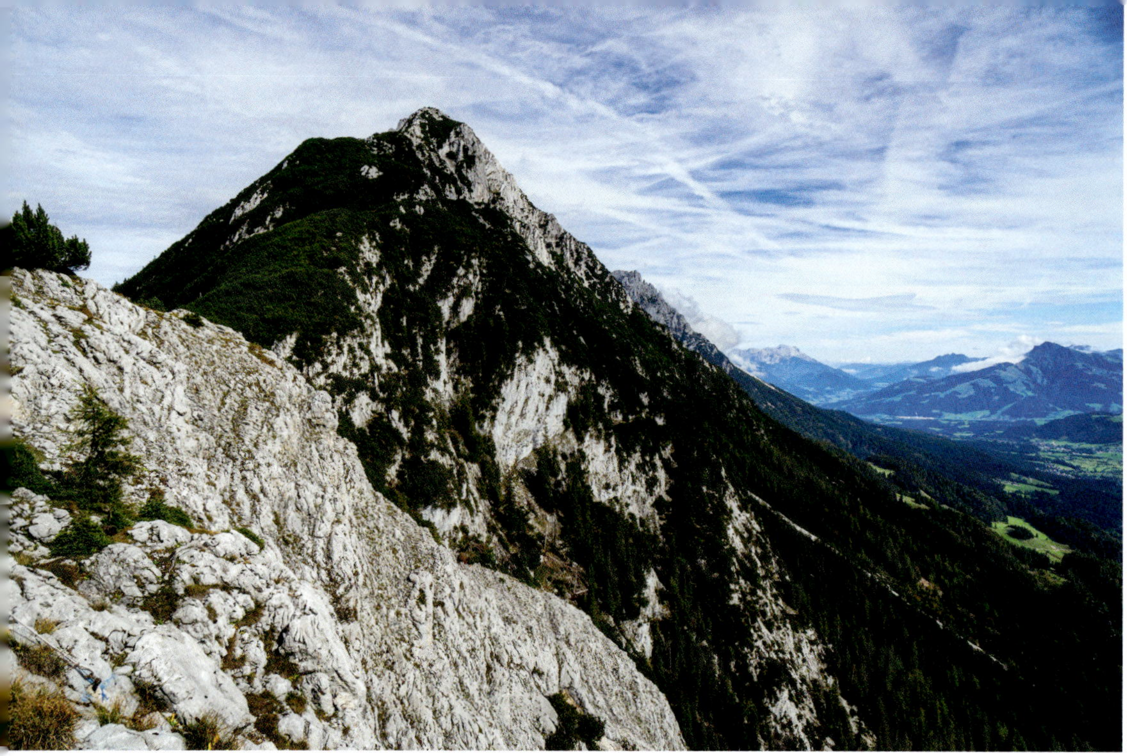

Blick auf den benachbarten Grübler Kaiser

Wenn sich der Bewuchs in der Rinne etwas lichtet, wird es einfacher, den Steigspuren zu folgen. Die verlassen die Rinne schließlich nach rechts und über schmale Tritte auf weichem Waldboden ist bald ein lose baumelndes Seil erreicht, mit dessen Hilfe eine Steilstufe über Fels und Wurzelwerk überwunden wird.

Dankbare Aufstiegshilfe

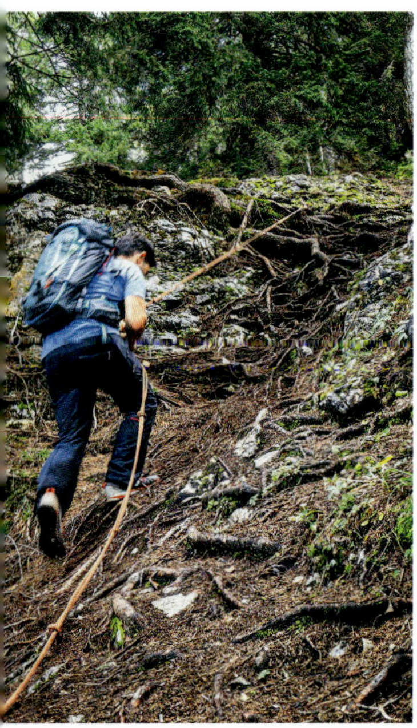

Via Westrücken zum Gipfel Zwar bleibt es im Anschluss sehr steil, die schleppende Wegsuche ist aber vorbei. Zumindest fast. Es geht durch den Wald weiter aufwärts, schließlich führt der Pfad vom Westrücken des Zettenkaiserkopfs auf die Südseite und plötzlich findet man sich zwischen mannshohen Latschenkiefern wieder.

Die Gassen zwischen den kleinen Kiefern geben den Weg nun vor, bieten immer wieder aber auch die Möglichkeit, plötzlich doch in einer Sackgasse zu stehen. Bald ist der Fuß eines kurzen und felsdurchsetzten Schrofenanstiegs und nach dessen Durchsteigung das Gipfelplateau des Zettenkaiserkopfs erreicht (ca. 1,5 bis 2 Stunden ab der Alm).

Der höchste Punkt des 2 **Zettenkaiserkopfs** (1609 m) ist nicht mit einem Gipfelkreuz markiert, sondern mit einem stattlichen Funkmast. Etwas vorgelagert wartet wenige Meter weiter unten das 2012 errichtete Gipfelkreuz, von dem man einen herrlichen Tiefblick zum türkisgrün funkelnden Hintersteiner See hat.

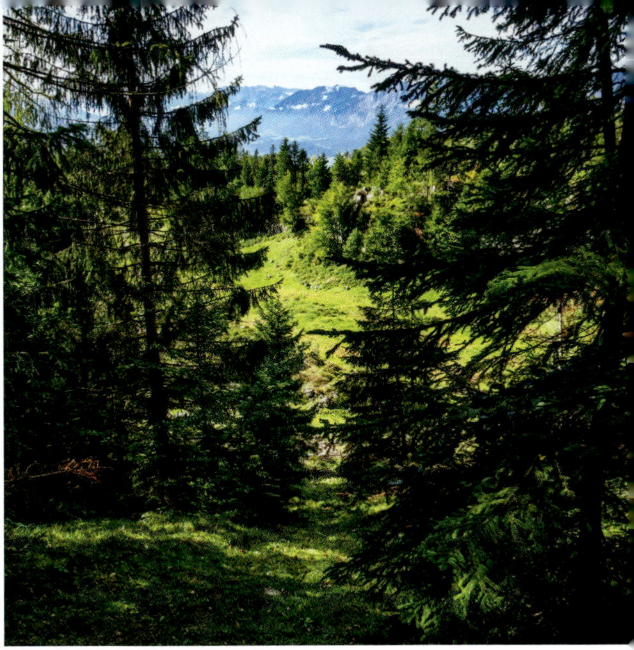

Alternativer Aufstiegsweg Neben dem mehr oder weniger direkten Aufstiegsweg von der Walleralm über den Westrücken gibt es noch einen zweiten Anstieg zum Gipfel des Zettenkaiserkopfs. Der führt von der Walleralm zunächst auf dem Wilden Kaiser Steig in Richtung Norden und Kaindlhütte, verlässt den Weg nach knapp 15 Minuten in einer Lichtung aber unscheinbar nach rechts weg. Immer leicht rechts haltend trifft diese Variante, die zwischenzeitlich ebenfalls nur schwer erkennbar ist, im späteren Verlauf auf den oben beschriebenen Anstiegsweg.

Abstieg auf dem Aufstiegsweg Der Rückweg erfolgt wieder bis zum seilgesicherten Stück und schließlich durch die Rinne (am Ende sehr steil) hinab zur **Walleralm** ❶ und nach einer kurzen Pause über den bekannten Weg zum Ausgangspunkt am Ⓔ **Hintersteiner See**.

In der Schneise findet sich der Weg

Am Gipfelkreuz über dem Hintersteiner See

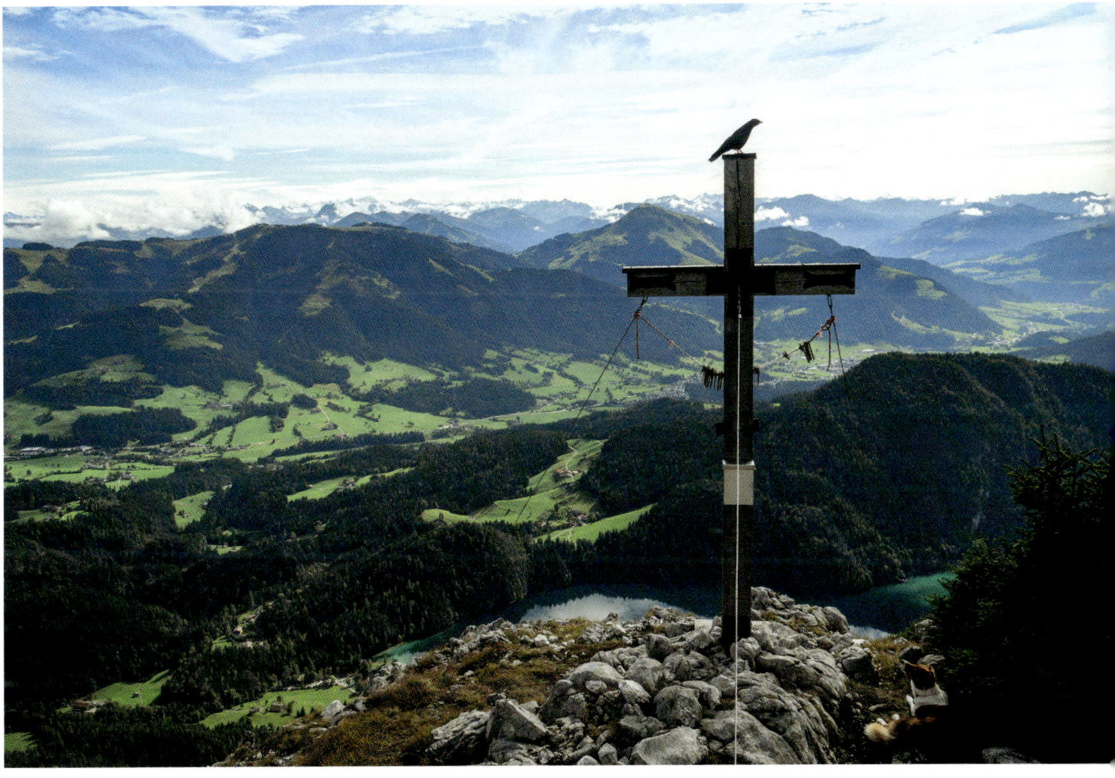

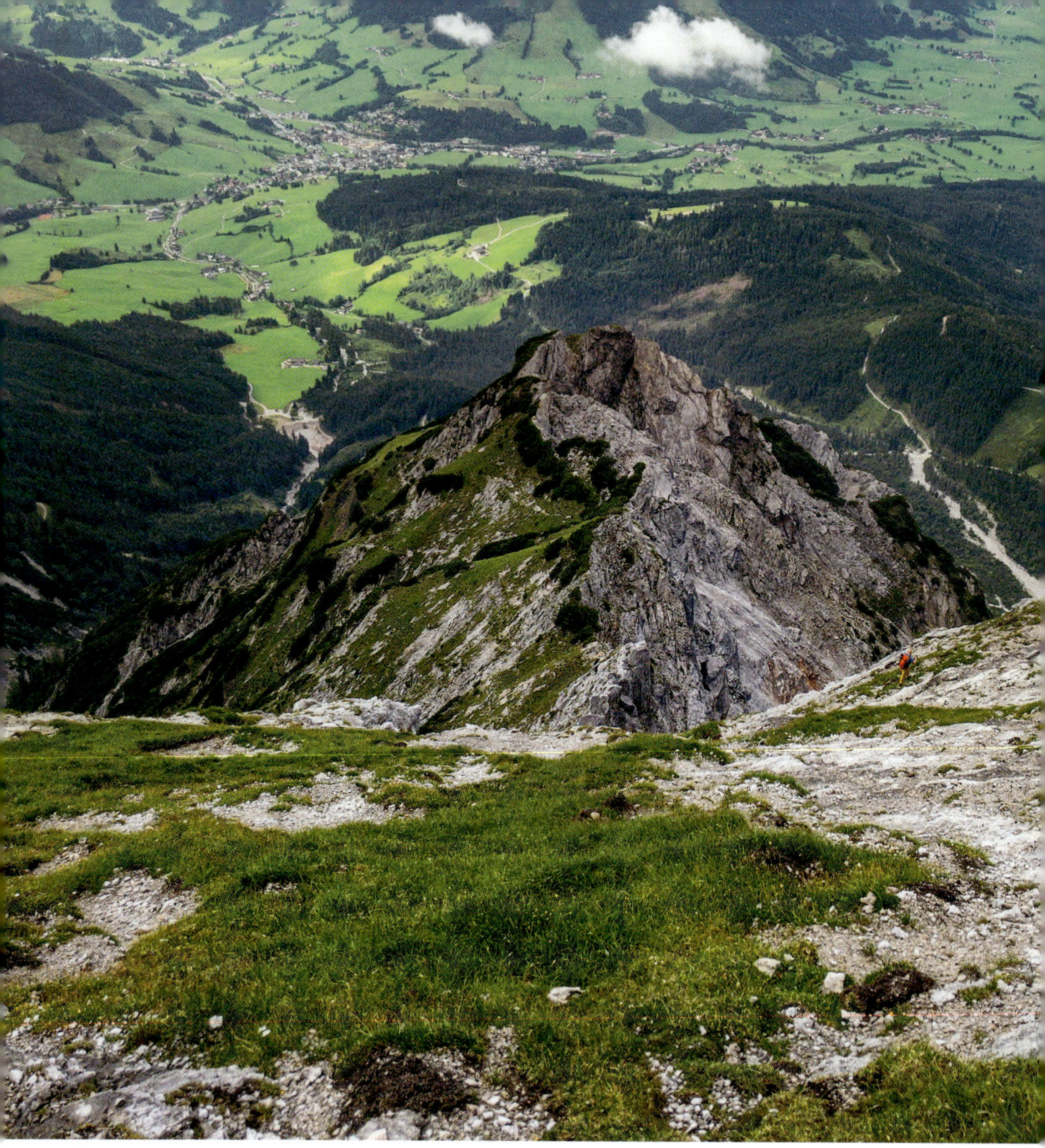

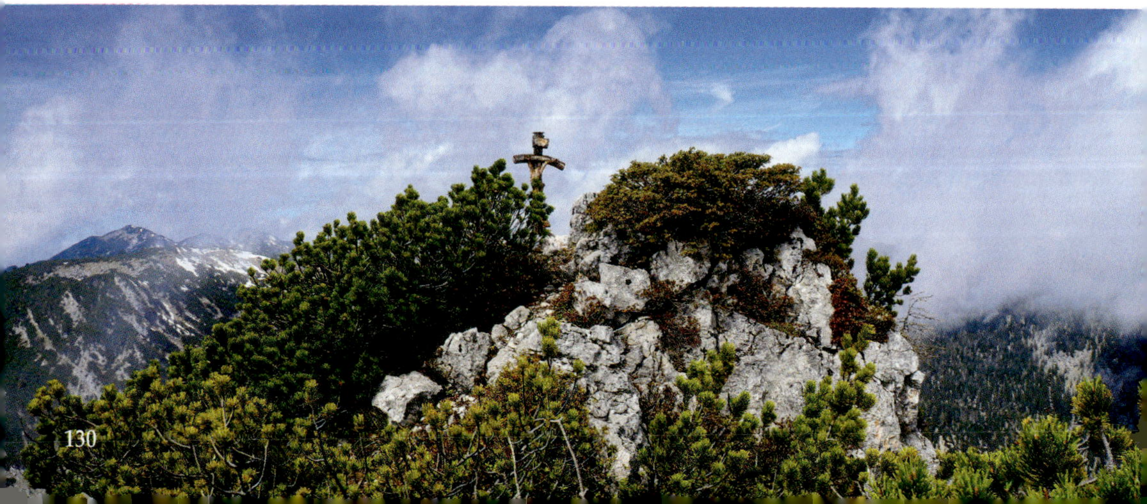

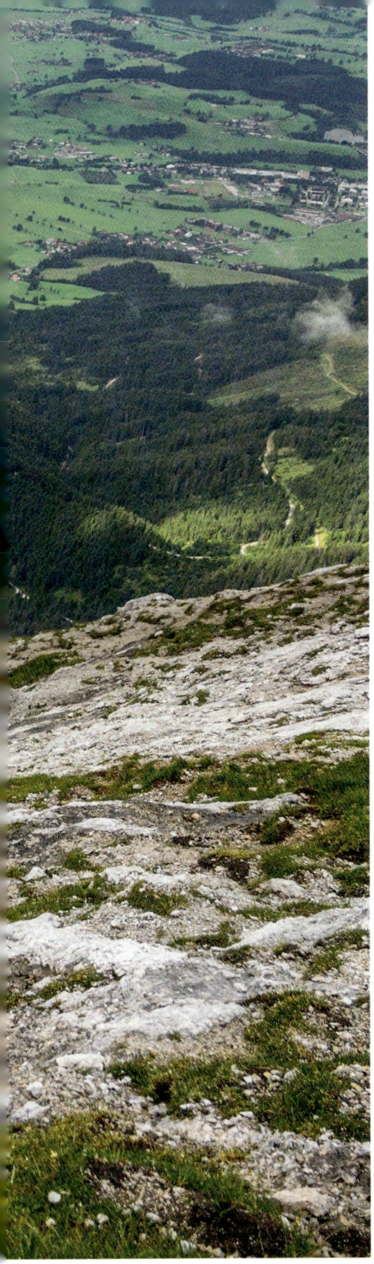

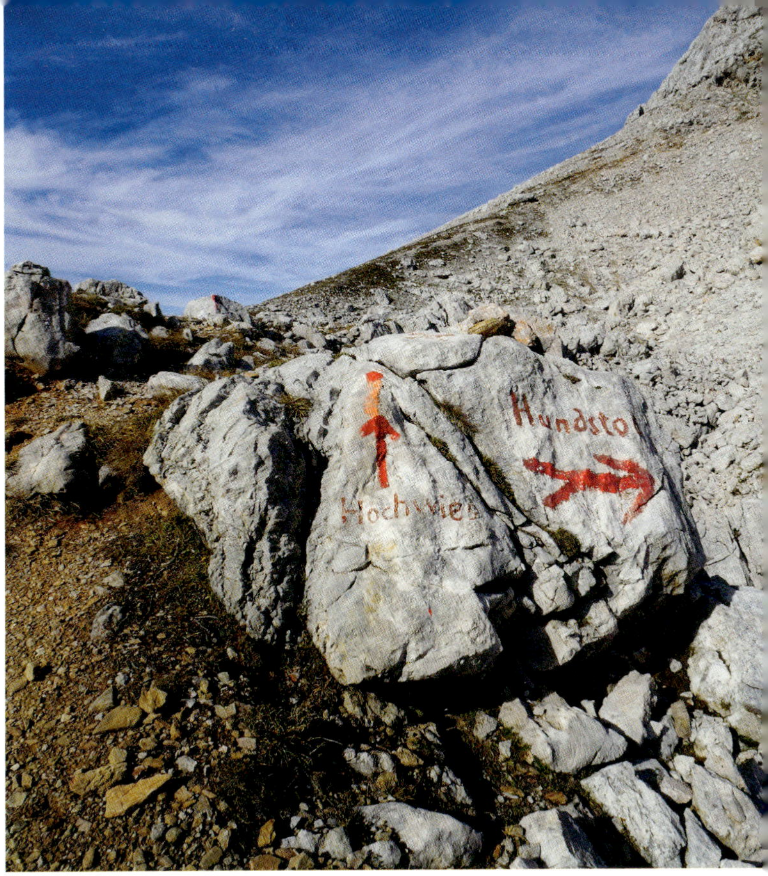

Berchtesgadener Alpen

Tiefblick am Aufstieg zum Schöneck (TOUR 28) (o. li.). In der Hundstodscharte (TOUR 27) (o. re.). Luftige Querung am Schöneck (TOUR 28) (u. re.). Gipfelkreuz auf dem Eisberg (TOUR 26) (u. li.).

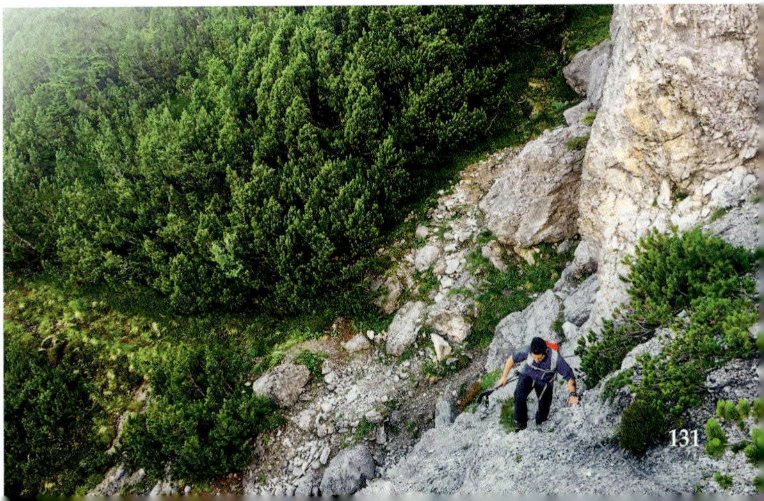

26 Eisberg

Wackelige Drahtseile am Rand der Reiteralpe

Mittel | 4,5–5,5 h | 960 m | 11,2 km

Tourencharakter
Anspruchsvoller Anstieg zur Eisbergscharte in exponiertem Gelände. Wegfindung manchmal etwas schwieriger. Trittsicherheit und Schwindelfreiheit nötig.

Ausgangs-/Endpunkt
Ramsau bei Berchtesgaden, Brandhäusl, 835 m

Höchster Punkt
Eisberg, 1800 m

Anfahrt
ÖPNV Bus bis Ramsau, Haltestelle Halsalm.
Auto Von Berchtesgaden oder Inzell über Deutsche Alpenstraße bis Ramsau und Ortsteil Brandhäusl zwischen Taubensee und Hintersee.

Gehzeiten
Brandhäusl – Einstieg Antonigraben (10 Min.) – Ende Antonigraben (30 Min.) – Eisbergscharte (1 Std.) – Eisberg Südgipfel (30 Min.) – Eisberg Nordgipfel (30 Min.) – Eisbergalm (30 Min.) – Eingeschossener Steig (30 Min.) – Schwarzbachwacht (30 Min.) – Brandhäusl (45 Min.)

Einkehr
Wirtshaus Wachterl, am Rückweg an der Deutschen Alpenstraße (kurzer Abstecher)

Karten
Kompass WK 794, 1:25 000; AV-Karte Nr. BY20, 1:25 000

Information
Tourist-Info Ramsau bei Berchtesgaden, www.ramsau.de

Der Eisbergsteig führt von unweit des Hintersees auf den östlichsten Gipfel der Reiteralpe. Markierte Wege sucht man vergebens, und so kann man auf der Überschreitung des Eisbergs auch zu Zeiten, wo es woanders vor Wanderern nur so wimmelt, gänzlich allein und ungestört sein.

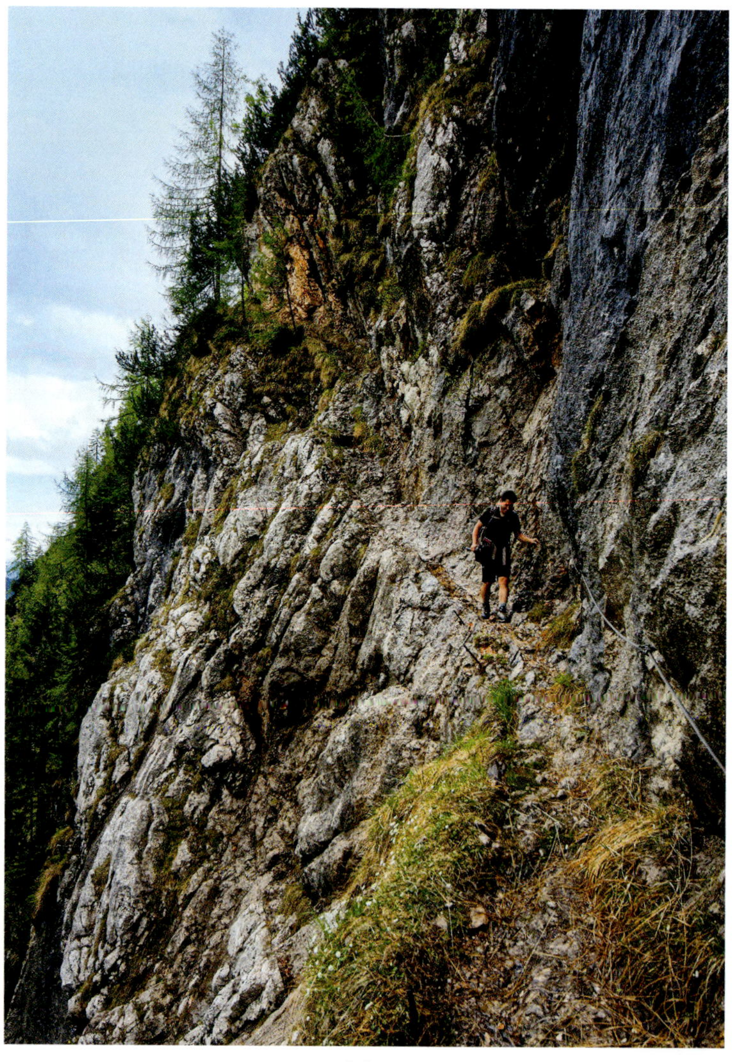

Am Eingeschossenen Steig

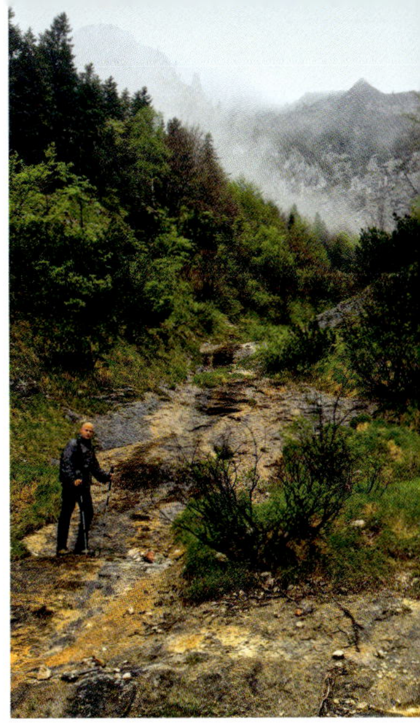

Einstiegsrinne in den Antonigraben

Die Reiteralpe, oft auch als Reiter Alm in den Karten zu finden, erstreckt sich als Hochplateau mit einzelnen kleineren und größeren Gipfeln im westlichen Teil der Berchtesgadener Alpen und überrascht mit abwechslungsreichem Gelände, schöner Flora und seltener Fauna. Der westliche Ausläufer des Nationalparks Berchtesgaden grenzt an den Chiemgau und nördlich ganz unversehens an den Truppenübungsplatz der Gebirgsjäger der deutschen Bundeswehr.

Aufstieg durch den Antonigraben Ausgangspunkt dieser gerade im frühen Teil relativ anspruchsvollen Tour ist in Ⓐ **Brandhäusl**, zwischen dem Hintersee und dem Taubensee gelegen. Üppige Parkmöglichkeiten gibt es hier nicht, aufgrund der geringen Frequentierung der Tour dürfte sich aber meist ein freies Plätzchen finden lassen.
Zunächst geht es auf bekannten – und so oft auch volleren Wegen – in Richtung der beliebten Halsalm am Fuß der steilen Südostwände der Reiteralpe durch den Wald. Allerdings nicht allzu lang, denn schon nach knapp zehn Minuten zweigt rechts etwas unscheinbar der ❶ **Steig durch den Antonigraben** ab, der eigentlich nicht zu verfehlen ist. In angenehmem Anstieg geht es nun in etwa 30 Minuten bis an den Fuß der Ostwand des Edelweißlahners. Eine deutliche Markierung weist am ❷ **Ende des Antonigrabens** den Weg zur Eisbergscharte.

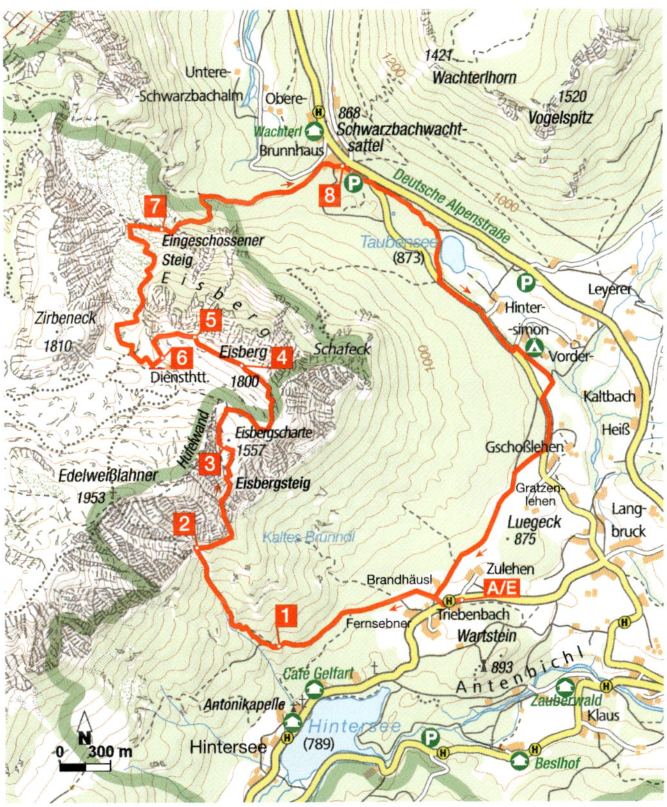

Der Eisbergsteig Der Steig windet sich nun immer nah am Fels entlang, wird bald deutlich schmaler und auch steiler. Trittsicherheit und Schwindelfreiheit ist nötig, denn zur Rechten geht es sehr steil nach unten. Wohl dem, der dank dichter Wolken den Abgrund nicht sehen muss. Eine weitere Markierung auf einem Felsen, die nicht zu verfehlen ist, trennt den Aufstieg erneut. »Leiterl« weist zu

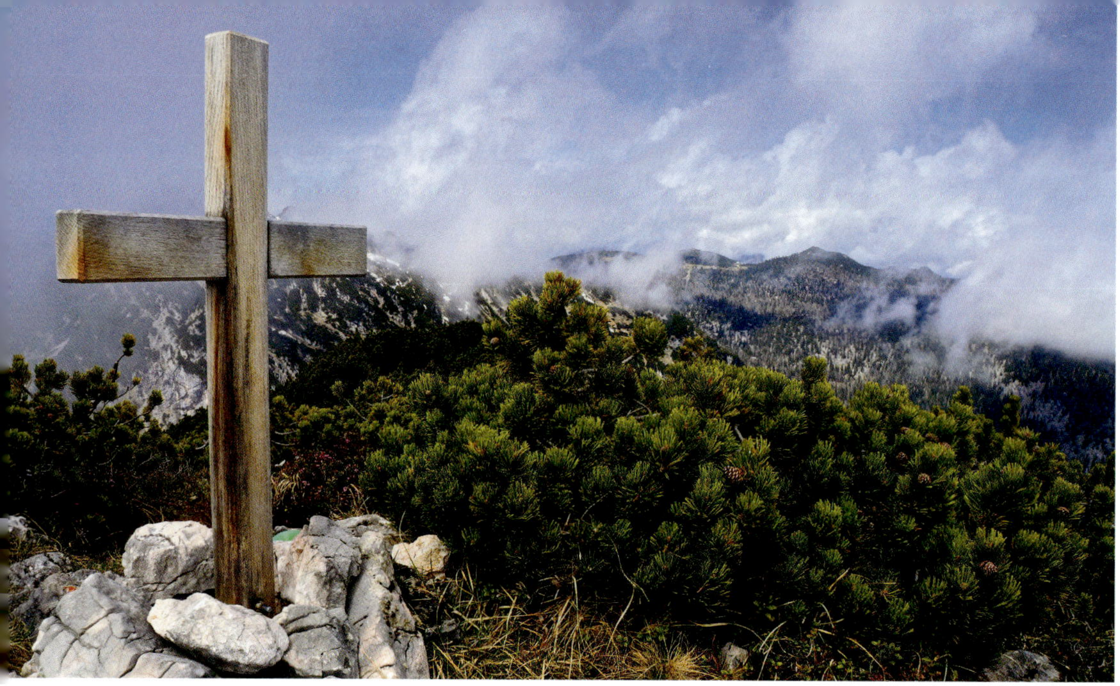

Eines der Eisberg-Gipfelkreuze

einer etwa fünf Meter hohen Leiter, hinter der es im stufigen und grasigen Gelände bis zur Eisbergscharte geht.
Spannender ist der Abzweig über die Platte. Hier führt der Weg über ein äußerst schmales Felsband, das mit einem Stahlseil versichert ist. Einen wirklich vertrauenerweckenden Zustand hat das nicht mehr, ist aber im steilen Schrofengelände ein durchaus willkommener Haltgeber. Ein falscher Schritt kann hier nämlich fatale Folgen haben. Weniger sicheren Gehern ist das Mitführen eines Klettersteigsets ans Herz zu legen, auch wenn ein Sturz in selbiges eher nicht zu empfehlen ist, sieht das Stahlseil doch nich mehr sehr vertrauenerweckend aus.

Von der Eisbergscharte zu den Eisberggipfeln Die größten Schwierigkeiten im Anstieg sind damit geschafft, und kurz darauf ist die 3 **Eisbergscharte** (1682 m) erreicht, wo sich eine kleine Pause anbietet. Drei große und markante nebeneinanderliegende Felsblöcke markieren so etwas wie den Abzweig zu den drei Gipfelkreuzen auf dem Eisberg. Die sind teilweise mit Markierungen versehen, und doch kann sich der schmale Pfad schnell verlieren, schweifen die Gedanken nur ein bisschen ab. Mit etwas Wegfindungsgespür lässt sich der Aufstieg allerdings schnell wiederfinden und durch Latschenkiefern geht es weiter bis zum 4 **südlichen Eisberg-Gipfelkreuz**.
Latschen sind im weiteren Verlauf am Kamm des Eisbergs ständige Begleiter. Im leichten Auf und Ab, über Wurzeln und Felsen wird dem mittleren und schließlich dem 5 **nördlichen Eisberg-Gipfelkreuz** die Ehre erwiesen. Welches nun

am höchsten ist, lässt sich schwer sagen – in den Wanderkarten von Kompass oder dem Alpenverein ist der Eisberg ein glatter 1800er, in anderen Quellen mit 1799 Metern angegeben.
Die Ausblicke reichen einmal quer durch und über die Berchtesgadener Alpen: Hochstaufen (noch zu den Chiemgauern gehörend) und Lattengebirge im Norden, der Göllstock im Osten, im Süden der sagenumwobene Watzmann und das Hochkaltermassiv mitsamt dem nördlichsten (Noch-)Gletscher der Alpen, dem Blaueiskees.

Abstieg über den Eingeschossenen Steig Zunächst führt der Abstieg nun in relativ gerader Linie vom nördlichsten der drei Gipfel nach unten in Richtung Eisboden und der 6 **Eisbodenalm**, mit einer wunderschönen Jagdhütte. Es geht weiter abwärts und über ein großes Schuttfeld, wo der Weg ab und an wieder etwas schwerer zu finden ist. Nach einer kurzen Abfahrt im Geröll ist er wieder deutlicher und nicht mehr zu verfehlen. Der in das Gestein hineingesprengte Steig (daher die Bezeichnung »eingeschossen«) quert spektakulär eine steile 7 **Felswand**, in der das Wasser in Rinnsalen von oben hinunter läuft. Ein Drahtseil – diesmal etwas solider erscheinend – hilft beim Balancehalten.
Weit weniger spektakulär geht es erst im Wald bis zum Forstweg hinab, auf dem schließlich zum Sattel 8 **Schwarzbachwacht**, vorbei an Parkplatz und Taubensee und in weiteren knapp 40 Minuten in Richtung Hintersee zurück zum Ausgangspunkt in E **Brandhäusl**.

Einsame Jagdhütte auf der Reiteralpe

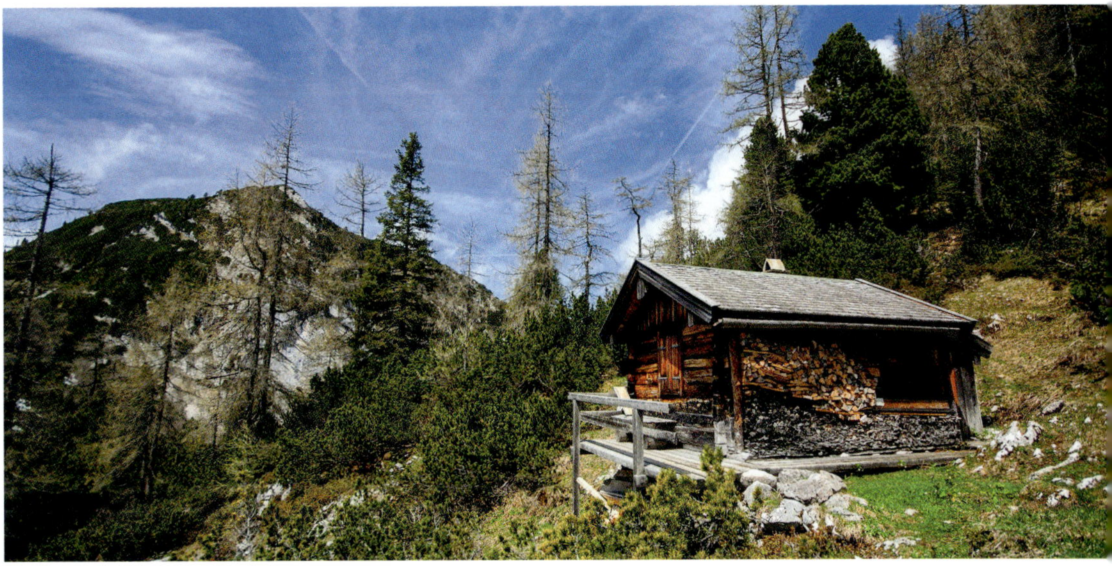

27

Großer Hundstod

Wo König Watzmanns Hunde ruhen

Schwer | 8–10 h | 1785 m | 24,5 km

Tourencharakter
Vor allem im Zustieg lange Tour bis Ingolstädter Haus. Trittsicherheit und Schwindelfreiheit für Gipfelaufstieg nötig. Schwierige Wegfindung über Hochwies. Exponiert durch das Pflegerklamml. Aufteilung auf zwei Tage empfehlenswert.

Ausgangs-/Endpunkt
Wanderparkplatz Pürzlbach, 1055 m

Höchster Punkt
Großer Hundstod, 2593 m

Anfahrt
ÖPNV Bus bis Weißbach bei Lofer; von dort Almtaxi bis Kallbrunnalm (nur im Sommer).
Auto B311 bis Weißbach bei Lofer, Abzweig Hintertal, nächster Abzweig nach rechts Richtung Pürzlbach (Heubadehof).

Gehzeiten
Pürzlbach – Kallbrunnalm (1 Std.) – Ingolstädter Haus (2 Std.) – Großer Hundstod (1,5–2 Std.) – Hundstodscharte (1 Std.) – Hochwies/Pflegerklamml (1,5 Std./1 Std.) – Kallbrunnalm (1–1,5 Std.) – Pürzlbach (45 Min.)

Einkehr
Kallbrunnalm, Ingolstädter Haus

Karten
Kompass WK 794, 1:25 000; AV-Karte Nr. BY21, 1:25 000

Information
Tourist-Info Weißbach bei Lofer, www.salzburger-saalachtal.com

Die Besteigung des Großen Hundstods führt über den Normalweg und einen Umweg auf unmarkierten Pfaden beim Abstieg. Aber wie kam der sagenumwobene Berg am Rande des Steinernen Meers eigentlich zu seinem ungewöhnlichen Namen?

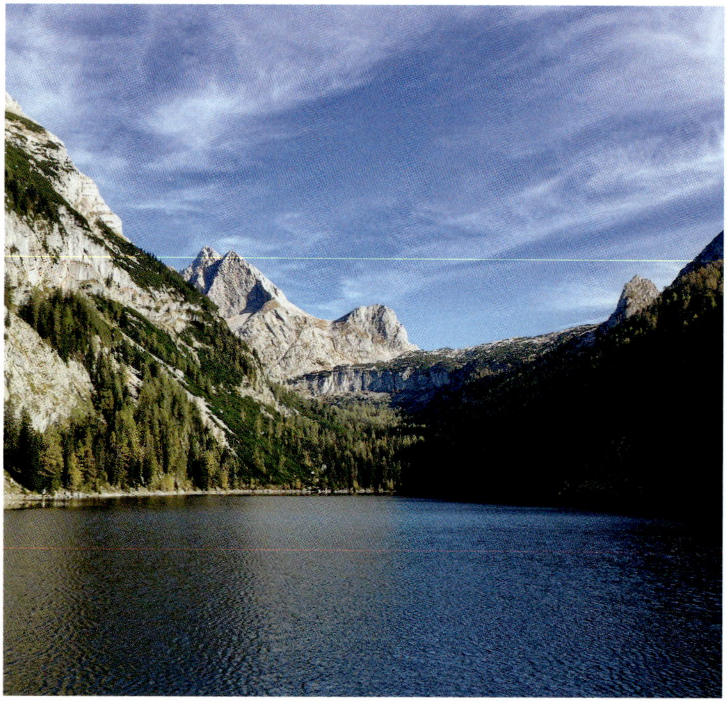

Der Große Hundstod über dem Dießbachstausee

Wenn die Hütten im Herbst so langsam schließen, ist die beste Zeit, um noch den ein oder anderen Gipfel, auch jenseits der 2000 Meter, anzugehen. So wie den Großen Hundstod in den Berchtesgadener Alpen, der sich mit seinem südseitigen Anstieg noch lang gehen lässt, wenn der erste große Schnee mal wieder auf sich warten lässt.
Bestenfalls plant man für die Besteigung des Großen Hundstods gleich zwei Tage ein, übernachtet im Ingolstädter Haus und genießt die Zeit in den am Rand des Steinernen Meers oft erstaunlich einsamen Berchtesgadener Alpen.

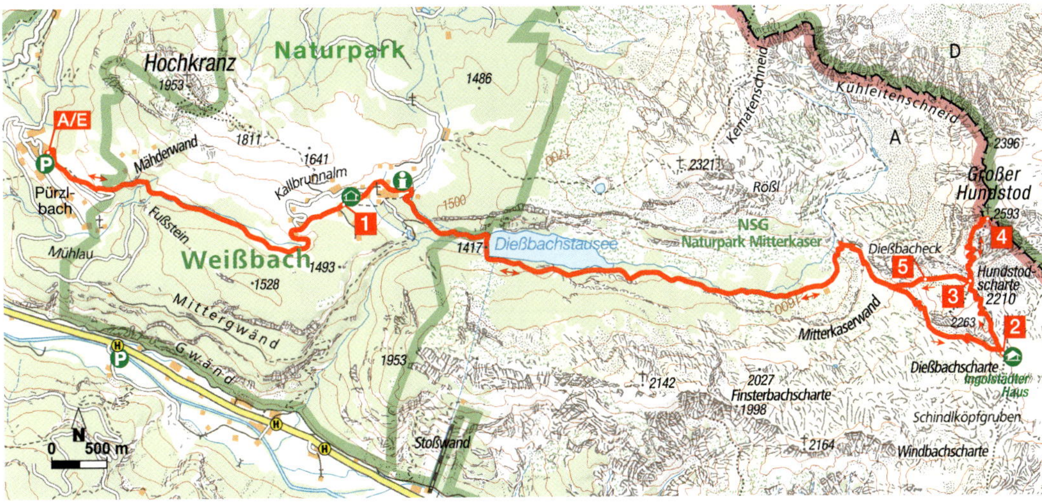

Start in Pürzlbach Die Tour startet oberhalb von Weißbach bei Lofer am Ⓐ **Wanderparkplatz Pürzlbach**. Der Anstieg ist wenig steil und in etwa einer Stunde hat man die weitläufige ❶ **Kallbrunnalm** erreicht.

Zustieg zum Ingolstädter Haus Über die Almen geht es leicht abwärts in Richtung Dießbachstausee. Die Zeitangaben auf den Beschilderungen sind etwas verwirrend. Zum ersten Mal kommt nun die Westflanke des Großen Hundstods ins Bild. Am Dießbachstausee angekommen, wird die Staumauer überquert. Bis hierhin kann man übrigens gut mit dem Mountainbike fahren und sich so vor allem im Abstieg jede Menge Zeit sparen.

Die Hundstod-Sage

Wie kommt der Große Hundstod nun zu seinem Namen? Die Erzählung ist eng verknüpft mit der Sage vom König Watzmann: Vor langer Zeit lebte der grausame König dort, wo heute das Berchtesgadener Land ist. Sein Volk fürchtete ihn und seine Familie. Bei einem Jagdausflug kam er zu einer Hütte, wo die Hirtin mitsamt ihrem Kind von den Hunden des Königs totgebissen wurde. Im Zorn über seinen Verlust erschlug der Hirte den liebsten Hund des Königs. Wutentbrannt hetzte König Watzmann Hunde und Gefolge auf den Hirten, der mit einem letzten Ausruf einen Fluch aussprach. Kurz darauf donnerte es und des Königs eigene Hunde stürzten sich auf sein Herrchen und dessen Familie. Die Toten wuchsen anschließend zu den markanten Felsgebilden, die noch heute hoch über Berchtesgaden ruhen. Des Königs Hunde dagegen stürzten sich in unmittelbarer Nähe von einem Berg, den wir heute als den Großen Hundstod kennen.

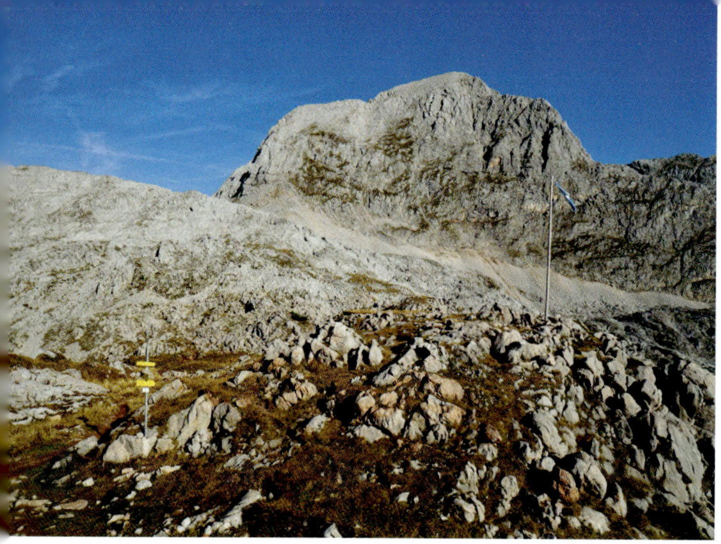

Hinter der Staumauer wird es steil, bevor es kurz darauf wieder ähnlich steil hinabgeht. Am Dießbach wandert man nun in stetiger Steigung durch im Herbst gelbgefärbte Lärchenwälder bis zur Mitterkaseralm, der Talstation der Materialseilbahn zum Ingolstädter Haus.

Ab hier beginnt der weitaus wildere Steig zur DAV-Hütte. Der überwindet eine Steilstufe und zieht relativ direkt zum

Gipfelanstieg zum Großen Hundstod

2 **Ingolstädter Haus**. Etwa drei Stunden sollte man für den etwa zwölf Kilometer langen Zustieg mit seinen knapp 1200 Höhenmetern veranschlagen.

Gipfelanstieg Der Weg auf den Großen Hundstod führt vorbei an tiefen Löchern und zieht auf die steile Südflanke des vierthöchsten Bergs im Steinernen Meer zu. Im grünen Schrofengelände geht es ohne allzu viele Höhenmeter zu überwinden bis zur 3 **Hundstodscharte** (2210 m), wo sich ein Abstecher auf den Kleinen Hundstod anbietet.

Panorama am Gipfelkreuz

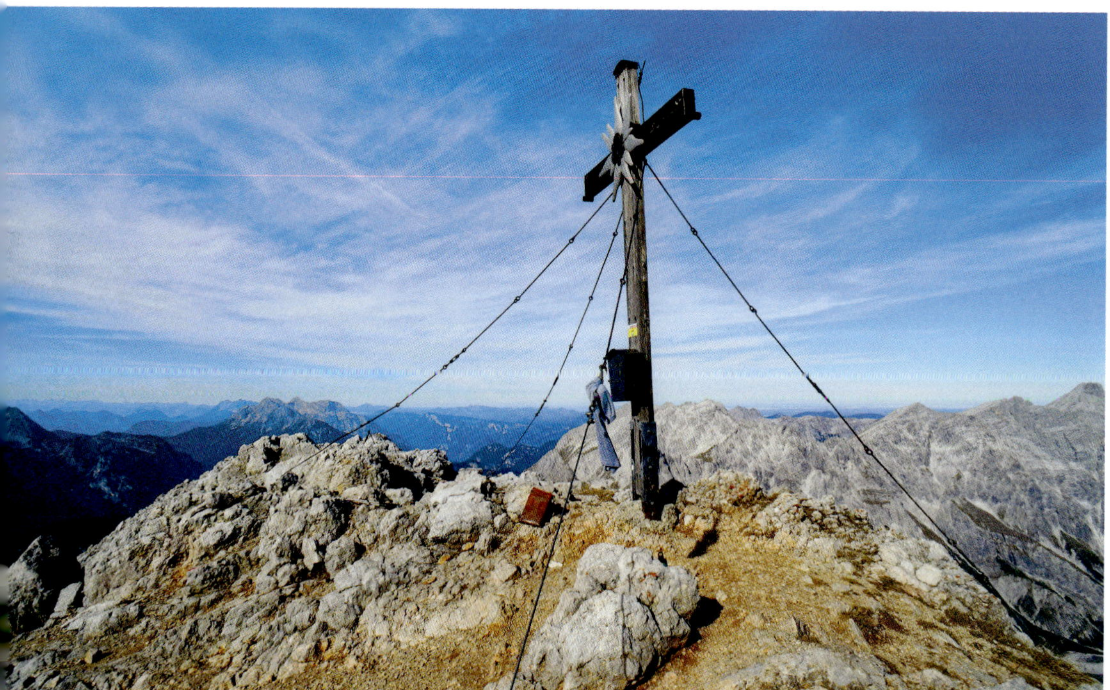

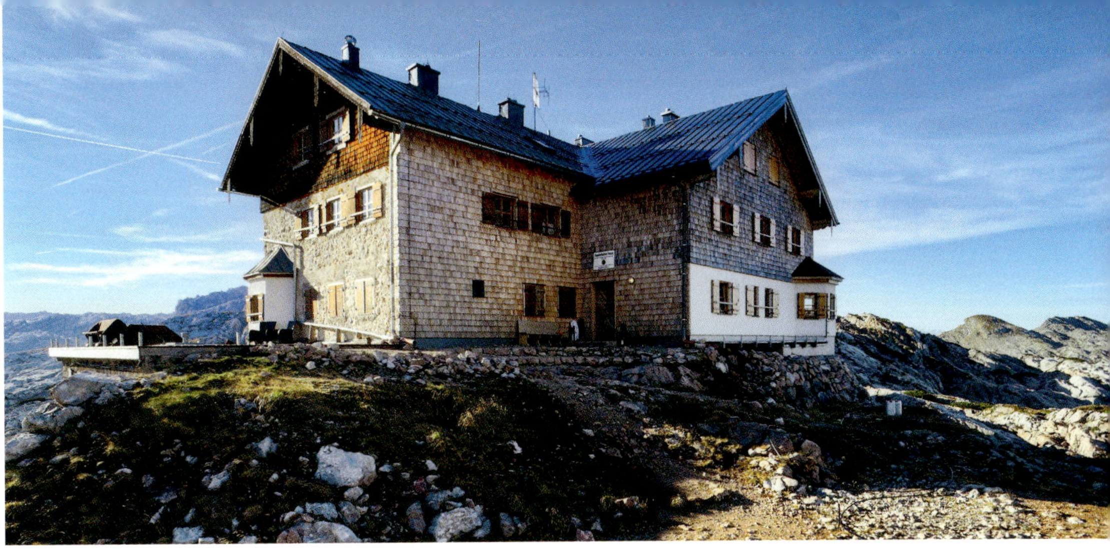

Hinter der Scharte steilt der Aufstieg mächtig an. In Serpentinen schlängelt sich der Steig technisch unschwierig, aber immer wieder ausgesetzt bis zum Gipfelkreuz des 4 **Großen Hundstods** (2593 m). Ein Verfehlen des Weges ist quasi unmöglich, Trittsicherheit und Schwindelfreiheit dürfen nicht fehlen. Etwa anderthalb bis zwei Stunden sollten für den Aufstieg von der Hütte bis zum Gipfel einkalkuliert werden.
Das Steinerne Meer mit seiner markanten Schönfeldspitze liegt einem nun zu Füßen, der steinerne König Watzmann thront im Norden.

Das Ingolstädter Haus unterhalb des Großen Hundstods

Abstieg über Hochwies oder Pflegerklamml Zurück geht es über denselben Weg bis in die 3 **Scharte** zwischen Kleinem und Großem Hundstod. Hier werden nun die markierten Wege verlassen, folgen dabei aber paradoxerweise einer Markierung, nämlich der in Richtung »Hochwies«. Die Pfadspuren verlieren sich allerdings recht schnell, Steinmänner sind rar gesät und es ist gar nicht so einfach, zwischen Dießbacheck und Westgrat zum Großen Hundstod den richtigen Abstieg zu finden.
Wer den Abstieg durch das 5 **Hochwies** findet, kann auf der anderen Seite noch das Seehorn (2321 m) mitnehmen, wird dafür aber mit zusätzlichen knapp 600 Höhenmetern belohnt.
Eine spannende Alternative bietet sich noch vor Erreichen des Dießbachecks mit dem Pflegerklamml an, das einen Durchschlupf durch die steil aufragenden Wände über dem Aufstiegsweg zum Ingolstädter Haus zu eben diesem bietet. Die abschüssige und schrofendurchsetzte Rinne führt in wenigen Minuten wieder auf den Steig oberhalb der Steilstufe.
Nun geht es wie beim Aufstieg hinab zum Dießbachstausee, über die 1 **Kallbrunnalm** und schließlich zurück bis nach E **Pürzlbach**.

Abstieg übers Pflegerklamml

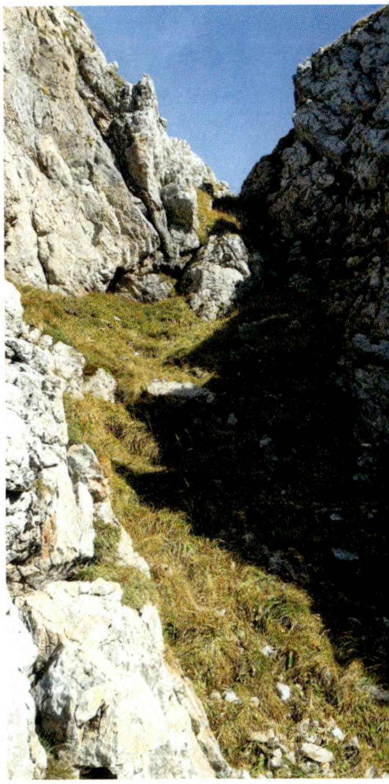

28 Schöneck

Vergessen am Rand des Steinernen Meers

Mittel | 5–6 h | 1350 m | 8,6 km

Tourencharakter
Kurz oberhalb der Tennhütte etwas schwierigere Wegfindung. Später sehr steil, teils ausgesetzt. Trittsicherheit und Schwindelfreiheit nötig.

Ausgangs-/Endpunkt
Wanderparkplatz Riemannhaus/Sandten, 1115 m

Höchster Punkt
Schöneck (Schönegg), 2390 m

Anfahrt
ÖPNV Bus bis Maria Alm am Steinernen Meer (zzgl. 4,4 km Fußweg bis zum Ausgangspunkt).
Auto B311 bzw. B164 bis Saalfelden am Steinernen Meer, dort im Kreisverkehr Richtung Maria Alm; links des Baches durch die Ortsteile Ober- und Untergrießbach bis Wanderparkplatz.

Gehzeiten
Wanderparkplatz Sandten – Tennhütte (15 Min.) – Glemmeralm (30 Min.) – Querung Rinne (45 Min.) – Schöneck (1,5 Std.) – Riemannhaus (1 Std.) – Wanderparkplatz Sandten (1,5 Std.)

Einkehr
Riemannhaus

Karten
Kompass WK 30, 1:50 000; AV-Karte Nr. 10/1, 1:25 000

Information
Tourist-Info Maria Alm am Steinernen Meer, www.maria-alm.at

Auf das Schöneck in den Berchtesgadener Alpen führt ein anspruchsvoller und wenig begangener Steig, vorbei an steilen Abbrüchen und über viel loses Gestein.

Das Schöneck (auch Schönegg) ist ein Gipfel, der gern mal unbeachtet bleibt, schließlich weiß er weder mit einer besonders eindrucksvollen Erscheinung zu glänzen, noch gibt es von ihm Geschichten über tollkühne Erstbesteigungsversuche. Dazu liegt er neben einer anderen wirklich imposanten Erscheinung: Der Schönfeldspitze, dieser markanten und formschönen Pyramide am Südende der Berchtesgadener Alpen. Ein Berg, der im Steinernen Meer über allem thront.

So sind Schöneck-Absolventen auch meist Bergsteiger, die der Königin des Steinernen Meers einen Besuch abstatten wollen, denn beim Aufstieg vom Riemannhaus in Richtung Schönfeldspitze lässt sich der Schöneck-Gipfel mit kurzem Umweg mitnehmen. Etwas weniger bedacht ist der Steig über den Napfetzer, der von Süden direkt zum Gipfelkreuz des Schönecks heraufführt. Der ist nicht nur seltener begangen als der Aufstieg von der Hütte, sondern macht aus dem Schöneck auch ein für sich lohnendes Gipfelziel, das als Rundtour mit einem Abstieg über das Riemannhaus und den spektakulären Ramseider Steig zu überzeugen weiß.

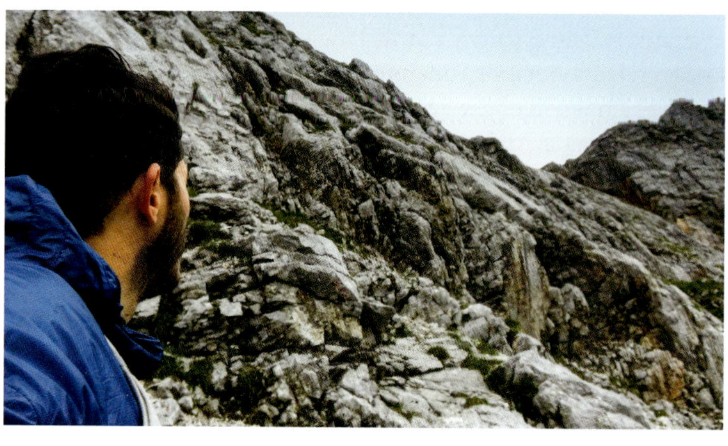

Leichte Kletterei wartet vor dem Gipfel.

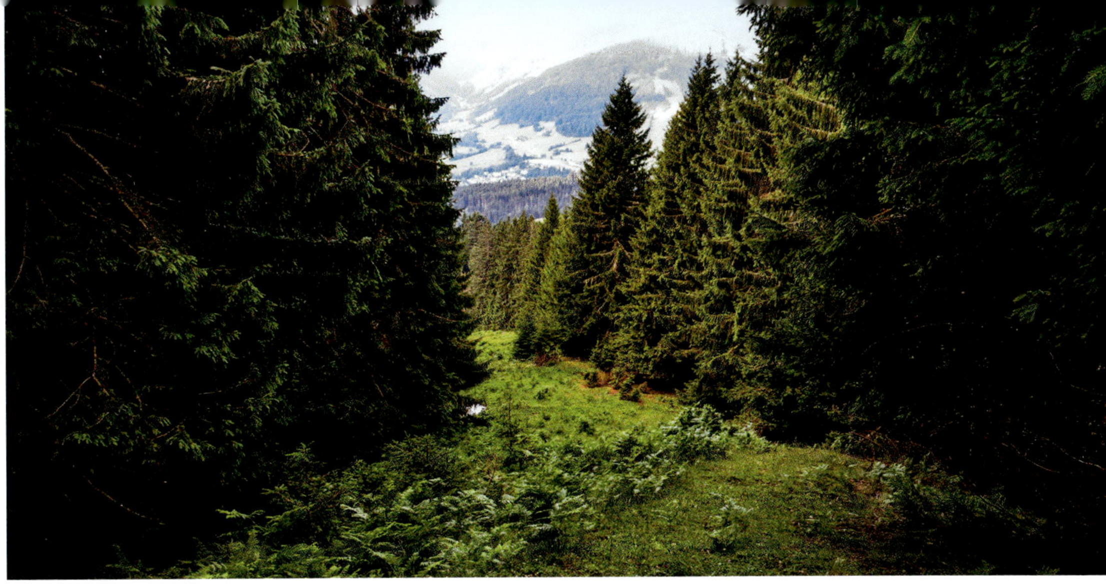

Schneise im Wald mit Talblick

Aufstieg zur Tennhütte Los geht es oberhalb von Maria Alm auf dem Forstweg zum Riemannhaus, etwas unterhalb des Ⓐ **Wanderparkplatzes Sandten** an einem markanten Abzweig. Der Weg ist bis zur ❶ **Tennhütte** problemlos zu finden und verläuft über den Forstweg. Am Ende von selbigem verschwindet der Pfad links im Wald.

Vergessener Steig über den Südkamm Markierungen sind nun rar gesät, auch Schilder sucht man vergebens, und immer wieder verlieren sich die Pfadspuren auf der ❷ **Glemmeralm**. Kammnah haltend und in relativ gerader Linie wird die Alm am linken Rand überwunden. Am Ende lassen sich wieder deutlichere Steigspuren erkennen. Bis zum Gipfel wird sich das kaum ändern. Auch wenn es zwischenzeitlich etwas schwieriger ist, so lassen sie sich doch meist schon nach kurzer Suche wiederfinden. Dazu gibt das Gelände den Wegverlauf mehr oder weniger vor.

Man folgt nun den deutlicher erkennbaren Spuren und oft auch den bekannten rot-

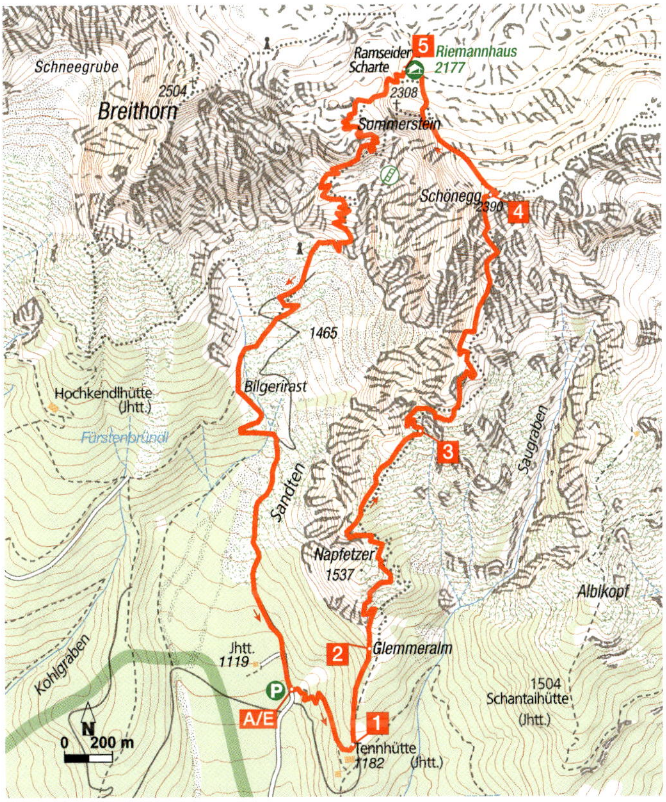

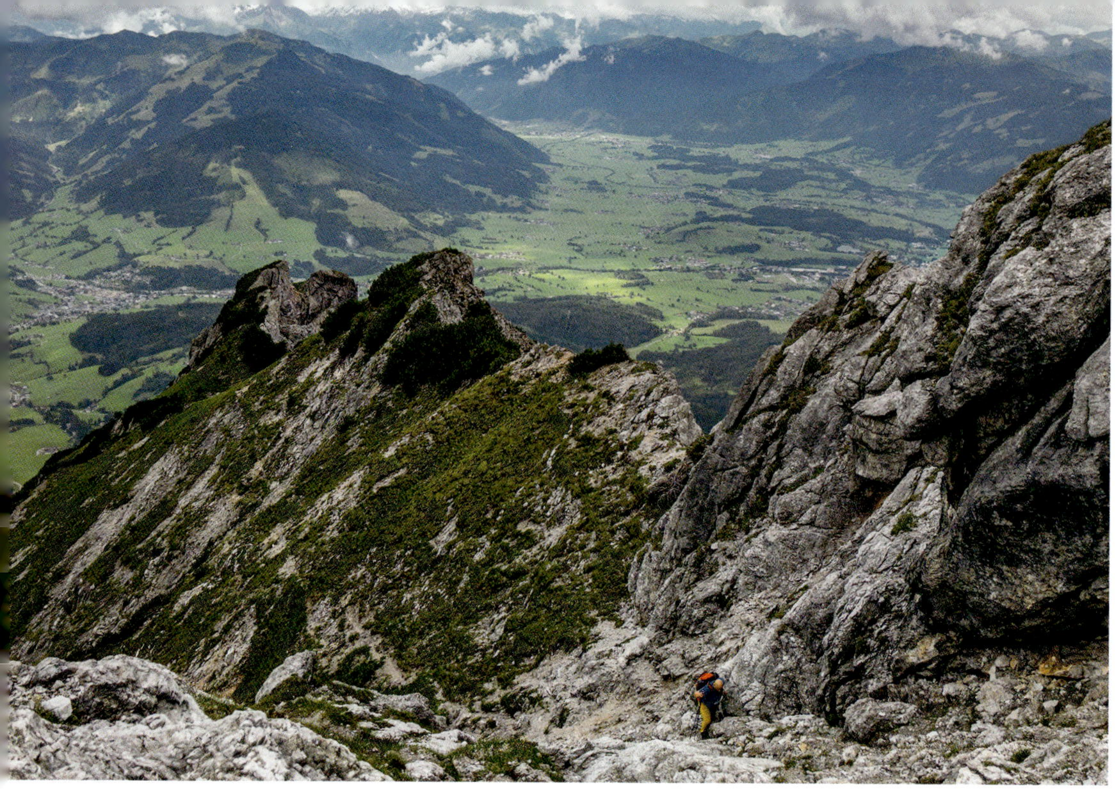

Der lange Kamm über Saalfelden am Steinernen Meer

weißen Markierungen durch die Latschenkiefern hinauf zum Napfetzer (1537 m), der allerdings unbestiegen links liegenbleibt. Der Weg windet sich immer etwas östlich der steilen Abbruchkante. Kurze Lücken in den Bäumen ermöglichen beeindruckende Tiefblicke auf den Zickzack-Steig, der direkt zum Riemannhaus führt.

Die Vegetation wird mit jedem Höhenmeter spärlicher und die Latschen zusehends weniger dicht. Nach der Querung einer mit einem lockeren Seil entschärften 3 **Rinne** geht es stetig sehr steil über Schrofengelände, das durchsät ist von losem Schotter, empor. Möglichkeiten für Verschnaufpausen sind rar, da der Steig erbarmungslos ansteilt, je höher man kommt. Dazu wird das Gelände schwieriger, sodass Trittsicherheit und Schwindelfreiheit Voraussetzung sind.

Während oben ein Steinadler seine Kreise zieht, überrascht man ab und an eine Gams, die hier nicht mit Gesellschaft rechnet. Während es Höhenmeter um Höhenmeter aufwärtsgeht, wird der Charakter des Steigs zunehmend alpiner. Das Terrain wird felsiger, ist oft mit Schotter überzogen. Im oberen Bereich verlieren sich abermals die Markierungen, und teils geht es beinahe gerade nach oben, was im nun sehr steilen und wilden Gelände sehr anstrengend wird. Lohnenswert ist es daher, immer wieder kurz zu verweilen, um die Blicke im Rücken bis zum Zeller See und hinein in die Hohen Tauern schweifen zu lassen.

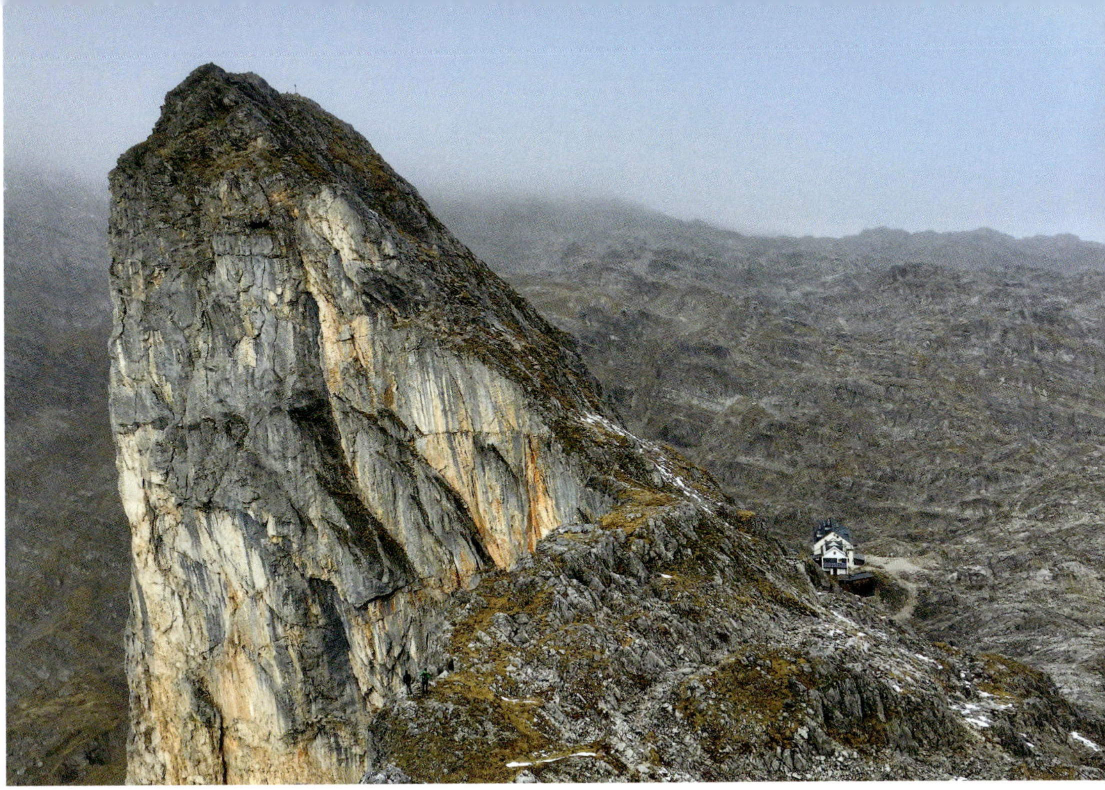

Der Sommerstein thront imposant über dem Riemannhaus.

Etwas ausgeruhter steigt man nun über die letzten Steilstufen auf, wo hin und wieder auch die Hände zu Hilfe genommen werden müssen (I. Grad). Das 4 **Schöneck-Gipfelkreuz** lässt sich erst erstaunlich spät blicken und ist nach einer letzten Kuppe augenblicklich erreicht. Etwa zweieinhalb bis drei Stunden sollte man für den Aufstieg über die Südkante zum Schöneck einplanen.
Zu Füßen liegt nun das Steinerne Meer, auch König Watzmann, Großer Hundstod und die restliche Prominenz der Berchtesgadener Alpen lassen sich gut ausmachen.

Abstieg über das Riemannhaus Während es rechter Hand zum Wurmkopf und zur Schönfeldspitze (mindestens zwei weitere Stunden, UIAA II) weitergeht, wartet links der Abstieg zum 5 **Riemannhaus**. In knapp 45 Minuten ist die Hütte in der Ramseider Scharte erreicht. Zwischendrin lockt noch ein steiler Abstecher auf den Sommerstein (2308 m).
Der weitere Abstieg erfolgt nun über den Ramseider Steig. Dieser wurde in den Fels gesprengt, ist wahrlich spektakulär und windet sich abenteuerlich durch enorme Steilwände und Felsabbrüche, immer mit Drahtseilen gesichert, hinab bis zum Fuß der Materialseilbahn des Riemannhauses. Von dort geht es nun deutlich einfacher über breite Forstwege zurück bis zum E **Wanderparkplatz Sandten**.

29

Steinberg

Bei Steinadlern und dem nördlichsten Alpengletscher

Leicht | 5–6 h | 1300 m | 10,1 km

Tourencharakter
Weitestgehend einfache Tour. Finden des Einstiegs an der Schärtenalm etwas schwieriger. Trittsicherheit bei Abstieg zur Blaueishütte nötig.

Ausgangs-/Endpunkt
Parkplatz Hintersee-Zauberwald, 795 m

Höchster Punkt
Steinberg, 2026 m

Anfahrt
ÖPNV Bus bis Ramsau-Hintersee, Haltestelle Zauberwald.
Auto Von Berchtesgaden oder Inzell über die Deutsche Alpenstraße bis Ramsau und zum ersten Parkplatz am Hintersee.

Gehzeiten
Parkplatz Hintersee – Schärtenalm (1 Std.) – Steinberg (1,5–2 Std.) – Blaueishütte (45 Min.) – Parkplatz Hintersee (1,5 Std.)

Einkehr
Schärtenalm, Blaueishütte

Karten
Kompass WK 794, 1:25 000; AV-Karte Nr. BY21, 1:25 000

Information
Tourist-Info Ramsau bei Berchtesgaden, www.ramsau.de

Im Massiv des Hochkalters wartet mit dem Steinberg ein Gipfel, der vom Fuß des Blaueiskees auf markierten Wegen gut zu erreichen ist. Für Einsamkeitsliebhaber wartet an der Nordflanke ein unmarkierter Steig, der wohl nur von Gebietskennern begangen wird.

Der Steinberg ist ein der Schärtenspitze und dem Hochkalter vorgelagerter Gipfel in den Berchtesgadener Alpen mit einer Höhe von immerhin 2026 m, der aber ob seines berühmten Nachbarn eher ein ruhiges Dasein fristet.

Start am Hintersee Der Ausgangspunkt liegt direkt am östlichen Zipfel des (A) **Hintersees**. Hier starten auch alle Wanderer, die in Richtung Blaueishütte aufbrechen, von daher ist der Parkplatz in der Regel gut gefüllt. Zunächst geht es den Schildern zur Hütte folgend über breite Wege stetig bergan. Die Steilheit zieht mit der Zeit etwas an, aber schon nach einer knappen Stunde ist die (1) **Schärtenalm** erreicht.

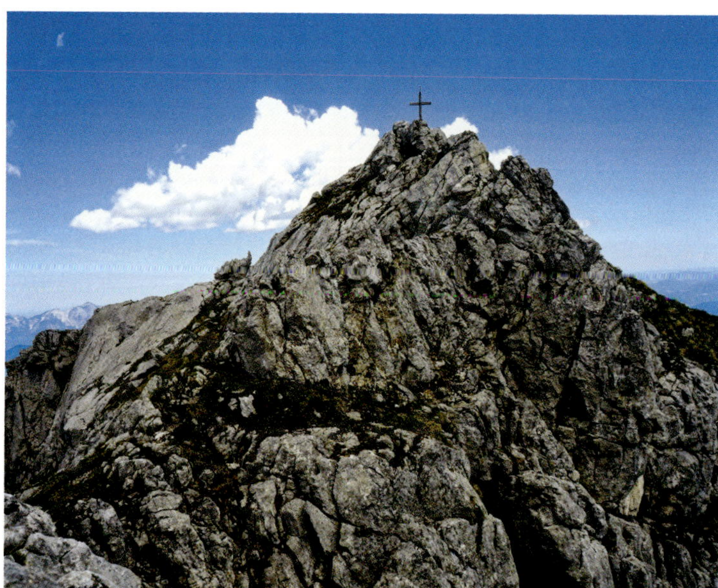

Der Gipfel des Steinbergs

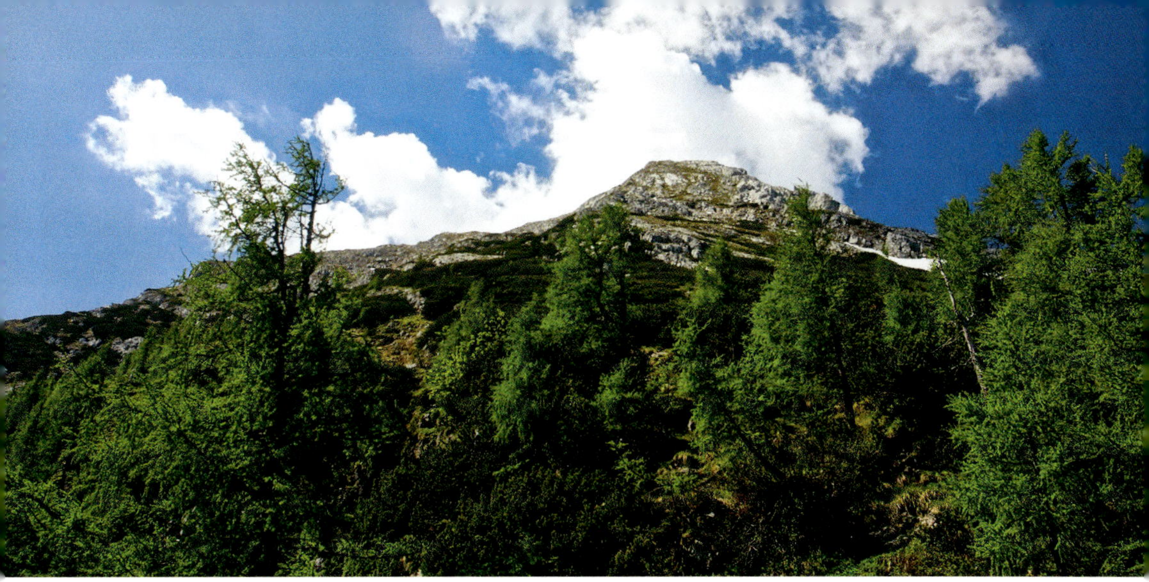

Der namenlose Steig auf den Steinberg Den Abzweig auf den unmarkierten und vergessenen Steig zu finden, gestaltet sich dafür etwas schwieriger, und so kann es passieren, dass der auch gern übersehen wird, man vorbeiläuft und kurz darauf feststellt, dass an der einen Stelle doch etwas hinaufgehen könnte. Ein bisschen Fantasie und gutes Zureden ist auf den »Vergessenen Steigen« sowieso immer hilfreich, und auch ein Blick in so manches Kartenwerk (schwarz gestrichelt in den Kompass- und Alpenvereins-Karten) verrät, dass der Abzweig direkt zwischen den beiden Hütten der Schärtenalm doch nicht nur Einbildung ist.

Aus dem schönen Lärchenwald hinaus

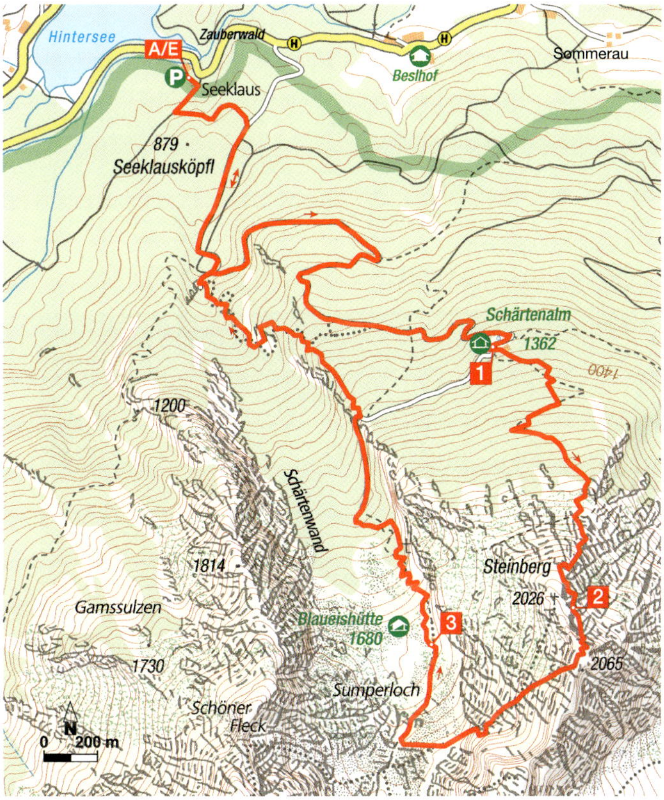

Anfangs nur sehr schwer erkennbar, kann man ihm kurz danach recht einfach folgen und er verliert sich im Anschluss auch nicht mehr. Der Steig windet sich anfangs recht steil durch den lichter werdenden Bergwald, der mit seinen vielen Lärchen gerade im Herbst eine Augenweide ist, immer weiter empor.

Beim Überschreiten der Baumgrenze, tut sich vor einem nun ein Blick auf die Westwand

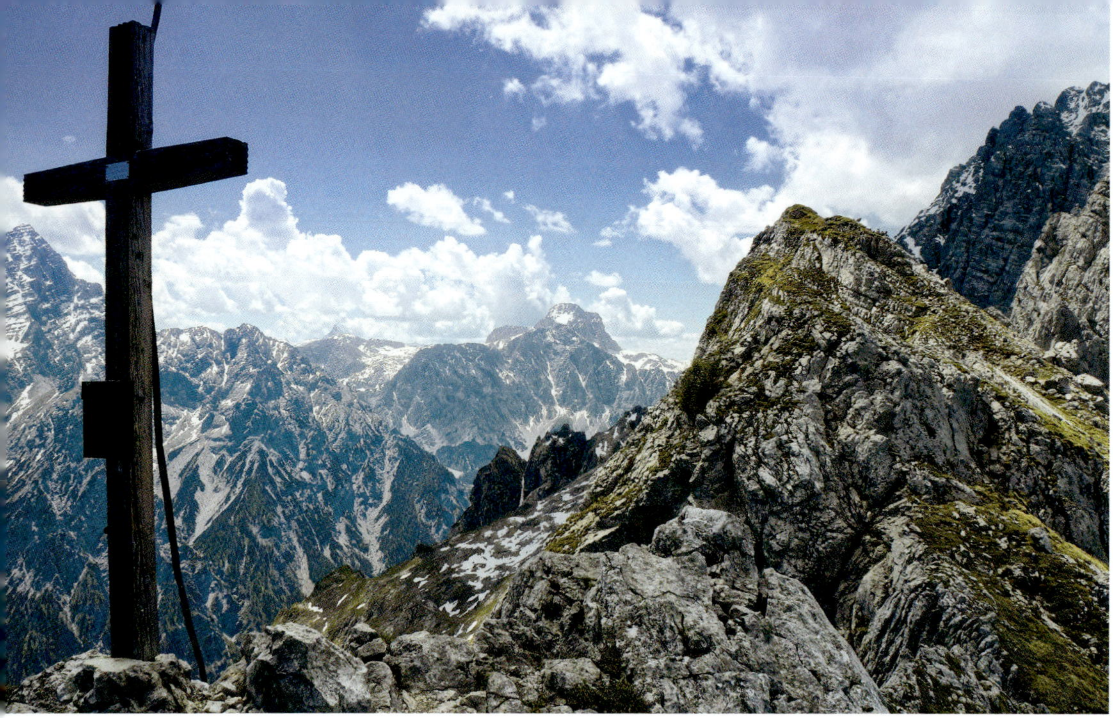

Das Steinberg-Gipfelkreuz über dem Wimbachgries

des Watzmanns auf, die der berühmten Ostwand in nichts nachzustehen scheint. Und nicht nur das: Mit etwas Glück zeigt sich das Steinadlerpaar, das zwischen Watzmann und Hochkalter zu Hause ist. Bei schönem Wetter benötigen sie nur wenige Flügelschläge, um immer höher aufzusteigen und ihre Kreise über den staunenden Wanderern und Bergsteigern zu ziehen.

Der Gipfel ist nun bereits in Sichtweite und es geht erst durch Latschen, dann über Gras und Geröll in ziemlich gerader Richtung über den Kamm weiter bis zum 2 **Steinberg-Gipfelkreuz**, ohne dass sich der Weg verfehlen ließe (1,5–2 Stunden von der Schärtenalm).

Blick auf den benachbarten König Watzmann

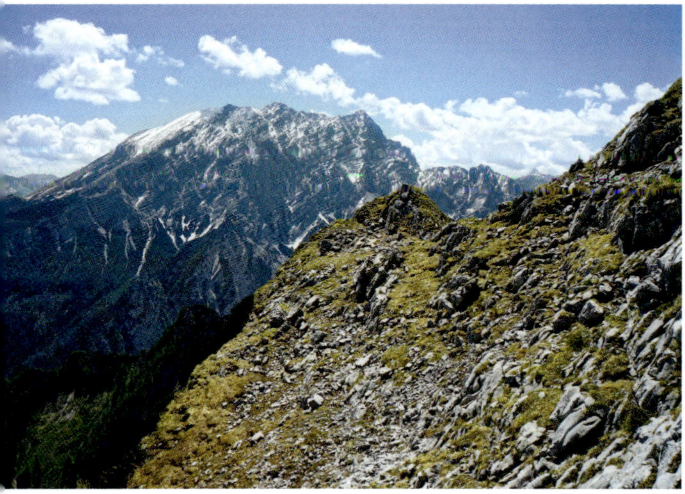

Nur wenige Wanderer steigen ebenfalls über den namenlosen Steig auf, die meisten kommen direkt von der Blaueishütte auf den Steinberg. Das Panorama ist grandios: Im Norden schaut man direkt zur Reiteralpe mit dem Eisberg. Der sagenumwobene Untersberg, das Göllmassiv mit Hohem Göll und Hohem Brett liegen im Nordosten und natürlich König Watzmann im Osten, während im Rücken das Blaueiskees vom Hochkalter mit seinen Ausläufern eingerahmt wird.

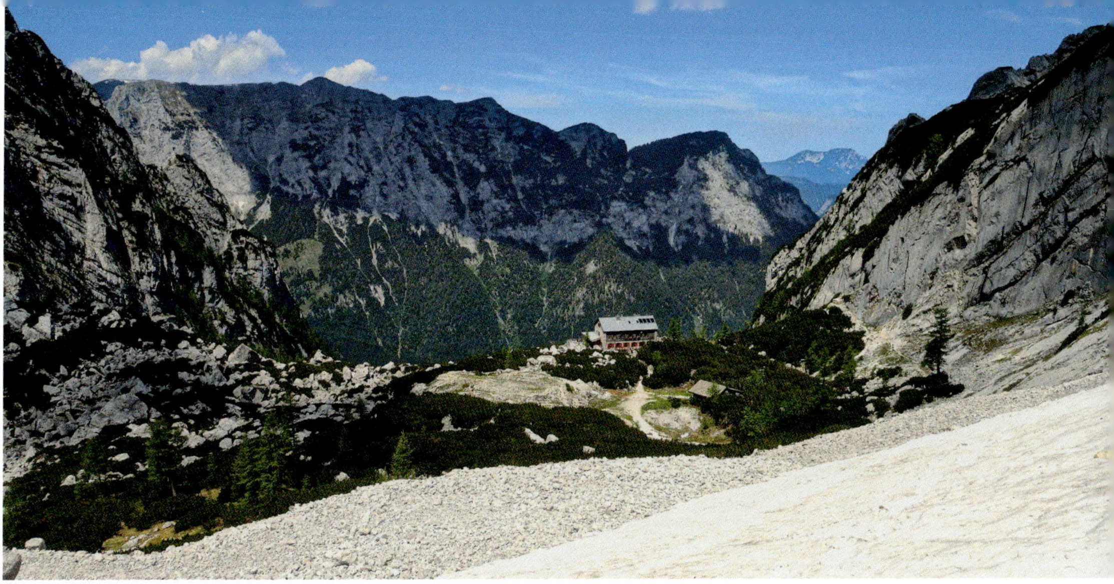

Die Blaueishütte mit der Reiteralpe im Hintergrund

Abstieg über die Blaueishütte Der Abstieg vom Gipfel führt nun über Geröll und recht glatte Platten, die bei Feuchtigkeit sicher unangenehm werden können, bis oberhalb der Blaueishütte, wo sich der Blick zum nördlichsten Gletscher der Alpen, dem Blaueiskees – im Sommer kaum mehr als ein größeres Schneefeld und bald wohl gänzlich verschwunden – öffnet. Ein paar Minuten braucht man noch bis zur 3 **Blaueishütte**, die nicht mehr zu verfehlen ist und wo ein Stück Kuchen quasi zum Pflichtprogramm gehört (ca. 45 Minuten ab dem Gipfel).

Nach einer angemessenen Pause geht es über den Hüttenzustieg nach unten. Wo die Materialseilbahn zur Hütte beginnt beziehungsweise endet, geht es auf dem Forstweg weiter. Nach kurzer Zeit bietet sich links etwas unscheinbar die Möglichkeit, durch den Wald über einen alten Steig abzukürzen. Das spart den langen Schlenker über die Schärtenalm und einiges an Strecke, man geht sich aber über Wurzelwerk und immer wieder glatten Fels auch etwas schwieriger.

Bald trifft man wieder auf den Anstiegsweg, auf dem man zurück zum E **Hintersee** kommt (1,5 Stunden).

Hintersee und Zauberwald

An heißen Sommertagen lockt nach der Tour die Abkühlung im Hintersee. Aber selbst wenn es richtig warm ist, kostet der Sprung ins kühle Nass Überwindung, heizt sich der glasklare Bergsee doch nie wirklich auf. Alternativ kann man auf der anderen Seite des Hintersees einem der berühmtesten Fotospots in den bayerischen Alpen einen Besuch abstatten.

Wer trocken bleiben möchte, kann noch einen kurzen Abstecher in den Zauberwald machen. Der liegt direkt auf der anderen Straßenseite des Parkplatzes. Immer am Bach entlang geht es durch den Wald und zwischen riesigen Steinbrocken hindurch. Diese, so erzählt die Sage, sind stumme Zeugen einer gewaltigen Schlacht zweier Riesen, von denen einer im Hochkaltermassiv, einer auf der Reiteralpe hauste.

30

Watzmannfrau

Im langen Schatten des großen Nachbarn

Schwer | 7–9 h | 1525 m | 19,1 km

Tourencharakter
Langer Zustieg zur Kührointalm (mit Mountainbike), Weiterweg bis Schlüsselstelle einfach. Anschließend immer wieder Kletterei bis II. Grad nach UIAA. Trittsicherheit und Schwindelfreiheit nötig.

Ausgangs-/Endpunkt
Parkplatz Hammerstiel, 765 m

Höchster Punkt
Kleiner Watzmann, 2307m

Anfahrt
ÖPNV Bus bis Schönau am Königssee, Haltestelle Kramerlehen.
Auto Von Berchtesgaden in Richtung Ramsau, Abzweig Duftberg in Richtung Schönau am Königssee; rechts in die Hammerstielstraße zum Wanderparkplatz.

Gehzeiten
Parkplatz – Kührointalm (2 Std.) – Gendarm (1 Std.) – Gipfel Kleiner Watzmann (2 Std.) – Kührointalm (2–2,5 Std.) – Parkplatz (30 Min. mit MTB, sonst 1,5 Std.)

Einkehr
Kührointalm

Karten
Kompass WK 794, 1:25 000; AV-Karte Nr. BY21, 1:25 000

Information
Tourist-Info Schönau am Königssee, www.berchtesgaden.de

Die Watzmannfrau, auch als Kleiner Watzmann bekannt, steht im Schatten des großen Nachbarn. Und doch finden ambitionierte Bergsteiger hier das, was sie am Watzmann wahrscheinlich nur selten finden werden.

Von weitem steht der linke Zacken des Watzmanns dem rechten in nichts nach. Bedrohlich und abweisend thronen der versteinerte König Watzmann und seine Frau über Berchtesgaden. Und doch schlängelt sich auf den Kleinen Watzmann ein Steig, der oft gar nicht so schwierig ist, bei dem einige Kletterpassagen aber für Nervenkitzel und manche Tiefblicke für Demut sorgen.

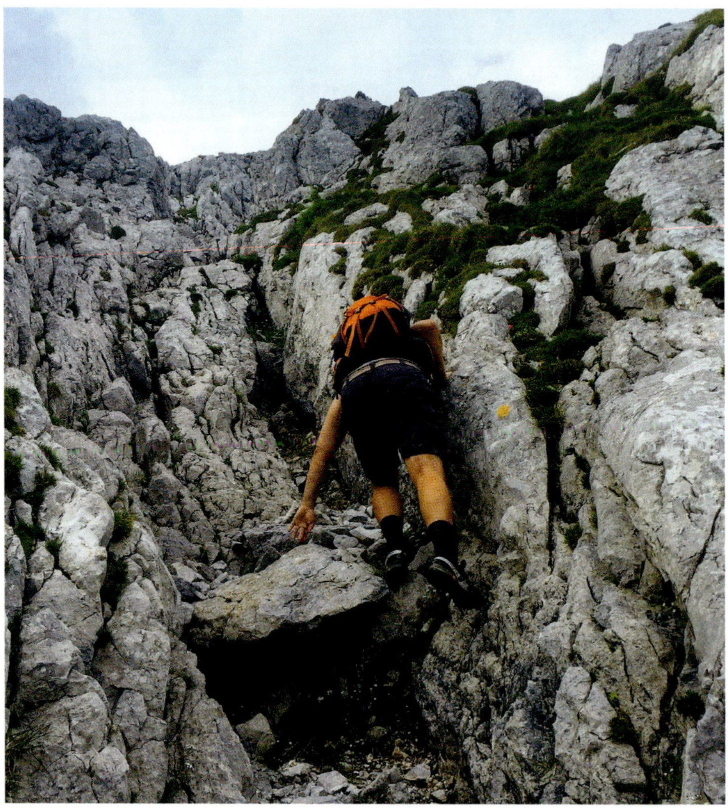

Leichte Klettereien auf dem Weg zum Gipfel

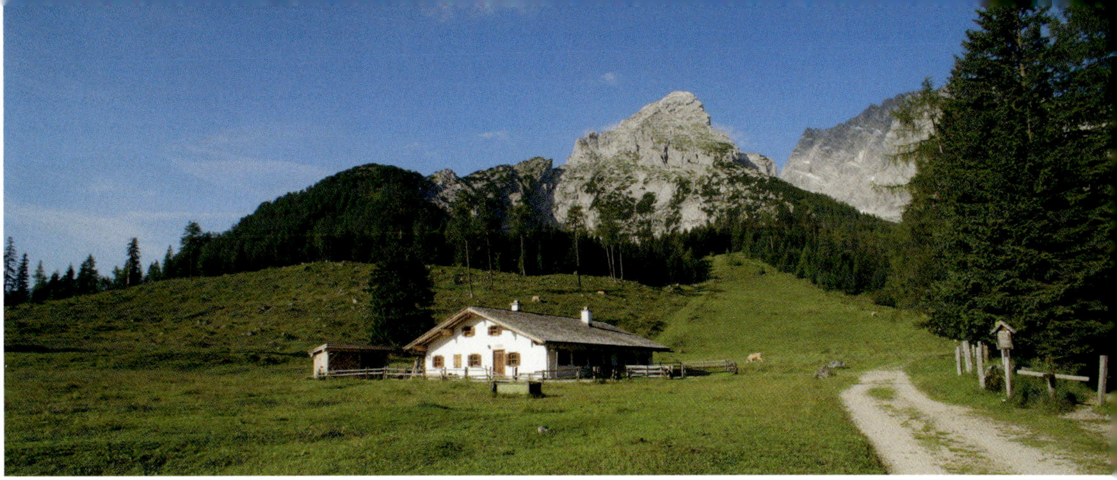

Die Kührointalm vor der Watzmannfrau

Von Hammerstiel zur Kührointalm Mit dem Mountainbike lässt sich die Besteigung des Kleinen Watzmanns gehörig beschleunigen, denn der Weg zum eigentlichen Ausgangspunkt an der Kührointalm ist lang. Gerade im Sommer empfiehlt sich bei drohendem Unwetter am Nachmittag ein früher Start in **A Hammerstiel**. Die Fahrt mit dem Mountainbike zieht sich, ist teilweise recht steil, aber spätestens, wenn die ersten Sonnenstrahlen des Tages bei Erreichen der Schnapbachalm Watzmann und Watzmannfrau in ein gleißendes Orangerot tauchen, rückt die Anstrengung in den Hintergrund.

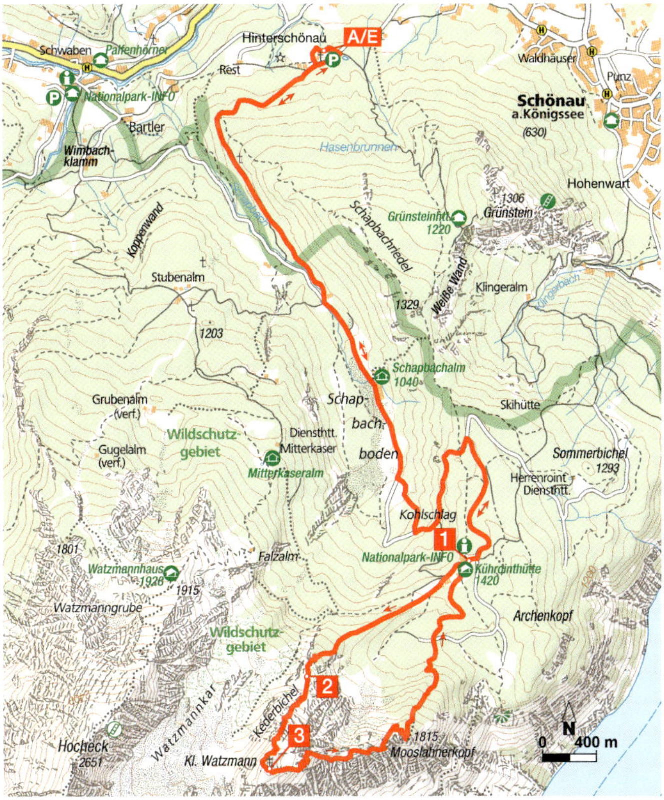

Nach der Alm und der berüchtigten Benzinkehre nimmt die Steilheit nochmal mächtig zu, beruhigt sich aber auf dem letzten Abschnitt zur Kührointalm wieder. Während die E-Biker schon längst beim Kaffee in der Hütte sitzen, geht es in steter Langsamkeit dem Frühstück auf der **1 Kührointalm** entgegen (ohne E-Motor 2 Stunden ab Hammerstiel).

Unmarkiert und doch irgendwie nicht Die Bikes bleiben an der Kührointalm, und die ambitionierten Bergsteiger folgen einer Waldschneise hinter dem südlichsten Almgebäude hinauf. An dessen Ende entspringt ein gut erkennbarer, aber unmarkierter Pfad, der

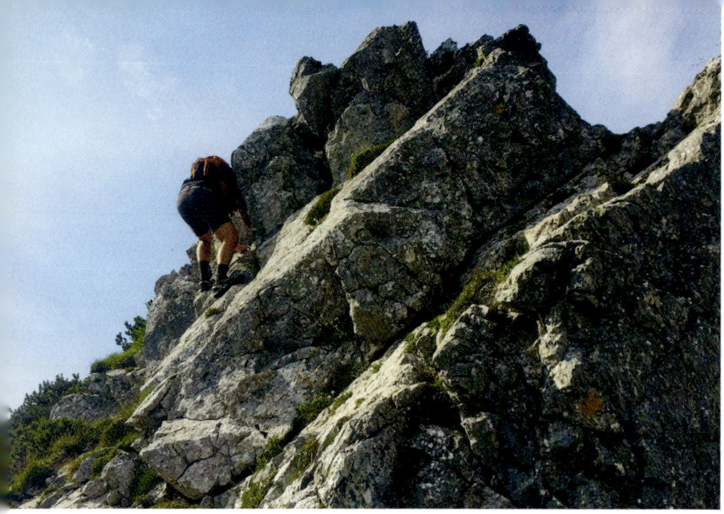

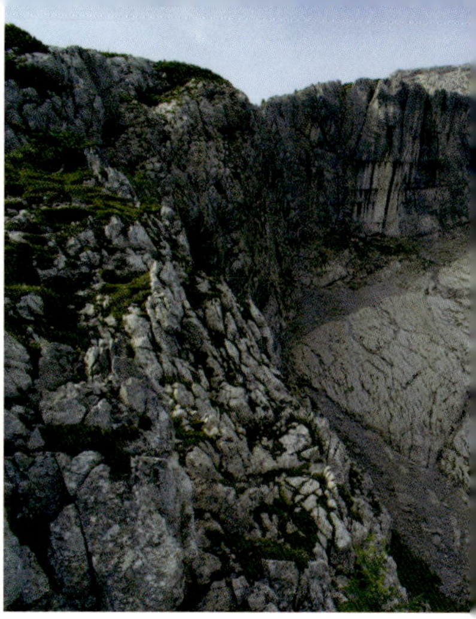

An der Schlüsselstelle, dem sogenannten Gendarm

Mitte: Über dem Watzmannkar

durch hohes Gras, über umgefallene Bäume und schließlich steiler werdend, teils rutschig, bis an den Abbruch der Nordflanke der Watzmannfrau führt.
Zwischen Latschen geht es problemlos weiter, und bald warten die ersten spektakulären Tiefblicke in die senkrecht ins Watzmannkar abfallende Westwand der Watzmannfrau.

Der Gendarm – die Schlüsselstelle Immer nah am Abbruch windet sich der Steig nach oben, bis er sich plötzlich verengt und die Schlüsselstelle der Tour – der sogenannte ❷ **Gendarm** – erreicht ist. Woher der seinen Namen hat, wird beim ersten Anblick klar: Wie ein Pförtner steht der Gendarm hier und selektiert.
Die Felsformation gilt es zu überklettern. Während auf der linken Seite des Gendarms »nur« knapp 20 Meter Luft unter dem Hintern warten, ist es auf der rechten Seite ein Vielfaches. Der Kopf empfiehlt den Weg über die »weniger« ausgesetzte Seite, auch wenn die Tritte und Griffe hier etwas spärlicher vorhanden sind als auf der anderen. Letztlich hält sich die Schwierigkeit (II. Grad) aber in Grenzen. Wer auf Nummer sicher gehen will, kann sich an den vorhandenen Bohrhaken sichern.
Nach der Schlüsselstelle geht es zunächst einfacher weiter. Hin und wieder lassen sich jetzt auch stark verblasste gelbe Markierungen blicken. Der Steig führt durch eine schmale Rinne, die einfach durchklettert wird, wobei sie auch auf der rechten Seite umgangen werden kann.

Weiterweg zum Gipfel Die Latschenzone wird bald verlassen und die Markierungen und Steinmänner sind rar und verlieren sich immer wieder. Das macht nichts, denn allzu viel falsch machen kann man nicht. Der weitere Aufstieg erfolgt im Schrofengelände. Hält man sich wieder näher an der Abbruchkante

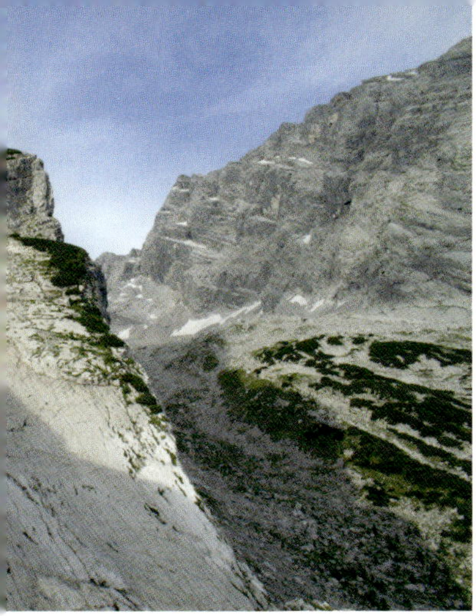

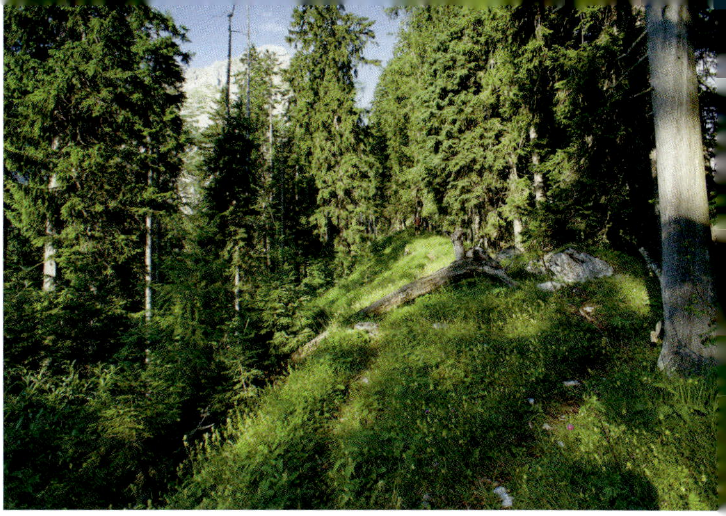

Gut erkennbarer Pfad im Wald

ins Watzmannkar, lassen sich auch schnell wieder Steinmänner und Markierungen ausmachen.

Über Steilstufen (max. II) geht es höher und höher. Der Untergrund ist mehr und mehr von losem Schotter geprägt. Kurz vor Erreichen des Gipfels stellt sich eine lange Platte in den Weg. Die lässt sich rechts umgehen, deutlich schneller geht es auf direktem Wege (nicht bei Feuchtigkeit). Hier ist eine kleine Höhle, die ab und an wohl als Biwakplatz und Schlechtwetterzuflucht dient. Kurz danach ist der Gipfel des 3 **Kleinen Watzmanns** (2307 m) mit den zwei kleinen Gipfelkreuzen erreicht (3 Stunden von der Kührointalm).

Alternativer Abstieg über den Mooslahner Eine Abstiegsvariante führt vom Gipfel der Watzmannfrau über den Ostgrat hinab zum sogenannten Fensterl, weiter über den Grat zum Mooslahnerkopf (1815 m) und von dort hinab zur Kührointalm. Bei drohendem Schlechtwetter ist von dem Abstieg über den Mooslahner allerdings abzuraten, da die Wegfindung zwischendrin nicht ganz einfach ist und das Gelände wenige Fehler verzeiht.

Gestärkt auf bekanntem Weg ins Tal An der 1 **Kührointalm** treffen der Rückweg über den Aufstiegsweg und die Variante über den Mooslahner wieder zusammen. Nach einer verdienten Stärkung in der Berghütte wartet für die Mountainbiker noch eine willkommene Abwechslung. Die Mühen der frühen Auffahrt tragen Früchte, rasant geht es auf dem Rad ins Tal zurück zum Ausgangspunkt am E **Parkplatz Hammerstiel**.

Auerwild

Mit etwas Glück lassen sich rund um die Kührointalm Auerhühner beobachten. Aber Vorsicht während der Brunftzeit, in der Auerhähne zu unangenehmen Zeitgenossen werden können, die vor nichts zurückschrecken.

Für jeden Tag die richtige Tour

					km							
1	●	Bleispitze	4–5 h	955 m	7,0 km		●		●			
2	●	Stablsee und Kreuzspitzen	6–7 h	1590 m	10,4 km	●	●		●			
3	●	Geiselstein	5–6 h	1390 m	27,1 km		(●)	●	●		●	●
4	●	Vom Teufelstättkopf zum Hennenkopf	6–7 h	1105 m	15,0 km	●	●		●		●	
5	●	Hoher Straußberg	4–5 h	900 m	14,5 km			●				
6	●	Kreuzspitze und Kuchelbergkamm	6–7 h	1380/1540 m	19,5 km		●	(●)			●	
7	●	Ochsenälpeleskopf und Kreuzkopf	4–5 h	960 m	9,8 km		●					
8	●	Tauernkopf und Zunterkopf	5–6 h	975 m	10,0 km		(●)	●			●	
9	●	Laliderer Spitze	10–12 h	1710 m	43,4 km		●		●			●
10	●	Ödkarspitzen und Birkkarspitze	10–12 h	2075 m	31,3 km	●	●		●		●	●
11	●	Östliche Karwendelspitze	8,5–10,5 h	1685 m	27,0 km	●	●		●			●
12	●	Dreitorspitzen	10–12 h	2245 m	26,1 km	●	●		●	●	●	●
13	●	Gehrenspitze	6–7 h	1265 m	11,3 km		●		●		●	
14	●	Glemmbachklamm	4–5 h	300 m	9,0 km			●	(●)			
15	●	Sonnwendkamm	5–6 h	1075 m	14,2 km		●				●	
16	●	Staffelgraben	3–4 h	520/490 m	10,7 km	●		●	●			
17	●	Wilde Fräulein	3–4 h	615 m	6,5 km	●		●	●			
18	●	Zundereck und Zunderkopf	4,5–5,5 h	1030 m	10,3 km			●	●			
19	●	Friedenrath	4–5,5 h	1115 m	15,4 km	●	●	(●)	●			●

Nr.		Tour	Gehzeit	Höhenunterschied	Weglänge	Einkehr unterwegs	viel Sonne	eher schattig	Anreise mit ÖPNV	Klettersteig	Klettern	Etappe mit Fahrrad
20	●	Gurnwandkopf und Hörndlwand	5–6 h	985 m	12,1 km		●	(●)	●			
21	●	Sonnenwendwand	4–5 h	815 m	10,2 km	●		●	●			
22	●	Spitzstein-Nordseite	4–5 h	920 m	10,0 km	●		●	●	●		
23	●	Grinnerkopf	5–6 h	1000 m	7,9 km	●		●	●		●	
24	●	Pyramidenspitze und Rosskaiser	8–10 h	1460 m	16,7 km		●		●	●	●	
25	●	Zettenkaiserkopf	4–5 h	690 m	9,2 km	●		●	(●)			●
26	●	Eisberg	4,5–5,5 h	960 m	11,2 km	●	●		●			
27	●	Großer Hundstod	8–10 h	1785 m	24,5 km	●	●		●			●
28	●	Schöneck	5–6 h	1350 m	8,6 km	●	●		(●)		●	
29	●	Steinberg	5–6 h	1300 m	10,1 km	●		●	●			
30	●	Watzmannfrau	7–9 h	1525 m	19,1 km	●	●	(●)	●		●	●

Piktogramme erleichtern den Überblick

Gehzeit
Höhenunterschied
Weglänge
Einkehr unterwegs
viel Sonne
eher schattigt
Anreise mit ÖPNV
Klettersteig
Klettern
Etappe mit Fahrrad
(●) mit Einschränkung

PS: Und was kommt jetzt?

Da ist es also, mein erstes Buch. Auch das ist ein wenig wie das Besteigen eines Berges auf einem alten, kaum mehr zu entdeckenden Pfad.

Beim Start im Tal ist das Ziel oft schon lange in Sicht, Schritt für Schritt strebt man nun dem Gipfel näher, aber doch ist er noch so fern. Langsam und bedächtig überwindet man die ersten Höhenmeter, sammelt Kapitel um Kapitel, schießt Foto um Foto und gelangt irgendwann an den letzten Gipfelhang, der noch einmal gehörig ansteilt, tief hinabblicken lässt und schließlich genau hier und jetzt endet. Am Gipfelkreuz.

Der Aufstieg bis hierhin war der wohl längste meines Lebens. Fünf Jahre, vielleicht sogar sechs Jahre, brauchte es. Mit Abschweifungen nach links und rechts. Oben und unten. Gipfeln ganz anderer Natur.

Wohin mich der Weg jetzt führen wird? Weiter auf die stillen und vergessenen Steige, abseits der viel besuchten Gipfel, so viel ist sicher. Nicht zwingend hoch hinaus. Aber raus. Raus in unsere Berge, die bei mir zum Glück gleich vor der Haustür beginnen und die soviel mehr zu bieten haben als der überlaufene Weg auf einen der überfüllten Ausflugsberge, an denen man denken mag, dass stille Einsamkeit und wilde Rauheit mittlerweile nirgendwo mehr zu finden sind. Aber das sind sie. Und oft sogar nur einen Steinwurf entfernt.

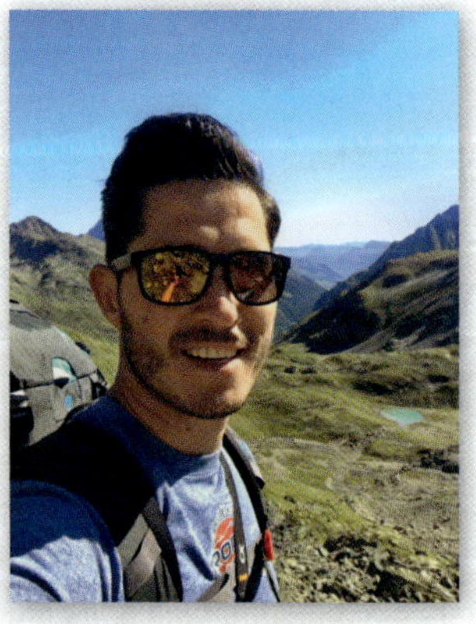

Andreas Gruhle, Sachrang

Ich hoffe, ich konnte Sie, liebe Leser, neugierig machen und wünsche Ihnen viel Spaß bei der Suche und dem Erkunden neuer, vergessener Steige. Und ein allzeit gesundes Heimkommen!

Andreas Gruhle

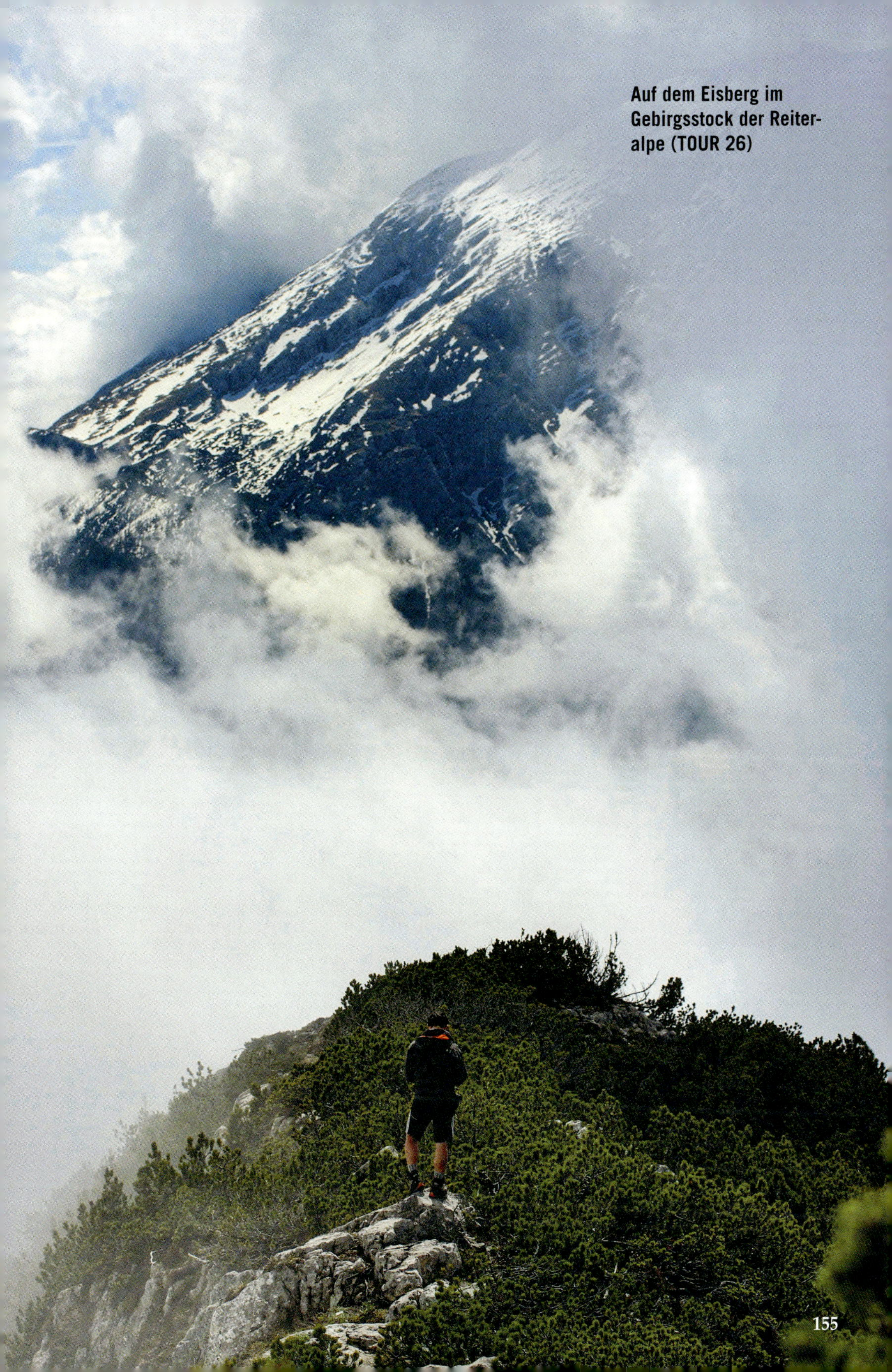

Auf dem Eisberg im Gebirgsstock der Reiteralpe (TOUR 26)

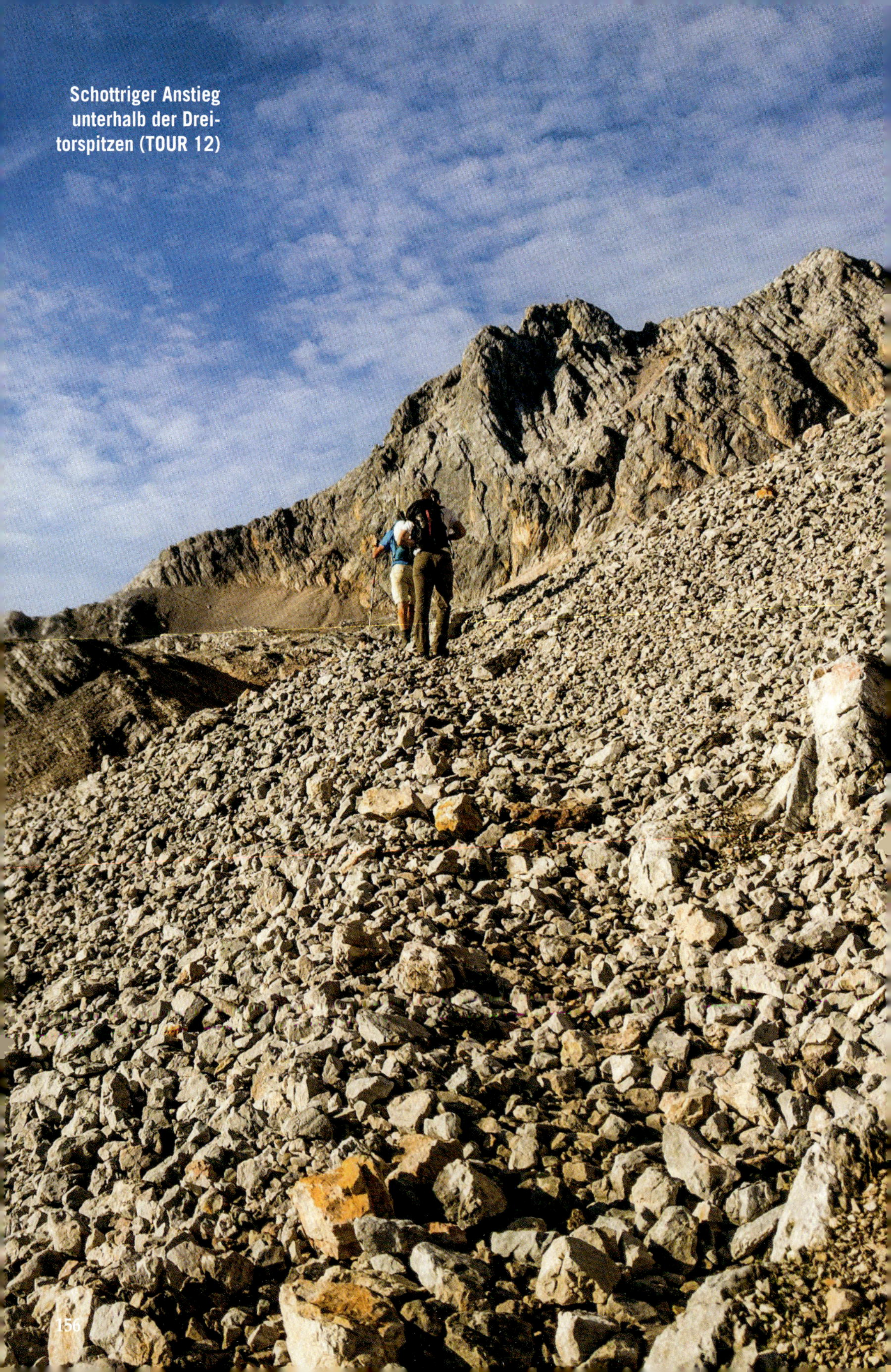

Schottriger Anstieg unterhalb der Dreitorspitzen (TOUR 12)

Register

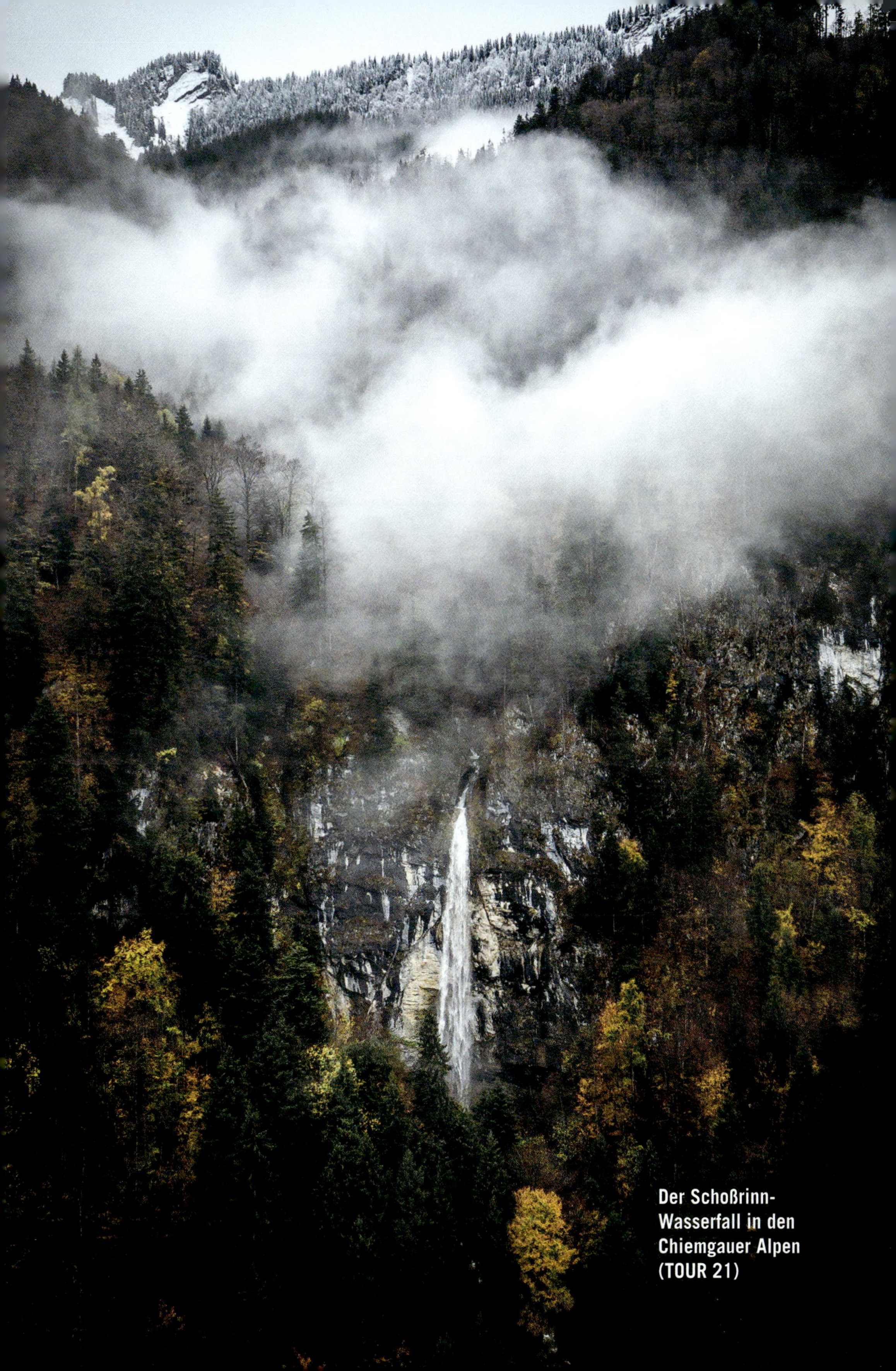

Der Schoßrinn-Wasserfall in den Chiemgauer Alpen (TOUR 21)

Impressum

Verantwortlich: Dr. Johannes Abdullahi
Redaktion, Lektorat und Satz: Christian Steinmaßl
Repro: Cromika
Kartografie: Bruckmann Verlag GmbH, Heidi Schmalfuß
Herstellung: Stephanie Schlemmer
Printed in Slovenia by Florjancic

★★★★★

Sind Sie mit diesem Titel zufrieden? Dann würden wir uns über Ihre Weiterempfehlung freuen. Erzählen Sie es im Freundeskreis, berichten Sie Ihrem Buchhändler, oder bewerten Sie beim Onlinekauf. Und wenn Sie Kritik, Korrekturen, Aktualisierungen haben, freuen wir uns über Ihre Nachricht an den Bruckmann Verlag, Postfach 40 02 09, D-80702 München oder per E-Mail an lektorat@verlagshaus.de.

Unser komplettes Programm finden Sie unter www.bruckmann.de

In diesem Buch wird aus Gründen der besseren Lesbarkeit das generische Maskulinum verwendet. Weibliche und anderweitige Geschlechteridentitäten werden dabei ausdrücklich mitgemeint, soweit es für die Aussage erforderlich ist.

Empfehlung der Redaktion: Sie sind auf der Suche nach weiterführender Literatur? Dann empfehlen wir Ihnen den Titel »Mikroabenteuer Berge« von Frank Eberhard. Oder Sie werfen einen Blick in die Zeitschrift BERGSTEIGER. Hier werden Sie bestimmt fündig.

Bildnachweis: Alle Fotos stammen vom Autor.
Umschlagvorderseite: Am Kamm zum Hennenkopf (Tour 4)
Umschlagrückseite: Auf dem Gipfel des Friedenraths (Tour 19)

Die Deutsche Nationalbibliothek verzeichnet diese Publikation in der Deutschen Nationalbibliografie; detaillierte bibliografische Daten sind im Internet über http://dnb.d-nb.de abrufbar.

Infanteriestraße 11a
80797 München

ISBN 978-3-7343-1864-1